Buffett investment series

巴菲特投资系列

巴菲特给股民上的投资10堂课

严行方／著

南方出版社·海口

图书在版编目（CIP）数据

巴菲特给股民上的投资10堂课 / 严行方著. — 海口 ：南方出版社，2018.5 (2021.5重印)
(巴菲特投资系列)
ISBN 978-7-5501-3660-1

Ⅰ. ①巴… Ⅱ. ①严… Ⅲ. ①巴菲特 (Buffett，Warren 1930-) -投资-经验 Ⅳ. ①F837.124.8

中国版本图书馆CIP数据核字 (2017) 第107914号

巴菲特给股民上的投资10堂课

严行方 著

责任编辑： 代鹤明
出版发行： 南方出版社
地　　址： 海南省海口市和平大道70号
电　　话： (0898) 66160822
传　　真： (0898) 66160830
经　　销： 全国新华书店
印　　刷： 三河市北燕印装有限公司
开　　本： 710mm×1000mm　1/16
字　　数： 270千字
印　　张： 18
版　　次： 2021年5月第1版第2次印刷
书　　号： ISBN 978-7-5501-3660-1
定　　价： 48.00元

新浪官方微博：http://weibo.com/digitaltimes

修订说明

巴菲特是全球金融投资界最富传奇性人物，也是全球唯一依靠股票投资登上首富宝座的投资家和实战家。

巴菲特的投资思想正式介绍到我国内地，是以1996年1月24日《上海证券报》刊登《证券投资巨擘——华伦·布费[1]》一文为标志。现在，22年过去了，巴菲特的投资理念在中国是不是行得通虽然还有争议，但事实上已经生根、开花、结果，并且涌现出数以万计的追随者。其中最典型的是，以段永平、杨宝忠等为代表的一大批巴菲特迷，已经通过践行价值投资和长期投资理念，收获了一茬茬金灿灿的投资成果。

在这样的宏观背景下，本丛书的修订再版就显得非常有意义。

本书价值

一、本丛书初版受到市场高度评价

本丛书第一版作为我国最早一批介绍巴菲特投资精髓的大众读物，从2008年至2010年陆续推出后，在国内介绍巴菲特的众多图书中脱颖而出，受到市场

1 当时对沃伦·巴菲特的译名。

特别关注。

在这其中，有多本图书不但一再重印，并且还“荣幸”地被胡乱剪辑后出现在盗版书摊上。如《巴菲特投资10堂课》《巴菲特忠告中国股民》《滚雪球：巴菲特投资传奇》等，都曾经被肢解后夹杂在其他盗版书中出现，既不完整，又因印刷差错而误导读者。一些读者强烈呼吁能修订再版，限于条件，一直拖到现在。

二、价值投资理念有特殊价值

巴菲特的价值投资理念，尤其是它在中国是否行得通，直到现在人们依然争论不休。但正如巴菲特2007年访问韩国，有人问他“韩国股市结构不适合进行巴菲特式价值投资，对此您有何看法？”时，他反问道，“如果不是价值投资，难道要进行无价值投资吗？”他强调，“没有其他的替代方案”。

巴菲特的反击十分有力。因为在众多眼花缭乱的所谓股票理论中，唯有价值投资和长期投资能够站得住脚。

之所以要价值投资，理由在于巴菲特所说的——“价格是你付出的，价值是你所得到的”。任何投资都讲求物有所值。去菜场上买菜，你或许还会为几毛钱零头讨价还价呢；可是面对几万、十几万、几十上百万元的股票投资，却闭着眼睛下注，其风险有多大可想而知。仅仅一厢情愿地断定市场会“有跌必有涨”“久跌必涨”，只不过是一种毫无依据的自欺欺人罢了。

之所以要长期投资，理由在于巴菲特所说的——“历史必定会站在长期投资者这一边”。在他看来，季节可以预测，而天气就谁也测不准。就好比说，夏天的气温要比春天高，这是可以确定的；可是如果要讲明天的气温一定比今天高或低，就如同掷硬币猜正反面了。同样地，股市预测就像天气预报，究竟有几分准确性不好说，不如季节预测确定性大。

三、“中国巴菲特”段永平盛赞本书“值得一看”

曾经创办“小霸王”和“步步高”两大品牌的段永平，是第一位与巴菲特共进午餐的华人企业家兼投资家，被誉为“中国巴菲特”，人称“段菲特”。他深得巴菲特投资精髓，并且与巴菲特同样低调。他在美国践行巴菲特投资理念，5年间炒股所赚比在国内办企业10多年还要多。

他认为，巴菲特的投资理念一贯明确，投资者读巴菲特的书数量不一定要多，“看懂一本就已经很好”。他一共向追随者推荐过两本书，其中之一就在这里。他说：“我倒是可以给价值投资初学者推荐一本书《巴菲特忠告中国股民》，作者严行方……我认为这本书的作者对巴菲特的理解非常好，解释得也很通俗易懂，确实花了功夫，值得一看。”

段永平零距离聆听过巴菲特的教诲，并且亲身践行价值投资理念这么多年，他的眼光必定有独到之处。既然他会这么说，或许就真能证明严行方的这几本书确实值得一读。

修订缘起

四、巴菲特的投资理论和实践有新发展

本套丛书第一版推出，距今已差不多10年，全面修订已具备必要性。

一方面，巴菲特的投资理论在更新，投资实践在发展，许多新的投资案例亟待补充；另一方面，这些年来中国及全球股市也出现了许多新情况，面临着许多新问题，关于巴菲特的价值投资理论在中国是否行得通的争论还在继续……所有这些，都需要有更新、更多的篇幅予以解答和证实。

五、巴菲特的价值投资理论值得反复咀嚼

有人曾经拿国内几位追随巴菲特的价值投资者的投资失利来说事，企图以

此否定价值投资；而其实，这只能说明他们学巴菲特还没学到家。就像不能因为学生题目没做对，就说老师教错了一样。

从制度建设看，美国股市中每年上市和退市的公司数量相等，这实际上会逼着股民必须进行价值投资；否则，万一买到绩差股，将来被退市，投资就会打水漂，而这种退市概率高达50%！可是在我国，由于没有退市制度，所以无论买到什么样的股票，都“只会被套牢”，不用担心血本无归，这就一定会增强投机气氛。不但如此，还会出现“臭豆腐效应”，ST绩差股会因祸得福成为“壳资源”，亏损时借壳炒作，重组后一飞冲天。

从个人因素看，中国的实际通货膨胀率每年高达13%～16%，所以人人都想寻求回报率高的投资方式来抵御通胀，而这种求财若渴的心理必定会助长投机气氛。体现在操作手法上便是追涨杀跌，股票被套牢要骂娘，涨幅不理想也要骂娘，因为他心里那个急呀！谁都希望今天买入的股票明天就能涨停，最好是连拉几个涨停，让他有机会落袋为安；然后呢，再希望一连来几个跌停，让他有机会去抄底，没谁稀罕去当“股东”的。

这些人虽然也标榜自己在学巴菲特，但其实他们并不是真的信奉并践行价值投资，只是眼馋巴菲特耀眼的巨额财富。就好比有渔夫从村口捕鱼回家，几乎没有人会去关心他今天是怎么捕鱼的，只会关注他今天有没有捕到大鱼一样。

六、价值投资理论在中国大有可为

巴菲特的价值投资理论在中国不是不适用，而是大有可为。

先看巴菲特。2018年3月末，伯克希尔公司的股价是每股299100美元，比1965年年末的19.46美元上涨15369倍，53年间的复合增长率为19.9%。也就是说，如果当时你有1万美元的伯克希尔股票，现在值1.54亿美元。

再来看中国股市。上证综合指数从1990年12月19日的100点至2018年3月末的3168.9点，28年间的复合增长率为13.0%。这一复合增长率虽然仅逊于巴菲特，可遗憾的是居然几乎没人“看得上”“这么点收获”。

研究表明，最优秀的上市企业，其长期回报率也只有15%左右，巴菲特20%左右的长期回报已达到极致；现在你要想超出他许多，这就叫“欲速则不达”。就像开车，10次事故9次快，不出问题才奇怪。

所以，要想学巴菲特，甚至超越巴菲特，首先要把重点放在少犯错误上，不亏即赢。在过去的53年里，巴菲特只有两年是亏损的，分别是2001年的6.2%和2008年的9.6%。2008年正是爆发金融危机之时，当年上证综合指数从前收盘的5261.6点跌至年末的1820.8点，跌幅高达65.4%；当年标准普尔500指数从前收盘的1468.4点跌至年末的903.3点，跌幅也有38.5%，巴菲特却只亏损了9.6%，绝对是跑赢大市了。

最新例子是，中国股民在2015年的股市暴涨暴跌中，亏损额大多超过1/3，甚至1/2；还有不少人因为融资融券被强行平仓，亦即亏损100%。这些时候，巴菲特所说的“别人贪婪时你要恐惧，别人恐惧时你要贪婪”，早已被人抛到九霄云外。

改动之处

七、在系统化、系列化上进行了规范

这一套5本图书过去都是以单行本陆续出版的，现在以丛书形式同时推出，在系统化、系列化、统一体例和篇幅上有了进一步的提高。

总体来看，5本图书都有较大幅度的修订和完善，新增案例和数据已更新到2017年年末。其中，修改篇幅最大的是《巴菲特给股民上的投资10堂课》，超过全书内容的1/3。

八、在可读性、表述准确性上下功夫

本丛书作者严行方是我国著名财会专家，《会计大典》《会计辞海》《中国第三产业财务会计百科全书》等权威著作主要撰稿人之一，在大中华区已出版著

作130多部。他熟悉企业经营管理，担任过企业领导，对书中各项财务数据及概念的表述更专业，也更到位。

5本图书虽然都讲巴菲特，但内容各有侧重，并无重复，值得细细研读。并且，作者拥有巴菲特研究的翔实资料，所以书中看不到那种“传主事迹不够，就用别人来凑”的东拉西扯，具有较高的性价比和纯洁性，不会有读了这一本不想再读其他4本的感觉，每本都很精彩。

九、继续高举价值投资和长期投资大旗

价值投资是一条布满荆棘的人迹罕见之路，国外如此，国内尤甚。

君不见，几乎所有媒体上都簇拥着所谓股评家、投资顾问、分析师、咨询师、策略师、金融师等，满嘴尽是巴菲特漠不关心的各种技术分析，几乎从来不会去采访真正的价值投资者。

因为这些媒体很清楚，投资和投机水火不容，一旦两路人马相遇，必定会争论不休。而观念的认同又岂是能通过辩论得到解决或统一的呢？如果是这样，那也就小看了洗脑的力量。所以，为了确保自身利益（收视率和广告费），这些媒体只好迎合投机土壤，遍播所谓股评和预测。

关于这一点，巴菲特1984年在美国哥伦比亚大学为庆祝他的恩师、“华尔街教父”本杰明·格雷厄姆所著《证券分析》一书发行50周年而召开的大会上演讲时，就预料到了。他说，价值投资精髓没有多少人愿意听，“在我奉行这项投资理论的35年中，我不曾目睹价值投资方式蔚然成风。人的天性中似乎存在着偏执的特色，喜欢把简单的事情弄得更复杂。最近30年来，学术界如果有任何作为的话，都完全背离了价值投资的教训，而且很可能继续如此。船只环绕地球而行，但地平之说仍会畅行无阻。在股票市场上，价格与价值之间还会存在着宽阔的距离，而奉行格雷厄姆与多德理论的人也会繁荣不绝”。

确实如此，几乎所有投机者，包括专业机构和广大散户，长期来看都不可能跑赢市场。如果你是中国股民，可以简单地算一算——上证综合指数从1990年

年末至2018年3月末的28年间复合增长率为13%，按照巴菲特对投资业绩回报要比指数高出10个点（即每年增长23%）的基本要求，这28年间你的总回报率应该达到329倍——你有吗！

为什么会这样？巴菲特早在2008年伯克希尔公司股东大会上就揭晓了谜底："读一切可读之物。"巴菲特之所以会成为"股神"，其基础就是每天五六个小时的阅读。如果一个人从来不看书报、不学习，而是四处打听小道消息，然后据此下注，你觉得他会赢吗！

2017年5月6日，巴菲特在伯克希尔公司股东大会上回答"如何唤醒1亿中国股民，让他们从投机变成投资"时委婉地说："中国的股市像赌场，市场博弈机会多，如果你是聪明的人，你才能够抓住机会。"而其实，巴菲特真正想说的是："赌性强的股市，更容易暴露和放大非理性行为，从而导致投资者遭受巨大损失。"

现在，正值2018年伯克希尔公司股东大会隆重举行之际，"巴菲特投资系列"丛书的全面修订和推出，意在继续高举价值投资大旗，让更多投资者学到巴菲特的投资和成功精髓。道理很简单：唯有价值投资能够解释得通，也才符合逻辑。正如巴菲特所说，"如果不是价值投资，难道要进行无价值投资吗？""没有其他的替代方案"！

2018年5月

听股神讲课，做股市赢家
——新版序

巴菲特是国际金融投资界公认的“股神”“当代世界上最伟大的投资者”。他靠购买企业、股票，进行外汇投资成为顶级富豪的传奇经历，在全球投资界传为佳话，其本人被美国《财富》杂志评为“20世纪8大投资大师”之首，被《福布斯》杂志评为“美国有史以来15大富豪”之一。

巴菲特1930年出生于美国小城奥马哈市，11岁时购买了平生第一只股票。1951年6月他于哥伦比亚大学硕士毕业后担任股票经纪人，1956年成立合伙企业巴菲特有限公司，象征性地投入100美元，从此开始投资生涯。他1993年成为全球首富，之后一直稳坐第二把交椅，2008年重新登上全球首富宝座。截至2008年2月11日，他的个人财富净值已高达620亿美元。

1965年，巴菲特有限公司买入纺织企业伯克希尔·哈撒韦公司（本书以下简称“伯克希尔公司”）49%的股份，并于1968年增持至70%。

1969年，巴菲特面对股价飞涨这一状况，认为股市已呈高度投机状态，于是解散了巴菲特有限公司，把2500万美元的个人资产全部投入伯克希尔公司，把它从一家纺织公司转型为投资公司，并从此控股该公司，任董事长兼首席执行官，直到现在。从1965年到2006年年末，伯克希尔公司的每股股票净值由当初的19.46美元成长到5.58万美元。

从1956年开始，巴菲特每年都以董事长的身份，在伯克希尔公司年报中，以“致股东的一封信”的形式，公开他的投资策略，并逐一讨论当年公司做出的重大决策。

每年的伯克希尔公司全球股东大会日，被誉为“沃伦·巴菲特日”。来自美国乃至全球的数万名公司股东，心甘情愿地忍受长途飞行劳顿，潮水般地涌向奥马哈，就是为了能够亲耳聆听巴菲特的投资课；同时，也是为了表达对巴菲特投资哲学的信仰，以及对巴菲特个人的敬佩。

2007年，参加伯克希尔公司股东大会的人数高达2.7万人，刷新了历史纪录。1万名股东坐在当地最大的篮球馆内，其余人只能在馆外收看会议视频。活动的两三天，到场者旺盛的购买力，构成当地名副其实的“黄金周”。

有意思的是，真正的股东大会时间不超过10分钟，接下来便是长达6小时的对话。巴菲特一边吃零食一边答股东问，气氛融洽得像开茶话会。

股东大会上向巴菲特提问，实际上都是请教，而不是质疑，更不是挑战，涉及的话题多是当年世界经济、投资圈中的热点。全球主要媒体都会预留版面，以便能及时报道巴菲特对世界宏观经济走势的点评。

为了参加股东大会，许多投资者会特地买上1股伯克希尔公司股票。要知道，对于这只全球最昂贵的股票来说，买上1股就不容易了，2007年该股收盘价为每股13.78万美元（当年摸高15.17万美元），相当于人民币100万元！更多的股东为了聆听巴菲特讲课，几年甚至几十年持股不卖。

不难看出，他们持有该股的目的不仅是投资（2007年该股上涨26.5%，同期标准普尔500指数上涨5.6%），也是为了得到一张聆听巴菲特讲课的门票！巴菲特的朋友比尔·盖茨，更是会全程参加伯克希尔股东大会。

在每年的股东大会上，巴菲特都会老调重弹，以不变应万变，因为他的投资策略始终没变。而投资者对此也总是百听不厌，他们的理由是：“你每周去教堂听到的不也是同样的话吗？”他们对巴菲特的朝圣心态可见一斑。

遗憾的是，巴菲特从来没有写过一本专门的著作来系统阐述自己的投资理念和投资实践。有鉴于此，本书以通俗易懂的课堂讲解形式，像讲故事一样系统地总结了他的投资理念精髓。并且，按照我国投资者惯有的思维习惯，详细阐述、深度挖掘、精辟归纳为10章，取名为《巴菲特给股民上的投资10堂课》，与读者一起分享他的智慧结晶。

本书观点原汁原味，结构干净利落，看得懂，记得牢，用得上，在同类著作中独树一帜。

尹行方

目录

CONTENTS

第 4 课 怎样预测投资对象

第 5 课 怎样评估企业价值

第 1 课　什么时候买入股票

当买入的价格物有所值时

投资者的买价决定投资回报率的高低，投资者应该时刻把这个关键因素牢记在心……我从不购买价格并不明显低于企业价值的股票。

——沃伦·巴菲特

【巴菲特投资策略】

巴菲特认为，什么时候能够买入股票，最先应该考虑的主要因素之一是价格。只有合理的价格才能买到物有所值的股票，才能取得合理的回报。

所以，他无论是购买企业还是购买股票，考虑的首先都是股价是否物有所值。他永远只做价格明显低于公司内在价值的投资。要做到这一点，他认为最主要的是考虑两条：一是投资报酬率，二是安全边际。

巴菲特早在伯克希尔公司1956年年报致股东的一封信中就说："如果市场的价格水平被低估，我们的投资头寸将会增加，甚至不排除使用财务杠杆。反之，我们的头寸将会减少，因为价格的上涨将实现利润的增长，同时增加我们投资组合的绝对量。上述的所有言论并不意味着对市场的分析是我的首要工作，我的主要动机是让自己能够随时发现那些可能存在的、被低估的股票。"

根据这一观点，在大家都觉得1956年美国股市下跌得非常厉害时，巴菲特的评判只是“稍有下降”。他的理由是，虽然股价下跌得厉害，可是上市公司的赢利水平下跌得更多，所以投资者对大盘蓝筹股的态度依然过于乐观。他的意思是说，从长期投资角度看，当时的市场价格仍然显得过高，市场股价的下跌带来了更多的长线投资机会。

他在1957年年报中陈述了如下业绩：1957年道琼斯工业指数扣除股利分红后实际下跌8.4%，美国没有一家投资基金是赢利的。可是自己1956年成立的3家合伙企业，它们的表现都超越了市场，分别获得6.2%、7.8%、25%的净资产增长率，并且成立时间越晚的企业，净资产增长率越高。为什么？这里有运气在内，但也因为随着股市的不断下跌，成立时间越晚的企业搜集到的筹码价格越便宜。总之，这3家企业的业绩都已经超出巴菲特的预期。

巴菲特认为，股票投资不能不考虑投资报酬率，因此也就不能不考虑买入价格。在股票的将来卖出价格不确定或现在的价格难以确定的情况下，股票投资的升值空间，主要取决于买入价格的高低。买入价格越低，报酬率就可能越高，这是一个简单得不能再简单的道理。

在实际买入股票时，很少有人会通过买入价来计算投资报酬率，因为卖出价格不知道。这时，可以通过另一种方式来计算投资报酬率，那就是“盈利额 ÷ 买入价格”——在公司赢利水平一定的前提下，买入价格越高，投资报酬率越低。

巴菲特认为，这里主要应当关注3个要素：一是每年每股的盈利额，二是股票的可预测性，三是股票价格。

他在考虑是否值得投资某只股票时，就是首先找出该股票每年每股的盈利额，把它看作这只股票的投资报酬率。

接下来，所谓“股票的可预测性”，是指这家公司要经营稳健，无论是管理层，还是经营状况，都不希望大起大落，目的是保证投资报酬率扎实、稳定。他认为，只有建立在稳定基础上的报酬率才是可靠的。

至于股票价格，上面已经提到，它直接决定着投资报酬率的高低，当然就更在考虑之列了。例如，某公司上年度的每股盈利是4美元，如果股票买入价是

40美元，那么投资报酬率就可以看作是10%；如果股票买入价是50美元，那么相应地，投资报酬率也就下降到了8%。

巴菲特说，他非常敬佩他的朋友比尔·盖茨及其微软公司，并且认为比尔·盖茨是当今全球商业界最聪明、最有创意的经理人。不过，虽然比尔·盖茨担任伯克希尔公司董事，巴菲特却从来没有买过微软公司的股票。为什么？巴菲特说，原因在于他无法很准确地估计微软公司未来的盈利和股价。

如果某家公司不能很清晰地计算出未来的内在价值，那么也就无法进入巴菲特的信心循环（circle of confidence）之中，巴菲特就不会投资该股票。

巴菲特的投资原则非常明确：投资每一只股票，在价格上都要物有所值；哪怕"估计一定会"有丰厚的回报，只要无法确切地计算回报率高低，他也会放弃。

股市中经常有人通过历史资料来评估某只股票未来的股价，巴菲特认为，这种方法的最大缺陷在于，脱离了过去的时代背景。如果说，某只股票的价格表现具有特定的历史背景，而这种历史背景将来不复存在，这时候对这只股票的分析和推断就是没有任何依据的。无疑，建立在这种基础上的股价预测，即使能够得到具体计算结果，也是不可信的。

巴菲特在伯克希尔公司2011年年报致股东的一封信中提到，当年公司旗下最大的5家非保险企业——伯灵顿北方圣太菲铁路公司、伊斯卡工具公司、路博润化学公司、马尔蒙公司、中美能源公司的营业利润均创下历史最好成绩，税前利润合计超过90亿美元。

巴菲特的言外之意是说，这就与最近几年来伯克希尔公司趁经济形势低迷，尤其是在2008年爆发全球金融危机背景下的低价收购有关。

要知道，这5家企业中有4家是在7年内（即2004年以后）收购的。在此以前，伯克希尔公司还只拥有中美能源公司，其税前收益只有区区3.93亿美元。仅仅7年过去后，这个组合的税前盈利就从3.93亿美元，急剧增长到90亿美元以上，这样的业绩无疑十分喜人。

【课后点评】

股票买入价格一定要物有所值。不但现在的股价要在理性范围内，将来的股价也要有可靠预期。这一切都是建立在对现金流量、内在价值准确预测基础之上的。如果公司经营和业绩大起大落，就无法进行这种预测。

当股价跌到非常有吸引力时

我们欢迎市场下跌，因为它能使我们以新的、令人感到恐慌的便宜价格买到更多的股票。

——沃伦·巴菲特

【巴菲特投资策略】

巴菲特认为，什么时候能够买入股票，要看股价是否“非常有吸引力”。每当股价“非常有吸引力”时，就是买入股票的好时机。

他在伯克希尔公司1989年年报致股东的一封信中，第一次披露他在富国银行有2.9亿美元的投资。众所周知，巴菲特在此之前并不喜欢投资银行类股票。他解释说，主要是因为当时看到该股股价实在太便宜了，不忍心错过。而巴菲特从发现了这一“金矿”后，就开始加大对银行类股票的投入，拥有了美国银行、美国合众银行等一系列投资标的。

从1990年至2014年，富国银行的市值从29亿美元飙升至2750亿美元，2013年的收益超过美国国内其他所有银行。而在这24年中，伯克希尔公司的年复合回报率高达21%，总回报率9417%，富国银行是伯克希尔公司历史上年复合回报率排名第五的投资项目。[1]

巴菲特在伯克希尔公司2015年年报致股东的一封信中说，2015年伯克希尔

1 Peter译，Lina校．巴菲特最成功的投资：中石油．财富杂志中文网[2014-11-12].

公司的每股股票净资产增长了6.4%，虽然低于全球金融危机时平均13%的涨幅，可是却远远超过当年标准普尔500指数1.4%的回报率。与此同时，2015年伯克希尔的股价却下跌了12.5%，创下2008年以来最大的跌幅。

这样算来，2015年年末伯克希尔公司的股价就只相当于账面价值（净资产）的1.3倍了，处于历史最低水平（过去长期在2倍以上）。因而，如果用巴菲特的眼光来看，这时候就是投资者买入的好时机了。

要知道，巴菲特过去一再强调，伯克希尔公司会在股价低于账面价值1.2倍时回购股票。这时候离这个标准已经很近，在巴菲特看来，这样的股价已经非常具有吸引力了。

巴菲特在伯克希尔公司1992年年报致股东的一封信中，提出了购买股票时怎样认定股价是否合理的标准。他认为，“有吸引力”的股价应当具有充分的安全边际。也就是说，只有具有“充分的安全边际”的股价，对他来说才是“有吸引力的”。他当时是这样说的：“我们的股票投资策略与15年前（1977年）年报中提到的完全一样——选择股票投资对象时，采用的是与整体收购一家企业完全相同的策略。投资对象必须符合以下要求：①对这家公司有深入的了解；②这家公司有良好的长期发展前景；③公司管理层诚实、能干；④买入价格非常有吸引力。”唯一不同的是，与15年前的投资策略相比，其中有一条发生了改变，这就是第④条。关于这一条，过去提的是“有吸引力”的价格，而现在提的是“非常有吸引力”的价格。

那么，什么样的价格对巴菲特来说才“有吸引力”或者“非常有吸引力”呢？他说，绝大多数证券分析师认为吸引力来自“价值”和“成长”。但实际上，他们把这两个术语搞混淆了，这就像两个人穿错了衣服一样可笑。

巴菲特说，投资给内在价值高的公司和投资给成长型公司是一对矛盾的投资策略。虽然这两种策略在关键时候相互一致，例如公司的成长性总是其内在价值评估的一部分，它对公司内在价值的影响有时候是正面的，有时候又是负面的。可是在绝大多数时候，这两者之间是对立的。

巴菲特认为，许多时候“价值”这一术语是多余的。试想，如果股票投资不是为了补偿投资成本，那么又为何要投资呢？如果买入股票的价格比内在价值高，而投资者只是希望将来能以更高的价格卖出这只股票，这种行为只能称之为“投机”，不能叫“投资”。这种投机行为虽然不违法，也不能说不道德，但不可能发财致富。

而公司的成长性在于，只有在新增投资具有诱人的回报率时，才能使投资者获益。例如，上市公司投入1美元，能够使它的长期市场价值增加1美元以上，这时候才会体现出成长性来。否则，该公司就只能说“缺乏成长性”，或者干脆就是“负增长”。对投资者来说，投资这种公司不但没有回报，而且还有损失。

巴菲特认为，纠缠于“价值”和“成长”等术语非常枯燥无聊，为此他选择了另一条简单的道路。投资者只需掌握两条简单的法则：一是只买自己了解其业务的公司的股票，业务复杂并且不断变化的公司的股票不买。二是在前者基础上，股价必须非常有吸引力，并且具有充分的安全边际，即相对于公司内在价值来说，这个价格非常低。

根据后一条法则，巴菲特认为，如果自己要买的股票价格在不断下跌，这应该是好消息，因为这会降低自己买入股票的成本。不但如此，股价不断下跌，还会使伯克希尔公司的主要投资对象以更低的价格回购自己发行的股票，从而使伯克希尔公司从中间接受益。

例如，巴菲特2007年下半年抛售中石油H股，就是因为他认为这时候中石油的股价已经不再“非常有吸引力”。他说，中石油的收入在很大程度上依赖于未来10年的石油价格。当油价在每桶30美元时，这只股票对他来说很有吸引力；可是当每桶石油价格为75美元时，他就不再像以前那样乐观了，而是持比较中性的态度。事实上，在他抛出中石油股票时，国际原油价格已经超过每桶75美元，向每桶100美元奋勇前进了。

巴菲特认为，2007年中国A股市场的价格实在太高了，所以伯克希尔公司不会再投资A股股票，但会对中国A股市场的发展加以关注。如果放在两年前的2005年，这个A股市场价格才可以说是比较合理的。

巴菲特说，他之所以关注中国A股市场，是因为他的投资是全球性的，无论是中国的股市，还是加拿大、澳大利亚等的股市，他都在寻找投资机会。确切地说，他在全球寻找那种股价对他“非常有吸引力”的投资对象。

【课后点评】

巴菲特认为，投资者要只投资自己了解的股票。这样，当这只股票价格下跌到“非常有吸引力”时就可以勇敢地买进了。按照这样的投资策略，股价下跌得越厉害，你进行投资就越安全，将来的投资回报也越高。

当利润丰厚的现金牛出现时

> 我们始终在寻找那些业务清晰易懂、业绩持续优异、由能力非凡并且为股东着想的管理层来经营的大公司。虽然这种目标公司并不能充分保证我们投资赢利——我们不仅要在合理的价格上买入，而且我们买入的公司的未来业绩还要与我们的估计相符；但是这种投资方法——寻找超级明星——给我们提供了走向真正成功的唯一机会。
>
> ——沃伦 · 巴菲特

【巴菲特投资策略】

巴菲特认为，什么时候能够买入股票，应当看目标公司是否具有利润丰厚的现金牛。当出现现金牛企业或项目时，千万不要错过。

这里所谓的“现金牛”，指的是那种赢利能力强、不需要进行大规模厂房投资和设备改造，研究开发费用也很少的公司。如果这样的现金牛能够投资或收购其他现金牛，那就更理想了。

巴菲特在伯克希尔公司2011年年报致股东的一封信中说，2011年年末伯克希尔公司的保险浮存金高达705.71亿美元。数额如此庞大的浮存金虽然不归伯克希尔公司所有，却可以被伯克希尔公司长期无偿使用，其实质相当于流动资金，这就在实质上形成了伯克希尔公司的现金牛。这在过去9年里累计创造盈利170亿美元，在会计报表中表现为商誉155亿美元。浮存金，每家保险公司都有，却并不都是无成本的，只有像伯克希尔公司这样经营得好的，才能做到这一点。例如，美国规模最大的联合汽车保险公司，过去11年中有8年发生承保亏损。意思是说，这时候该公司的浮存金数额虽然庞大，可是因为有资金使用成本，所以就谈不上“牛”了。

巴菲特认为，消费垄断性是明星企业的一大特征。在此基础上，明星企业还能做到利润丰厚稳定，稳步增长，善于再投资。只有这样，这些明星企业才能不断提高内在价值。

如果一家企业具有消费垄断性，财务上却不安分守己，而是大肆举债进行投资，那么就要看它投资的项目和企业是否也具有某种消费垄断性了。如果是，那就大可以放心。例如，资本城 / 美国广播公司就曾经使自己的长期债务增加1倍，用来购买ABC电视台网，两者都具有消费垄断性，这就是一种理想的投资决策。

巴菲特认为，如果消费垄断性企业大肆举债投资非消费垄断性企业或项目，那就要小心了。怎么个小心法呢？主要是考察以下几点：

首先，消费垄断性企业会产生大量的现金流，而它所投资的非消费垄断性企业则不具备这种特征。所以，这时候就要考察投资对象所耗费的现金流是否小于前者产生的现金流。如果是，前者的长期负债偿还才会有切实可靠的保证。

其次，消费垄断性企业投资非消费垄断性企业，结局往往不妙，除非后者能够很快改变急需补充现金的局面。这就是说，要看所投资的非消费垄断性企业的大量投资是一次性的还是持续不断的。如果是一次性的，消费垄断性企业所产生的大量现金流可能还能负担得了；如果是持续不断需要现金投入的“无底洞”，那很可能会拖垮赢利状况本来很好的消费垄断性企业。

最后，如果是非消费垄断性企业继续投资非消费垄断性企业或项目，那简直就是一场灾难。因为它们都没有能力获取足够多的利润来偿还长期借款，从而很容易步入财务危机。

综上所述，巴菲特认为，最理想的情形是消费垄断性企业投资创办另一家消费垄断性企业，实现双赢。不过，即使在这种情况下，也要考察消费垄断性企业的大量现金流是否都用在了再投资上。因为企业既然存在着大量的现金流，就必须考虑现金流的去处。现金流通过再投资获得额外的高额利润，不断提高企业内在价值，这才是正确的投资之道。

巴菲特说，他小时候喜欢玩一种弹子机游戏。他看到其他小朋友也非常喜欢玩这种游戏，就买了一部这样的游戏机出租，生意非常好。他说，如果他把从这上面赚到的钱全部存入银行，他的收益就只能是银行利息；而他用这些钱去购买同样的游戏机出租，其收益率就一定会高于银行利率，这和现金牛的道理是一样的。

举例说，如果你的年收入是1万美元，你每天都把这些钱锁在抽屉里，10年后一共是10万美元，20年后一共是20万美元。

可是如果你每年都把这些钱存入银行，假如年利率是5%，那么10年后这10万美元就变成了13.21万美元，20年后这20万美元就变成了34.72万美元。

如果你每年都把这些钱用于投资，年投资回报率是23%（当时巴菲特股票投资的年平均回报率），那么10年后这10万美元就会变成37.04万美元，20年后这20万美元就会变成330.61万美元。

这表明，无论是投资者个人还是上市公司，只要投资收益率能够超过平均数，那么就应该把投资获利进行再投资，这样的回报额最大。

例如伯克希尔公司，其投资收益率当然是高于股市平均数的，所以它从来不分派红利，这样做从根本上来说对股东是有利的。只有当资金运用不当，或者资金投向盈利率较低的项目，从而导致投资回报率低于股市平均数，这时候伯克希尔公司才会派发红利给股东，或者回购股票，这样做对股东最有利。

在这里，有必要解释一下回购股票是怎么回事。说穿了，回购股票就是收回自己的财产权利。随之而来的是，会增加仍然持有股票的原股东未来的每股赢利水平。

举个最简单的例子：如果某项投资原来有3个合伙人，投资盈利就要由3个人来平均分，每人各占1/3。而现在如果回购了其中1个人手中的全部股份，这样这项投资就只剩下了2个合伙人，投资盈利只要这2个人平均分就行了，每个人的赢利水平当然也就提高了。

巴菲特在伯克希尔公司2011年年报致股东的一封信中说，自从他2010年9月宣布将以最高不超过账面价值110%的价格回购股票后，伯克希尔公司的股票价格很快就超出了这个上限。所以伯克希尔公司一共也才只有几天时间的买入机会，总共回购了6700万美元的股票。

他的操作思路是，回购股票必须符合以下两大前提：一是自己拥有足够多的闲置资金（在伯克希尔公司，具体指标是不低于200亿美元的现金）；二是即使在保守估算的条件下，股票价格与内在价值相比，也要有一个相当大的折扣。巴菲特在这里之所以确定最高不超过账面价值110%的比例，是因为在他看来，伯克希尔公司的内在价值高于账面价值，至少要高出10%；如果收购价格高于账面价值110%，就可能会侵犯股东利益，换句话说，这样的收购就可能“不合算”了。

通常情况下，伯克希尔公司第一个条件是符合的，有足够多的钱，但符合第二个条件的情形较少。可是这一点却很重要，否则，如果回购价格高于内在价值，公司股东利益便会受损，所以这是一条铁的纪律。

可是说实话，当伯克希尔公司的股票价格真正低于内在价值时，巴菲特的内心又是非常复杂的：一方面，他会在股票价格只有内在价值的九折、八折，甚至更便宜时考虑回购；另一方面，他又实在不愿意因为这种低价买断合伙人的股票而让他们走人。因为当这些人卖出股票后，伯克希尔公司的每股内在价值就相应提高了，继续持股的股东将会获益更多。意思是，这些合伙人卖出股票的行为，对于他们自己来说，将会是一种损失。

巴菲特介绍说，伯克希尔公司回购股票完全是出于在市场低迷时出手抄底，担心“过了这个村，就没有这个店”，“没有任何支撑公司股价的想法”。

【课后点评】

对于持续赢利能力强、不需继续追加投资的现金牛企业，投资者要敢于买入。如果这样的现金牛企业还在继续投资或收购其他现金牛企业，就更要果断买入了。但是当这些企业投资非消费垄断性企业时，要保持警惕。

当经济运行出现转机时

如果我们发现了我们喜欢的公司，股市的价格高低并不会真正地影响我们的投资决策。我们将通过公司本身的经营状况决定是否投资。

——沃伦·巴菲特

【巴菲特投资策略】

巴菲特认为，什么时候能够买入股票，应当由该公司本身的经营状况来决定。当经济运行规律出现转机时，就可能是买入股票的好时机。换句话说，投资者要充分利用市场，而不是被市场所利用。

那么，怎样才能充分利用市场呢？他认为，利用市场就必须掌握经济运行规律，这比眼下的股价高低更重要。

在这方面，巴菲特深受他的大学老师本杰明·格雷厄姆的影响，善于摆脱市场情绪的影响。有两个例子可以说明这一点。

第一个例子发生在1956年。那时候的巴菲特刚刚创办一家合伙企业——巴菲特有限公司，可以说正是“学生意”的时候，当时美国道琼斯工业指数在200点左右。父亲告诫他说，200点的股票指数已经很高了，所以他不必忙着投资，可以先看一看再说。

巴菲特认为，虽然每只股票都和股指有关，可是他投资的只是单只股票，并不是股指。所以，股票指数高低不重要，关注单只股票的内在价值及其运行规律才是重要的。

巴菲特后来回忆说，如果当时他听了父亲的劝告，这也不投，那也不买，那么他的个人资产就只能停留在他当年投资的100美元上。

巴菲特认为，股票的长期价值取决于该企业的经济运行，而不是股价波动。从一个相当长的时期看，每只股票的价格与其内在价值之间有着紧密的联系——如果企业的内在价值一天天增加，那么总有一天股票价格会上涨到与其相适应的价位；相反，如果企业的内在价值总是徘徊不前，甚至还在不断下跌，那么股票价格也会因此做出相应的反应。

不过巴菲特也承认，现实中经常会有股价与企业内在价值走势背离的情形。他解释说，这只是一种短期行为，究其原因是由投资者的情绪波动造成的，与企业经营状况无关。

懂得了这一点就不难看出，如果投资者十分关心每天的股市行情，股价波动就会相对剧烈。因为这时候每一位投资者的情绪波动，都会影响股价。

相反，如果投资者远离股市，他的投资就会更加理性，从而他也会更加侧重于长期投资和价值投资。

这实际上就是本杰明·格雷厄姆所说的："一个人离华尔街越远，对所谓股票市场预测与选择买卖时机的主张也就会越发怀疑。"

可喜的是，巴菲特所在的奥马哈市，与纽约有一段适宜的距离，这是巴菲特并不那么热衷于预测股市的原因之一。当然，这不是主要原因。

第二个例子发生在1992年。巴菲特聊胜于无地发表预言：整个20世纪90年代标准普尔500股票的收益水平，不太可能会像80年代那样超出平均收益水平。

此言一出，有人惊呼从来不预测股市的巴菲特也开始预测股市了，可是巴菲特自己却不这么认为。他说，这和股市预测完全无关。20世纪80年代权益资本收益的增加，的确超过了历史趋势，但其原因主要在于公司税率较低，财务杠杆发生了戏剧性的增加。

容易看出，这可以看作是巴菲特根据宏观经济运行规律做出的预言。为此，他在1979年就曾经发表文章提醒投资者："你在股市上为兴高采烈的舆论支付了一个非常高的价格！"他认为，股票市场即使会长期高估或低估企业的内在价值，股价也不可能无限期地背离公司基本情况，因为经济运行是有它具体的内在规律的。

这就是为什么巴菲特投资股票时从来不看当时的市场行情变动情况。即使股票价格较高，很多投资者望而却步，他只要觉得股价仍然远远低于其内在价值、仍然具有吸引力，就依然会照买不误。

【课后点评】

从理性投资角度看，买入股票的时机除了看股价绝对值的高低之外，更要看企业内在价值的高低，同时还与公司本身的运行规律有关。归根到底一句话，只要股价大大低于内在价值就可以买进，即使股指较高也没关系。

当管理层聪明而又精明时

> 不必等到企业股价降至谷底再去购买它的股票。所选企业股票的售价要低于你所认为的它的价值，并且企业要由诚实而有能力的人经营。但是，你若能以低于企业目前所值的钱买进它的股份，你对它的管理有信心，同时你又买进了一批类似于该企业的股份，那你赚钱就指日可待了。
>
> ——沃伦 · 巴菲特

【巴菲特投资策略】

巴菲特认为，什么时候能够买入股票，要看该公司管理层是否“聪明而又精明”；如果是，并且这时候的股价又低于其内在价值，哪怕股价还没有跌到底，你也可以趁早买入该股票。

巴菲特投资股票时很看重这一点。他说：“你把全部投资交给这家公司，实际上就是交给这家公司的管理层来经营管理，当然会希望他们用好每一分钱，为你创造应有回报。”2016年4月30日，巴菲特在伯克希尔公司股东大会上接受提问时解释说，伯克希尔公司之所以会把60多年来最大的一笔投资用于收购美国精密铸件公司，主要原因之一就在于看重该公司最重要的资产，即首席执行官马克·多尼根。

从历史上看，巴菲特了解公司管理层是从了解其股票以及所在行业开始的。巴菲特之所以会投资《华盛顿邮报》，是因为早在13岁时他就了解媒体了。

当时，巴菲特的父亲已经在国会工作，巴菲特做起了报童。他送的报纸就两张，一张是《华盛顿邮报》，另一张是《时代先锋报》。所以他后来总是开玩笑说，早在他的老师本杰明·格雷厄姆买下《时代先锋报》之前，他就已经"并购"这两张报纸了。

这一段历史，使得巴菲特对媒体传播有了非常贴身的了解。由于《华盛顿邮报》经常报道《新闻周刊》的主要业绩，使得巴菲特根据相关报道和自己的经验，就能确信《新闻周刊》的一贯优良业绩，认为它是一只"可以预测其未来"的股票。

基于对媒体的了解，巴菲特后来也非常关心资本城/美国广播公司。这是一家创办于1954年的企业，在之后的30年里，董事长托马斯·墨菲先后从事过30多次广播及出版收购行动。巴菲特非常佩服以他为首的公司管理层，凭着这一点，他于20世纪80年代中期开始大量购买资本城/美国广播公司的股票。

实事求是地说，如果巴菲特坚持过去的一贯标准，是不会收购该股票的。因为巴菲特从托马斯·墨菲手中买入的股价高达172.5美元，这个价格可不便宜。如果按照本杰明·格雷厄姆的公式测算，这只股票的内在价值折合股价后应该在每股203美元左右，两者已经非常接近了。

所以，当巴菲特斥巨资收购资本城/美国广播公司股票时，业内人士纷纷表示震惊，看不懂巴菲特为什么要这样做。要知道，他过去的一贯做法是购买股票的价格要低于公司内在价值的2/3。

更让业内人士感到不可思议的是，即使在1987年10月美国股市大跌期间，巴菲特手中基本上只剩下3只股票时，资本城/美国广播公司的股票依然是其中之一，而且它所占的投资份额最大。当时他持有的这3只股票分别是：资本城/

美国广播公司，价值10亿美元，约占投资组合的一半；政府雇员保险公司，价值7.5亿美元，占投资组合的37.5%；《华盛顿邮报》公司，价值3.23亿美元，占投资组合的16.15%。

对此，巴菲特承认，在对待资本城/美国广播公司股票的投资上，他确实违反了过去一贯的收购风格，而且是冒了风险的。他之所以对过去的收购风格做了“折中”，主要是出于一种特别的考虑，那就是为了该公司“聪明而又精明”的管理层。当然，此外还有另一个因素，那就是他对媒体行业的透彻了解。

事实证明，巴菲特的这一投资决策完全正确。在整个20世纪80年代，资本城/美国广播公司的毛利率高达一般美国企业的3倍，股东报酬率一直维持在5%~7%，超过了斯坦普工业指数。

不过需要注意的是，由于每只股票所在行业不同，公司管理层“聪明而又精明”的方式也各不相同。巴菲特举例说，吉列公司和电脑公司的做法就截然不同。

吉列公司每推出一种新产品时，都会把这种新产品的价格定在比原来最好品质的刮胡刀价格高出一半左右的价位。为了避免这样的高价位吓到忠诚的消费者，他们随后就会提高原来那种最好品质的刮胡刀的价格，使得两者价格相接近，好让消费者觉得还是新产品“物有所值”。当然，如果消费者要选购老产品也没关系，因为那些老产品价格已经调高了，购买老产品，公司获得的利润也会相应增加。

再看电脑公司。每当一种新品推出时，老产品的价格就会直线下跌；新产品上市没多长时间，价格也会迅速下跌，老产品更是跌得一钱不值。这种价格策略和吉列公司新品推出的价格策略，截然相反。

巴菲特认为，这两种价格策略，其实都体现了管理层的“聪明而又精明”——吉列公司推出新品后，老产品的功能并没有受到影响，新品只是给消费者提供了另一种选择。而电脑新品推出后，老产品在功能上根本无法与之相比，价格不跌不行；而电脑新品虽然价格高，消费者要提高科技含量和装备水平，不买还不行，尤其是那些企业客户更是非买不可。

巴菲特在伯克希尔公司2009年年报致股东的一封信中说，每天晚上他都睡得很香，因为伯克希尔公司下面的几十家分公司都能自主经营，他不用对他们进行任何监督和监视。虽然这样做表明公司最高管理层无法及时发现下面的问题，但他依然保持这样一种在大型企业很罕见的、以股东为导向的珍贵态度。伯克希尔公司“宁愿承受一些糟糕决策造成的有形代价，也不愿遭受由于僵化的官僚作风而决策过于迟缓或者根本没有决策带来的大量的无形代价”。

巴菲特说这番话时，伯克希尔公司当时已经拥有25.7万名员工和50多家公司，规模不可谓不大。但巴菲特强调说：“决不允许伯克希尔成为一个充满各种委员会、预算报告和多级管理层的某种巨头。”

所以能看到，伯克希尔公司下属的那些企业，绝大多数决策都是在各自运营层做出的。巴菲特说，他和查理·芒格的角色“限于募集资本、控制企业风险、挑选经理人和制订他们的薪酬”。

如果有人好奇地问，伯克希尔公司要求旗下60多家企业的高级管理层“聪明而又精明”，可是给他们的酬薪水平究竟又是如何的呢？

应该说，除了巴菲特和查理·芒格两人象征性地每年领取10万美元的报酬外，巴菲特为其他高管人员制订的酬薪水平并不低，但具体方案不便透露。他说，伯克希尔公司当然会按照美国证券交易监督委员会（SEC）的要求披露酬薪计划，但是该计划完全透明化，会对公司股东有害无益。原因是，如果每个人都知道他周围同事的酬薪水平，就会相互攀比，从而影响工作。他举例说，华尔街投资银行所罗门公司每个人的收入都很高，可是到后来每个人都很不满，因为周围总有人比他拿到更高的工资。不过，2016年3月11日伯克希尔公司申报文件中的数据则透露，巴菲特25年来的年薪一直是10万美元。[1]2015年，伯克希尔公司总部酬薪最高的是财务长汉柏格，136万美元；下属企业负责人中酬薪最高的是能源部门董事长兼执行长艾比，4077万美元。[2]

1　不过，由于巴菲特一直住在自己的普通住宅里，所以公司还要为他负担一笔保安费用。2015年该费用比上年增加1%，达到370244美元。也就是说，伯克希尔公司2015年用在他个人身上的总费用合计约为47万美元。

2　萧丽君．身家662亿美元，股神巴菲特年薪仅10万美元．参考消息网[2016-3-14].

【课后点评】

巴菲特认为，某只股票能否为投资者带来高额回报，与这家公司的管理层是否“精明而又聪明”关系极大。不难想象，如果你把投资交给缺乏道德、能力不强的人打理，结果会怎么样，不用脑袋想也能想得到。

当傻瓜也能经营这家公司时

你应该选择投资一些连笨蛋都会经营的企业，因为总有一天这些企业会落入笨蛋的手中。

——沃伦 · 巴菲特

【巴菲特投资策略】

巴菲特认为，什么时候能够买入股票，要看傻瓜能不能经营好这家公司；如果一家公司连傻瓜都能经营得很好，该股票当然就值得买。

因为这表明，没有谁能改变这家公司未来的一切。换句话说就是，这家公司未来的发展脉络是简单而清晰的，不复杂，能够在自己的掌控范围之内。投资这样的股票，你的投资会更有稳定性和安全性。

巴菲特认为，当“没有谁能改变公司未来的一切”的情形出现时，只要它的投资回报率符合你的预期，并且价位合适，你就可以开始投资了。他用可口可乐公司来说明他的这一投资策略。

他说，他第一次喝可口可乐是在5岁时。他觉得这种怪怪的味道很好，而且所有小朋友都喜欢，于是他从祖父的小店里用25美分批来6瓶可口可乐，然后以每瓶5美分的价格卖给小朋友，从中赚取20% 的利润。

从那时开始的50年间，他一边喝可口可乐，一边观察它的企业发展史。他觉得，可口可乐公司的成功具有以下两大特点：

一是品牌虽然繁多，生产流程却非常简单。在全球最著名的5种碳酸饮料中，就有4个品牌是可口可乐公司的，即可口可乐、雪碧、芬达、健怡可乐。只要买入原料后制成浓缩液体，卖给灌装商，掺入其他成分，就可以批发给零售商了。除此以外，可口可乐公司还向杯装饮料经销商出售软饮料糖浆，生产流程同样十分简单。

二是销售系统无与伦比。可口可乐在全球200多个国家和地区都有销售，美国以外的国际市场上的销售额占总销售额的67%，利润占总利润的81%。例如，在中国，它就持有大陆、台湾、香港等装瓶公司的股份。

令人不可思议的是，巴菲特一直关注可口可乐，却一直没有买它的股票。直到1986年，巴菲特将可口可乐公司生产的樱桃可乐作为伯克希尔公司股东年会上的指定饮料时，仍然没有买过可口可乐公司的任何股票。1989年，巴菲特突然宣布已持有可口可乐公司6.3% 的股份。

是什么原因让巴菲特几十年不碰该股票，却突然持有该股票呢？说他不了解该公司，显然不符合事实；说他过去认为该股票达不到自己的投资回报率标准，也不合情理，这始终是许多人心头的一个谜。

对于这个问题，巴菲特在回答记者提问时反问道："如果你投资股票后想离开10年，而你了解你现在所知道的一切，当你不在的时候也不会发生任何改变，你会怎么办？"

他的意思是说，如果你买了可口可乐公司这样的股票，放在那里10年不去管它，仍然是值得放心的。因为它业务简单易懂，政策始终如一，公司领导层不会变换，长期投资业绩令人满意。如果说一定会有什么变化的话，那就是它的业务一定会继续扩大。

既然如此，那巴菲特为什么直到1989年才投资可口可乐公司的股票呢？他解释说，可口可乐公司的特性确实已经存在了几十年，但他是看到该公司20世纪80年代在罗伯特·格伊祖塔、唐纳德·考夫领导下发生了重大变化，才下决心投资可口可乐公司的。这就完全说得通了。

【课后点评】

傻瓜也能经营的公司通常具有以下两大特点：一是业务单一，依葫芦画瓢就行；二是拥有经济特许权，有资本“靠山吃山”。傻瓜都能经营的企业，一旦再拥有“聪明而又精明”的管理层，那就更无异于如虎添翼了。

当发现有经济特许权存在时

一家公司如果经常发生重大变化，就可能会因此经常遭受重大失误。推而广之，在一块总是动荡不安的经济土地之上，是不太可能建造一座固若金汤似的经济特许权企业城堡的，而这样的经济特许权正是企业持续取得超额利润的关键所在。

——沃伦 · 巴菲特

【巴菲特投资策略】

巴菲特认为，什么时候能够买入股票，要看该公司是否拥有经济特许权。经济特许权能够给企业创造超额利润，直接给投资者带来丰厚的回报。

巴菲特相信，企业要想在一个相当长的时期内取得竞争胜利，就必须具备经济特许权。

那么，经济特许权是从哪里来的呢？一般来说，它来自某种产品或服务，这种产品或服务具有以下特征：一是消费者需要或者希望得到它。道理很简单，有需要才有市场，并且有需要才有持续的市场。二是消费者认为它在同类产品或服务中无可替代，也就是说它具有独特的价值。三是它不受价格管制，企业可以通过定高价来取得额外利润。

除此以外，经济特许权还有一个可爱之处，那就是它能容忍不当管理。就是说，如果企业管理层管理水平不高，甚至犯了某些管理错误，经济特许权仍然能够保证企业不至于遭受致命一击，而只会降低赢利能力。相反，那些没有经济特许权的企业如果想获得超额利润，就必须不断改善企业管理，不断降低成本。否则，企业管理不善，成本居高不下，很可能会给企业带来灭顶之灾。

巴菲特介绍说，他在投资喜斯糖果公司股票时，就学到了许多有关评估企业经济特许权的知识，以及投资这类股票的相关技巧。他把这些投资技巧运用在其他股票投资上，赚了许许多多的钱。

巴菲特认为，1972年以后，美国只有少数几只股票在保守的会计核算、没有长期负债的情况下，能够像喜斯糖果公司那样，使得有形资产净值的税后收益率连续为25%以上。

究其原因，就是因为它的无形资产（而不是存货、应收账款、固定资产公允市场价值）产生了超额利润率。

一方面，消费者在与该公司产品、员工打交道的过程中，给予了该公司非常好的声誉；另一方面，这种良好的声誉又慢慢积淀成经济特许权，给该公司带来良好的获利回报。

容易看出，商誉是经济特许权的一个主要来源。但除此以外，像电视台这种行业的经济特许权，还包括不受利润管制影响的政府特许权在内。

那么，投资者怎样来辨别所要投资的股票是否具有经济特许权呢？

巴菲特介绍说，可以通过以下方法来检验：如果有一位杰出的企业管理大师，设想他拥有足够的资金，现在要让他来打垮某个竞争对手——如果他能打垮对方，就说明对方不具备牢靠的经济特许权；如果他怎么也打不垮对方，那就说明对方拥有雄厚的经济特许权。

巴菲特举例说，如果你给我10亿美元，再给我配备美国最著名的50位企业家，让我去建立一家企业，不用说，我一定会建立起一家杰出的企业来。可是如果要我建立这家企业的目的是打垮《华盛顿邮报》公司，那么我是不会要这10亿美元的。虽然我非常希望能有这10亿美元，可是我却没有把握能打败《华盛顿邮报》公司。无法完成你的任务，所以我只好知难而退。

这说明了什么呢？这就说明《华盛顿邮报》公司的经济特许权不可动摇。投资股票就是要投资这样的企业，要知道，经济特许权可是企业超额利润的来源。

比亚迪公司的电池、手机、电动汽车业务属于复杂难懂的高科技，巴菲特承认他根本就搞不懂，所以投资比亚迪公司是违背他的投资戒律的。可是伯克希尔公司之所以最终会收购比亚迪 10% 的股权，就是因为巴菲特最信任的两位合作伙伴——查理 · 芒格和中美能源公司董事长索科尔推荐了该企业，而他们对比亚迪公司的业务非常了解，巴菲特觉得有这就够了。更何况，巴菲特知道，查理 · 芒格这个人十分苛刻，从来不会轻易称赞任何一家公司。现在比亚迪公司既然能得到他的称赞，那就从一个侧面说明比亚迪公司应该不错，应该在某些方面具有经济特许权。

从这个角度看，巴菲特投资比亚迪公司又不能说是破戒，因为它是一家新能源企业，巴菲特不但对新能源业务十分了解，而且已经大规模投资。更何况，投资比亚迪公司后，伯克希尔公司在上游的发电业务优势将会向下游充电业务进行拓展，整个能源业务未来前景更好。而对于比亚迪公司来说，它同样希望能找到一位长期合作伙伴，能够借助中美能源公司在美国的能源网络和电力输送网络，在美国打开电动车充电站设施建设的布局。

果真如此，比亚迪公司卖的就不能说是电动车，也不能说是电池，而是一种快速充电技术。并且，这项技术不但可以用于电动汽车，还能应用于风能和太阳能，未来有相当大的发展空间。这样的投资，就符合巴菲特一贯倡导的经济特许权原则。

【课后点评】

可以把经济特许权简单地理解为某个地区、某个行业内的某种垄断性，以及强大无比的商誉或品牌。如果这个品牌的东西价格再高也有人买，就会构成该企业的超额利润来源，原因是“独此一家，别无分店”。

当短期套利能够获得短差时

如果每笔交易都对投资者有利的话，把一连串的套利交易汇集在一起，投资者就可以把收益较低的每笔交易最终变成一个获利丰厚的年收益。

——沃伦·巴菲特

【巴菲特投资策略】

巴菲特认为，什么时候能够买入股票，还可以看短期套利能否获得确定的短差收益。意思是说，如果当上述条件都不具备，可是却可以通过快进快出打短差，“过把瘾就死”，这种股票也是可以考虑买入的。

善于套利是巴菲特的一项特殊才能。他认为，如果这种短期套利的每一笔交易对你都有利，你就会积少成多，从而使获利非常可观。他自己就经常采用这种手段进行短期套利，并且获利颇丰。

所谓“套利”，是指巧妙掌握股票投资时机，在买入一种期货合约的同时卖出另一种期货合约。这种期货合约对象，可以是同一种期货品种、不同交割月份，表现为跨期套利；也可以是不同期货市场上的同一种期货，表现为跨市套利；还可以是完全不同的两种期货，表现为跨货套利。

短期套利的目的，主要是为了提前锁定利润、减少风险。在不同的期货交易中，利用做多、做空的价差变动获得投资回报，与绝对价格水平的关系并不是很大。

套利的好机会一般出现在公司转手、重整、合并、抽资、对手接收的各关口。在巴菲特有限公司早期，巴菲特每年都要将40%的资金用在套利交易上。值得一提的是，1962年美国股市纷纷下跌之时，巴菲特就是通过套利投资度过了这一段最困难的时期。当年道琼斯工业指数下跌7.6%，可是巴菲特有限公司的年收益率却高达13.9%。

巴菲特最喜欢采用两种套利手法：一是用中期免税债券替代现金；二是接受长期资金的投资委托。

用中期免税债券替代现金，就是将多余的现金用于套利投资。究其原因在于，免税债券与短期国库券相比，税后收益更高。如果你因为某种原因急需卖出免税债券，这时候就会面临承担资本损失的风险；可是这时候如果进行套利，就能用收益上的获利来弥补这种潜在损失。

接受长期资金投资委托后，往往会没有适合当前长期投资的机会，这时候怎么办？采用以中期免税债券替代短期国库券的换券操作手法，会比其他短期投资方式获利更多。几十年的投资经历表明，巴菲特通过这种方式实现了年平均投资回报率高达25%（税前）。

例如，1981年伯克希尔公司下属的阿克塔公司，同意把公司卖给一家靠举债收购企业的 KKR 公司。阿克塔公司的主营业务是森林产品和印刷业。1978年美国政府因为要扩大红木国家公园范围，向阿克塔公司征收了1万多英亩的红木林地，代价是以分期付款方式给它9790万美元，另加6% 单利的流通在外债券。

阿克塔公司认为，政府征收这块红木林地的价格太低，而且6% 的单利也太低。这时候 KKR 公司建议，希望能以每股37美元的价格购买阿克塔公司的股票；除此之外，再支付一笔相当于政府支付给阿克塔公司总额的2/3的代价补偿费用。

巴菲特认为，阿克塔公司董事会已经决定要卖掉该公司，就算不是卖给 KKR 公司，也会卖给其他买主。现在的问题是，要弄清被政府强制征收的那块红木林地究竟值多少钱，但这是一件非常困难的事。

巴菲特知道，KKR 公司在筹措资金方面的经验相当成功，既然他们愿意以37美元的股价收购该股票，并且另外还要再加费用，那么这个价位应当是有投资价值的。

所以，伯克希尔公司从1981年秋季也开始买进阿克塔公司的股票，当时的股价是33.5美元。直到11月30日，伯克希尔公司已经买入40万股该股票，约占阿克塔公司总股本的5%。

1982年1月，阿克塔公司和 KKR 公司签订了以每股37美元的价格购买股票的正式协议。这时候伯克希尔公司继续以38美元的股价增持25.5万股该股票。因为巴菲特相信，政府一定会对这片红木林地做出合理补偿的。

就在KKR公司签订正式协议，要购买阿克塔公司股票时，却突然因为资金筹措困难，原计划被搁浅。这时候冒出新的竞争者，最后以37.5美元的股价收购了阿克塔公司的股票，另外再加一半潜在的政府诉讼补偿。

就这样，伯克希尔公司从收购该股票的2290万美元投入中，得到了170万美元的利润，相当于年收益率15%。

1987年1月，针对政府支付给阿克塔公司的分期付款，法院做出最终决定：一是宣布红木林地的价值为2.757亿美元，而不是原来的0.979亿美元；二是“适当”的利率应该是14%，而不是原来的6%。根据这一计算，法院判决政府应该支付给阿克塔公司6亿美元。后来政府上诉，法院最终裁决政府支付金额为5.19亿美元。

1988年，伯克希尔公司最终从中获得1930万美元，以及每股29.48美元的额外收入。

在我国，目前尚未开通股票期货交易业务。那么，对于中国投资者来说，又如何来评估自己是否具备套利条件呢？

巴菲特认为，这时候主要是考虑以下4个因素：

一是这种承诺的事情发生的概率有多大？

二是投资会被锁住多长时间？

三是事情往更好的方面发展，可能性有多大？

四是如果出现意外情况，如反托拉斯诉讼、财务差错等，应该怎么办？

【课后点评】

大多数套利者每年会参与几十次交易，而巴菲特坚持“少而精”的原则，每年只找一些重大财务交易事项进行套利。巴菲特是套利高手，他采用4条原则来衡量套利条件，长期以来从中获得的年收益率高达25%。

当你看好的股票出现危机时

当一些大企业暂时出现危机或股市下跌，出现有利可图的交易价格时，应该毫不犹豫买进它们的股票。

——沃伦·巴菲特

【巴菲特投资策略】

巴菲特认为，什么时候能够买入股票，还可以看你原本看好的、经营非常稳健的公司遇到了暂时的困难。这时候，你扮演“英雄救美”的角色，“乘人之危”“趁机介入”，也不失为一种买入股票的好时机。

“乘人之危”本来是个贬义词，往往会给人以一种不怀好意、落井下石的联想。可是如果换个角度思考，你不是在落井下石，而是在用资金帮助对方渡过难关，这就会是一次很好的投资机会。

上市公司经常有陷入重重危机的，这些股票在我国股市中常常以 ST、PT 打头，更多的则是深藏不露。投资者如果能慧眼识别这样的股票，提早介入，等待拉升，就是一种很高超的投资技巧。

一向注重价值投资的巴菲特，之所以有时候也会投资那些看不到未来的上市公司，其实是他的一种独特的选股技巧。

巴菲特始终牢记他的老师本杰明·格雷厄姆所说的，股票市场上充斥着抢短线的投机者，他们唯利是图，一旦看到某只股票处于困境就会纷纷抛出，从而导致股价迅速下跌。

巴菲特认为，对于长期投资者来说，遇到这种情况正是买入股票、长期持有的好机会。因为要知道，这些股票的困境是暂时的，从长远来看算不了什么。投资这样的股票，更容易产生放长线钓大鱼的效果。

巴菲特举例说，如果有一家小型滑雪场，已经连续经营了30年，每年的净利润大约都是40万美元。在这么长的一个时期内，总会有几年的下雪量很大，也总会有几年下雪量很小，甚至根本不下雪。

面对这样的上市公司，你不能因为某一年度没有下雪，这个滑雪场没有收入了，就看低这家公司的股票价格。事实上，如果这一年它的净利润很低，例如只有20万美元，可是一旦某年的下雪量很大，其净利润就很可能会从一般水平的40万美元陡增到70万美元。综合地看，它每年的净利润仍然会在40万美元左右。

这就是说，如果某一年度没有下雪，并不意味着这家公司就因此失去了内在价值。如果这时候股价下跌，就是进行长期投资的好时机。

说到底，“天有不测风云”，这种起起落落对靠天吃饭的公司来说是很寻常的，这是一种正常的周期性经营循环。

根据这一原理，巴菲特在1960年美国运通公司发生色拉油事件后大量投资其股票，在20世纪70年代大量投资政府雇员保险公司股票，在1990年大量买入威尔斯法哥银行股票等行为，都是这种操作手法。

“乘人之危”，提前介入，等待股价上涨，最容易获得丰厚的回报。

1990年，资本城/美国广播公司因为经济不景气，宣布当年该公司赢利水平大致和上年持平。而在此以前，投资者一致认为该公司当年每股的盈余额会比上年增长27%。此消息公布后，该股票股价出现大幅度下跌，6个月内从每股63.3美元下跌到38美元，跌幅达40%。1995年，传出资本城/美国广播公司与迪士尼公司合并的消息，于是其股价应声上涨到125美元。

简单推算一下就知道，如果你在1990年以38美元的股价买入资本城/美国广播公司的股票，直到1995年股价为125美元时抛出，5年内的总收益高达2.29倍，年平均回报率为26.89%。

如果不了解这些，就不容易理解巴菲特的投资策略。

例如，已经连续25年参加伯克希尔公司股东大会的资深基金经理、Blueshirt集团亚洲公司董事总经理Gary Dvorchak认为，巴菲特在伯克希尔公司历史上大部分时间都在寻找那种高现金流、低资本支出的企业，而现在则主要转向投资那些具有经济护城河的企业。之所以会发生这一变化，巴菲特的解释是因为伯克希尔公司资本规模太大，而可供投资的大型企业已经不多，所以只好无奈进入铁路和其他工业领域。可是在 Gary Dvorchak 看来，这可能表明伯克希尔公司正在丧失自己的原有优势。

他举例说，实际上有相当数量的企业规模很大，赢利能力也很强，适合伯克希尔公司收购或在公开股票市场上买入。

这样的企业在科技、医药行业中有很多。最典型的是微软公司，比尔·盖茨从2004年就加入伯克希尔公司董事会了，巴菲特应该很了解，微软公司已经上市了30年，并且至今依然拥有庞大的自由现金流，以至于微软公司居然不知道这么多钱该投资什么行业，公司估值也很便宜。当然不仅是微软公司，美国有相当多的科技企业都拥有上述特征，如甲骨文公司、思科公司、谷歌公司、亚马逊公司等，可就是没看到巴菲特对它们进行投资；相反，却看到他选择了那种“百足之虫，死而不僵”的“烟蒂式”IBM 公司。[1]

怎样来理解巴菲特的这一举措呢？如果这不是他的投资昏招的话，或许可以用他的再一次提前介入来解释，即在别人纷纷不看好 IBM 公司时逆向操作。毕竟，长期投资和短期炒作的眼光不同，事实究竟如何，有待历史检验。

【课后点评】

有句熟悉的口号叫“允许一个人犯错误，同时也应当允许他改正错误”。人是这样，股票也是如此。只要该企业的质地没有发生改变，这时候的每一次股价下跌，都是买入该股票的理性理由，放长线才能钓大鱼。

1 Gary Dvorchak. 巴菲特股东大会后的思考：廉颇老矣？. 金融界，2016-5-5.

第2课　为什么要集中投资

有助于对个股做详细考察

我们继续将投资集中在很少几家我们能够完全了解的公司上。只有很少的公司是我们非常确信值得长期投资的。因此，当我们发现这样的公司时，我们就想持有相当大的份额。我们同意梅伊·韦斯特的观点，好东西当然是多多益善。

——沃伦·巴菲特

【巴菲特投资策略】

巴菲特认为，集中投资的好处是有助于对个股进行详细的考察。道理很简单，如果你要重仓持有某股票，就必定会对其发行公司多加分析和研究，而这样做，又会降低投资风险，有助于确保投资收益。

巴菲特自己在考察上市公司时，拥有一套独特的方法。这种方法虽然独特，却不神秘，是建立在普通常识基础之上的。

巴菲特认为，这种长期投资策略与他个人的投资动机有一定关系。他在伯克希尔公司1967年年报致股东的一封信中说，他10多年前刚刚从事股票投资时，为自己设定的目标是年均复合收益率超过道琼斯工业指数10个百分点。巴菲特说，“当时的我比现在要年轻，要穷，也可能比现在有着更强的竞争力”，但现在环境变了。巴菲特说，这“很有可能会影响我从事这项事业的动力”。

巴菲特说，从今往后他会更愿意持续地买入一家公司的股票，前提是他个人对该公司管理层和所处行业非常看好。哪怕投资其他股票能取得更高的回报率，他也会这么做；并且会因为其价格更具有吸引力，而投入更多的资金。同时，他把长期年均回报率调整为不低于9%，或者不低于超越道琼斯工业指数5个百分点。能够印证这一点的是，伯克希尔公司早期在二级市场上的投资比重高达70%，2010年代已经降至30%；相反，它在一级市场上收购股权的投资比重则从30%上升到70%左右。

巴菲特认为，如果一家公司管理层聪明而又精明，经营业绩稳定，经营方式长期不变，公司的内在价值就会慢慢体现出来。所以，他的主要精力总是集中在如何分析公司的内在价值、如何考察公司潜在的经济状况上，而不是股价波动、股市本身的发展上。

由于巴菲特实行长期投资策略，所以他要分析公司在将来一个相当长的时期内的发展前景，是相当困难的。为此，巴菲特采用的方法不是一个两个，而是一整套。运用这一整套方法从各个角度来考察公司，有助于从全面的、整体的角度来把握股票投资价值。

巴菲特认为，股票投资也要根据“吃力不赚钱，赚钱不吃力”的原则，在详细考察公司的基础上，尽量寻找和挖掘那些“赚钱不吃力”的行业和公司。当这种股票出现时，就要紧紧抓住机会，集中投资。

他曾经对零售业和电视行业做过一个对比分析。

众所周知，零售业的竞争非常激烈，必须时时刻刻发挥聪明才智来应对激烈的竞争。可即使这样，其盈利率也很低。

在巴菲特的个人投资生涯中，他看到过许多零售商曾经一度拥有令人吃惊的成长率、超乎寻常的股东权益报酬率，可是到最后突然就不行了，不得不宣告破产。他发现，这种现象在零售行业屡见不鲜。其实，又何止巴菲特呢？我们每一位读者对此都有耳闻。

相对于需要“聪明一世”的零售业来说，电视行业被巴菲特称为只需要“聪明一时”。

他举例说，如果你很早以前就买下一家地方电视台，即使你用人不当，也会经营得很好。例如，你把它交给你的一位懒惰而又差劲的侄子来经营，这项事业仍然可以经营好几十年。更不用说，如果你把它交给资本城公司主席托马斯·墨菲来管理，那你个人完全可以退居幕后、不闻不问。即使这样，回报率也会非常高。

巴菲特分析说，“聪明一世”和“聪明一时”的区别就在于，前者的零售业经营需要时时刻刻比竞争对手更聪明、更能干，而要做到这一点显然很不容易；即使你非常聪明、能干，你的竞争对手也会很快就复制出一套你的做法来对付你，然后超越你。不但如此，还会有一大批新加入的零售商，虎视眈眈地用各种各样的手段来分流你的客户。

在这种内外夹攻下，一旦你的经营业绩下滑，就可能面临倒闭的危险；一旦用人不当，那你就等于已经领到了一张经营倒闭的入场券。而“聪明一时”的要求就没这么严格。

巴菲特说，在对股票进行了详细的考察后，你就可以放心地集中投资了。有了这种详细考察，你还有什么必要担心投资回报呢？

【课后点评】

巴菲特认为，投资者可以并且也应当通过对上市公司进行详细考察，好从中选优，把主要资金集中投资于能够创造较高回报的少数几只股票上，集中优势打歼灭战。这也是巴菲特集中投资理念的核心所在。

有助于投资者理性思维

请记住，如果你用概率权重来衡量你的收益，而用比较权重来衡量你的亏损，并由此相信你的收益大大超过你的亏损，那么你可能刻意地进行了一桩风险投资。

——沃伦·巴菲特

【巴菲特投资策略】

巴菲特认为，集中投资的好处是有助于投资者理性思维。在他看来，一方面，集中投资必须是理性的，如果你集中资金搞的是盲目投资，这样的投资风险就太大了；另一方面，集中投资又会有助于投资者理性思维，因为你要集中投资，就必须冷静面对投资风险。

可以说，依据主观概率来进行投资，每一位投资者都会。可是，如果要通过理性思维来真正把握成功概率的大小，使之符合客观实际，就有一定的难度。不过巴菲特认为，只要你认真读过目标公司的财务年报，了解这家公司的内在价值，熟悉这家公司的业务，做到这一点就不难。

1990年年初，美国西海岸出现严重的经济衰退。加利福尼亚州的许多银行由于贷款资金被住宅抵押所占用，经营十分困难。而在这些银行中，拥有最多商业不动产的是威尔斯法哥银行。所以大家一致认为，威尔斯法哥银行的股票走势最为脆弱。

伴随着这种判断，威尔斯法哥银行的股价从86美元急剧下跌，并且出现恐慌性抛盘。而这时候巴菲特却乐坏了，因为他对这只股票的判断与上述观点完全不同。

巴菲特为什么会如此自信呢？原来，他对银行业务十分了解，这一点是其他投资者无法比拟的。所以，建立在这种基础上的判断力，也是其他投资者所无法望其项背的。

早在1969—1979年，巴菲特就拥有大量的伊利诺伊国家银行和信托公司的股票。正是在这一时期，这家银行的总裁让巴菲特学到了这样一条经验：一家银行经营得好，不但收益会有所增长，而且还能得到可观的资产回报。而银行要经营得好，主要依赖于公司管理层——优秀的银行管理层不但不会去发放有风险的贷款，而且还会不断降低运营成本；糟糕的银行管理层则相反，不但会增加运营成本，而且还会经常贷错款，造成坏账损失。

巴菲特了解到，这家银行自从现任总裁卡尔·理查特1983年上台以来，经营业绩一直非常不错。它不但收益增长率、资产回报率高于同行业平均水平，而且运营效率在整个美国最高，放款业务非常结实，毫无风险。

巴菲特由此得出结论，加利福尼亚州银行业发生“大地震”的可能性和金融恐慌性风险确实存在，可是发生在威尔斯法哥银行身上的风险微乎其微。

那么，巴菲特为什么不担心这家银行商业不动产的比例最高呢？这难道也没有风险？确实，威尔斯法哥银行的商业不动产比例最高，可是巴菲特认为，由此造成的风险只会发生在经营管理不善的银行身上，不会对这家经营管理良好的银行造成太大冲击。

巴菲特算了这样一笔账：威尔斯法哥银行当时的税前年收益，即使扣除贷款损失3亿美元，余额仍然超过10亿美元。在此之上，该银行即使又遭遇1991年那样的重创，即使造成的损失不仅仅是商业不动产，还包括所有贷款（480亿美元）在内，并且损失达到10%，结果会怎么样呢？所有这些情况都按最坏的估计，所造成的损失包括前期利息损失在内，平均损失量相当于本金的30%，这时候这家银行仍然能做到不亏损！

关于这一点，只有懂行的人才知道——如果银行放贷业务遭受10%的损失，那么这家银行就等于发生了严重的经济萎缩。而出现这种情形的概率非常小，几乎不可能！

正是基于上述理性分析，巴菲特得出了与他人截然相反的判断结果。

当威尔斯法哥银行的股价被市场强行打压50%之后，1990年10月巴菲特大举购买该股票，一下子投资2.87亿美元购买了500万股，平均买入价57.88美元。这样，伯克希尔公司就拥有了威尔斯法哥银行10%的股份；同时，也成为这家银行最大的股东。

巴菲特的这一举措让其他投资机构议论纷纷，连呼“看不懂”。可是巴菲特却胸有成竹，他认为有极大的胜算，至少应该是2∶1。结果，事实证明他的判断是对的。

巴菲特的理性思维，还体现在他因为了解传统产业，不了解高科技产业，从而集中投资于少数几只在他能力圈范围内的企业。他在伯克希尔公司2011年年报致股东的一封信中，这样阐述他的理性和自信：“不管未来100年以后的货币形式是黄金、贝壳、鲨鱼牙，还是今天这样的一个小纸片，人们还是会愿意用自己几分钟的日常劳动，来换取一罐可口可乐或一些喜斯巧克力花生糖。未来，美国人肯定将运输更多的商品，消费更多的食品，要求更大的住房。人们将会永远用自己生产的东西交换别人生产的东西。美国企业将会继续高效地生产，提供美国人需要的商品和服务。打个比方，这些商业奶牛将会存活上好几百年，还会生产更多数量的牛奶。决定这些商业奶牛价值高低的因素，不是商品交换的媒介，而是它们的产奶能力。对于奶牛的主人来说，来自销售牛奶的利润将会复合增长，就像20世纪的股票投资一样，在这100年间，道琼斯工业指数从66点增长到了11497点（与此同时，还支付了很多股息）。伯克希尔公司的目标将是不断增加一流企业的股权。我们的第一个选择是整体收购这些一流企业，成为它们唯一的主人，但是我们也愿意通过持有很大数量流通股的方式成为拥有部分股权的股东。我相信在未来任何一段较长的时期内，结果都将证明，这类对一流企业的投资，是我们前面分析的3类投资中遥遥领先的优胜者。更重要的是，这类投资也将是最安全的投资。”

【课后点评】

巴菲特认为，投资者如果把资金集中于少数几只股票上，就会有足够的理由和精力来研究这些股票。在对这些股票非常了解、进行过理性思考的基础上投资，无论别人是否“看得懂”，自己都不会后悔，因为这才是独到的眼光。

有助于提高投资回报率

3年前当我们大笔买入可口可乐股票的时候，伯克希尔公司的净值大约是34亿美元；但是，现在（1991年）光是我们持有可口可乐公司的股票市值就超过了这个数字。

——沃伦·巴菲特

【巴菲特投资策略】

巴菲特认为，集中投资的好处是有助于提高投资回报率。

他在伯克希尔公司1965年年报致股东的一封信中说："我们的多样化程度远远低于大多数投资机构。我们可能会将净资产的40%都投入一只股票上去，只要我们认为该投资意味着巨大的回报，同时该投资标的的价值发生剧烈改变的可能性很小。"

巴菲特的意思是说，只要看准某只股票能够获得巨大的回报，同时不确定性又很小，那就值得加大投资。这样的股票数量多少没有限制。他举例说，如果有50只或50只以上的股票具备这样的特点，并且每一只股票的投资业绩都能超过道琼斯工业指数15%以上，那么他同样愿意把资金平均投入这些股票上去。但实际上不可能出现这种情况，所以必须非常勤奋地精心挑选最值得投资的股票，并且数量要少。只要该股票的投资回报率预期能够超越道琼斯工业指数10%，并且这种预期具有非常大的确定性，就符合巴菲特的投资标准了。

巴菲特指出，话虽这么说，但投资组合的具体配置远远要比这复杂，因为这要涉及投资者的经验和情感等方方面面的因素。只有在经过多年的实践之后，才能判断该投资者是否具备良好的资产配置能力。显而易见，具有清晰的资产配置原则的投资者，在投资方面会具有一定的优势。

巴菲特说，任何资产配置组合如果数量超过100只，就不具备逻辑性。他的意思是说，这看起来没有任何道理。因为股票数量越多，投资业绩就越接近于股票指数，这样的投资业绩并不是巴菲特想要的。巴菲特曾经多次提到，如果伯克希尔公司的年投资回报率不能超过道琼斯工业指数10%，股东就没有必要把钱交给他；当然，与此同时也不要对伯克希尔公司抱有年回报率超过40% 的空想，这样的人也不适合成为伯克希尔股东。

巴菲特说，从长期看，只有集中投资少数几只股票，才可能“获得超越市场平均水平的满意的回报率”。

他幽默地说，请投资者记住美国百老汇主持人比尔 · 罗斯的一句名言，“如果你有40个妻妾，那么你将不会了解她们中的任何一个”。

众所周知，巴菲特的集中投资和“不要把鸡蛋放在同一个篮子里”的流行理念相背离。这种被称为“多元化”的投资理论认为，分散投资有助于降低投资风险。殊不知，投资者分散投资，一定会买到自己不了解的股票，至少也会买到投资信心不足的股票。毫无疑问，这和高概率事件要下大赌注的投资原则南辕北辙。

所以巴菲特说，集中投资就意味着高回报。因为集中投资的前提是你对这只股票很了解，至少也是“略知一二”，否则你也不敢这样集中投资。

在对投资对象很了解的基础上，你再把自己的资金主要投向这些股票，虽然股票只数减少了，可是投资回报率却必然会提高。

巴菲特的这一策略受菲利普 · 费雪的影响不小。菲利普 · 费雪是从1929年美国股市崩溃后从事投资咨询业的，他的主要操作手法就是集中投资。

具体地说是，他只愿意投资很少几只自己非常了解的股票，而决不投资那些自己不了解的股票。即使自己非常了解的股票，他也会好中选优，并不是每只股票都买一点。菲利普 · 费雪一般将股票数量限制在10只以内，其中25% 的比例只投资在3~4 只股票上。他在书中写道，许多投资者，包括那些为投资者提供咨询的人，从来就没有意识到购买自己不了解的股票可能会比投资没有充分多元化危险得多。

菲利普 · 费雪的意思是说，那些非常优秀的股票数量很少，也很难找到。只有真正买到它们，才能获得最好的投资回报。他的一句名言是：“我知道我对公司越了解，我的收益就越好。”

菲利普·费雪的儿子也是位出色的资金管理家，他总结说："我父亲的投资方略是基于一个独特却又有远见的思想——少意味着多。"

菲利普·费雪的投资理念对巴菲特的影响非常大，巴菲特甚至把他看作是自己的"精神父亲"。巴菲特说，他在股票投资风格方面，85%像本杰明·格雷厄姆、15%像菲利普·费雪。

他认为，投资者要把自己的资金集中投入那些自己所了解的非常值得投资的股票上去。这种集中投资，就意味着集中回报。只要某只股票的质地非常好，就不用担心这种集中投资会有什么风险。

例如，如果1993年你控告可口可乐公司，同时法院也已经判决你胜诉了，可口可乐公司需要赔偿你2200万美元，这也是该公司当年的全部净利润。可是如果在这种情况下，可口可乐公司的股价也跌不下去，那么这时候你就可以放心地集中投资该股票了。因为股价不肯下跌，就表明该公司在全球市场上的独占性地位没有受到动摇。并且，这笔巨大的损失也不会影响该公司1994年的赢利水平，如果说有影响，那也是微乎其微的。

对于可口可乐公司来说，支付2200万美元的赔偿金，完全可以看作是提前发给股东的一笔红利。只不过，这笔资金不是发给每一位股东的，而是支付给某一位特定的人，如此而已。1994年，可口可乐公司轻而易举地就能赚回这笔巨额赔偿；而与此同时，这场官司也会慢慢地被人们遗忘，股价也会回到以前的水平。试想，与其把自己的资金分散投资于其他回报率低的股票，那还不如集中投向这样的明星企业股。这样的集中投资，不正意味着能够获得更多的投资回报吗！

【课后点评】

巴菲特和菲利普·费雪都认为股票投资数量应该限制在10只以内，他们尤其喜欢把主要资金集中投资在三四只股票上。对于广大散户来说，因为资金本来就不多，投资两三只股票足矣，"一二不过三"嘛。

有助于对高概率事件下大赌注

对你所做的每一笔投资，你都应当有勇气和信心将你净资产的 10% 以上投入其中。

——沃伦 · 巴菲特

【巴菲特投资策略】

巴菲特认为，集中投资的好处是有助于对高概率事件下大赌注。

投资者通过各种方法对公司进行详尽考察，然后挑选其中的佼佼者集中投资，这实际上就是把大赌注押在了这些公司身上。由于这些精心挑选出来的公司质地优良，所以投资获利回报大是一种高概率事件。高概率事件当然要下大赌注，这是符合逻辑的。巴菲特的助手查理 · 芒格一针见血地指出，所谓“集中投资”，就是“当成功概率最高时下大赌注”。

巴菲特认为，投资者在对公司没有进行详尽了解之前，不能轻举妄动；而一旦碰到可遇不可求的投资机会，就应当全力以赴地大举投入。他说，投资者对自己所做的每一笔投资，都应当有勇气和信心将净资产 10% 以上的资金投入其中。这是什么意思呢？简单地算算就知道，每只股票上的资金投入都超过 10%，就意味着投资股票的数量怎么也不会超过 10 只。哪怕是对于伯克希尔公司这样的超级基金公司来说，也是如此。这就是巴菲特经常说理想的股票投资者所做投资不应该超过 10 只股票的依据所在。

不过应当注意的是，巴菲特在这里所说的“不超过 10 只股票”，在投入金额上并不是平均用力的。纵观他的投资经历，他从来都是主次分明、重点突出，他最擅长把主要资金集中投资于高概率事件股票上。

最典型的例子是，1987 年他在资本城 / 美国广播公司 1 只股票上的投资，就达到伯克希尔公司股票总投资额的一半。这样的投资策略在其他基金公司很少见，难怪有人认为巴菲特和赌徒“并没有多大区别”。

话说回来，投资确实也有一些“赌”的成分在内。不过即使“赌”，也应该赌得合情合理——在所有赌博中，每当局势对自身有绝对优势时，加大赌注正是一种常用技巧。在科学原理中，也经常会用到这一点。例如，与概率论并行的另一个数学理论——凯利优选模式（Kelly Optimization Model），就是通过概率原理来计算最优化数学模型的。对于股票投资来说，同样可以据此得出最佳投资的比例。当然，这种最佳投资比例一般不可能会平均用力。

资料表明，2015年年末巴菲特有620亿美元集中投资在45只股票上，数量虽然超过了他以前说过的“10只”（这与伯克希尔公司目前规模过于庞大，难以寻找到体量足够大的标的有关），但其中前10只股票占到了其投资总额的90%，其余35只股票基本上都只是蜻蜓点水。而在这前10只股票中，在可口可乐公司、富国银行、IBM公司和美国运通公司这“老四件”上的投资，又占到了投资总额的59%，重点可谓十分突出。而这“老四件”，2015年给伯克希尔公司创造的获利分红高达18亿美元。这就很好地反映了巴菲特集中投资的理念，用他的话来说，就是“要赌就赌大的”。[1]

而实际上，这里并没有包括保险业在内。众所周知，巴菲特非常钟情于保险业，因为保险浮存金在他眼里是一只实实在在的现金牛，有助于他对高概率事件下大赌注。他在伯克希尔公司2015年年报致股东的一封信中深情地提到，伯克希尔公司从1970年以来，保险浮存金的规模获得了飞速发展，年复合增长率高达18.7%，具体如下表所示：

年份	保险浮存金（亿美元）
1970	0.39
1980	2.37
1990	16.32
2000	278.71
2010	658.32
2015	877.22

1 中蓝．“股神”巴菲特这回又赚爆，他说过“要赌就赌大的”．搜狐网[2016-3-6].

巴菲特表彰说，在这其中，浮存金规模最大的是阿杰特 · 杰恩管理的伯克希尔再保险公司。而政府雇员保险公司的市场份额，则从1995年伯克希尔收购它时的2.5% 扩大到了2015年的11.4%，这一变化主要得益于其低成本优势，这是一条其他竞争者无法逾越的鸿沟，具体如下表所示：

业绩 / 年份 / 公司名称	承保利润（亿美元）		年末浮存金（亿美元）	
	2014	2015	2014	2015
伯克希尔再保险公司	6.06	4.21	424.54	441.08
通用再保险公司	2.77	1.32	192.80	185.60
政府雇员保险公司	11.59	4.60	135.69	151.48
其他主要保险公司	6.26	8.24	86.18	99.06
合　　计	26.68	18.37	839.21	877.22

在巴菲特看来，上面这两家保险公司都有一个主要特点，那就是对长期的、受监管的资产进行了大量的投资。这些投资依靠大规模的长期负债做支撑，没有，也不需要伯克希尔公司提供信贷支持和担保。因为即使经济状况不好，它们的盈利也足够弥补利息支出。

例如，在2015年铁路经济不景气的背景下，伯灵顿北方圣太菲铁路公司的利息保障（税前收益 / 利息）依然超过8：1。巴菲特的表彰中包含这样一层含义：不仅伯克希尔公司在对高概率事件下大赌注，就连其下属企业也都在这么做。

【课后点评】

既然你知道某只股票的回报率高，而且这又是一种高概率事件，那么你面对的就是一个可遇而不可求的投资良机。办法只有一个，那就是毫不犹豫地立刻进行集中投资，在高概率事件上下大赌注，这是理性投资的表现。

有助于最大限度地降低风险

我们的策略是集中投资。我们尽量避免当我们只是对不同企业或其股价略有兴趣时，就这种股票买一点、那种股票买一点的分散投资做法。当我们确信某家公司的股票具有投资吸引力时，我们同时也相信这只股票值得大规模投资。

——沃伦·巴菲特

【巴菲特投资策略】

巴菲特认为，集中投资的好处是有助于最大限度地降低投资风险。

在巴菲特看来，集中投资的风险最小。道理很简单，既然你集中投资少数几只股票，你就会用更多的精力了解透彻这其中的每一只股票。毫无疑问，你对所投资的每一只股票了解得越透彻，投资风险就越小。这有点像推出计划生育政策的宗旨，宁可生得少些，也要养得好些。

他说，伯克希尔公司所投资的那些股票，集中在少数几家财务稳健、具有强大的竞争优势，并且由能力非凡、诚实可信的管理层管理的公司。只要买入价格合理，投资这样的股票几乎没有任何风险。从伯克希尔公司38年来的股票投资经历看，如果分析对通用再保险公司与政府雇员保险公司的投资，股票投资获利与亏损的比例大约为100：1。

巴菲特在伯克希尔公司1993年年报致股东的一封信中阐释说，许多人认为分散投资有助于降低投资风险，可是他不同意这种观点。他认为，集中投资一定会使投资者在买入股票前更加注重考察目标上市公司的经营状况，提高对上市公司经济特征满意度的标准。所以，这时候的投资风险一定会降到最低。

巴菲特说，许多人把投资风险理解为投资组合的相对波动性，并且用每只股票市场价格的历史相对波动性β值来加以精确比较，可是他认为这种做法是完全错误的。他说，所谓“投资风险”，应当是指“损失或损害的可能性”。这种风险不是因为公司股价变动，而是由其内在价值变动所造成的。

公司内在价值改变了，例如投资者投资某只股票后，将来出售股票得到的总的税后收入，如果还够不上与原来投资相当的购买力以及原始投资的适当利息，就表现为亏损，即产生了投资损失。相反，每只股票的价格会在股市上波动，这是必然的；而无论股价如何波动，都只会给投资者买卖股票提供合适的机会。

根据伯克希尔公司1977—2003年年报进行统计，该公司主要股票的持有数量年平均为8.41只，这些股票市值占投资组合的比重年平均数为62.3%[1]，这就是巴菲特集中投资理念的最好诠释。具体参见下表：

年份	主要股票持有数量（只）	占投资组合比重（%）	当年投资收益率（%）
1977	9	76.81	93.46
1978	8	74.18	73.87
1979	13	88.51	90.12
1980	18	93.94	66.50
1981	15	96.44	83.69
1982	11	96.40	126.52
1983	10	98.62	130.44
1984	10	97.06	114.80
1985	7	97.67	336.85
1986	5	98.05	185.95
1987	3	0.20	185.71
1988	5	0.32	176.95
1989	5	0.35	180.95
1990	6	0.67	180.95
1991	8	0.82	179.89
1992	9	1.30	179.89
1993	9	2.62	180.15
1994	10	4.23	180.15
1995	7	87.93	343.07

1 [美]罗伯特·哈格斯特朗．沃伦·巴菲特的投资组合．江春译．北京：机械工业出版社，2000：1.

续表

年份	主要股票持有数量（只）	占投资组合比重（%）	当年投资收益率（%）
1996	8	88.12	309.24
1997	8	87.68	531.84
1998	7	86.22	636.76
1999	6	81.50	649.69
2000	5	74.74	660.15
2001	7	80.03	416.87
2002	8	81.02	405.83
2003	10	86.73	441.49
合计	227	1682	7142
平均	8.41	62.30	264.51

值得一提的是，巴菲特采用集中投资的方式最大限度地降低了投资风险，其方式方法与普通散户有着本质区别。

巴菲特在伯克希尔公司1961年年报致股东的一封信中，特别指出了这一点。他说："我们的业绩表现跟道琼斯工业指数和其他共同基金的表现有很大的区别，其主要原因是我们的投资方法跟大多数共同基金有着很大的区别。"什么样的区别呢？巴菲特说，这种投资组合主要由3部分构成，各部分所占比重大小会直接影响到投资业绩。

这3个组成部分分别是：一是证券投资，主要是那些价值被严重低估了的证券，这在当时的投资组合中所占比重最大。伯克希尔公司通常会在持有量最大的五六只股票上，分别投入占总资产5%~10%的资金，另外还会有10~15只持有量相对较小的股票。二是套利投资，这些股票的涨跌主要取决于公司的特定行为，如合并、清算、重组、分拆等，而非市场供求关系，它构成了年复一年的相对稳定的盈利来源。三是控股，这通常要在一年或几年后才能见到成效，所以有时候这种投资行为会在某一年不为伯克希尔公司贡献任何盈利，与股市走势也没有什么关联。

巴菲特特别指出，套利是构成伯克希尔公司稳定盈利来源的关键，伯克希尔公司随时都有5~15项这样的套利投资。如果这部分投入较多，而恰好当年的股市表现不佳，那么其最终盈利（与道琼斯工业指数相比）就会有非常好的表现，通常会有10%~20%的回报率。

事实上，在道琼斯工业指数表现不好的年份，伯克希尔公司的投资回报率确实就是靠套利投资支撑着；并且，巴菲特所说的第一种投资行为，即证券投资，之所以要强调长期性，是为了能够获得控股权，即转变为第三种投资行为——控股。一旦控股，巴菲特当然也就不需要再在乎公司的市场价值（股价高低）了。只要其资产价值在不断增加，伯克希尔公司的收益也就会同步不断增加。

明白了这一点，就不难理解为什么巴菲特在买入股票后会把它当成自己的生意来看待，而不在乎其一时的股价高低了。这是普通投资者做不到的。

巴菲特特别强调买入的股票价格要低，因为这样一来，他以后一旦掌握了控股权，业绩稍有改善，便能确保合理的赢利水平；即使控不了股，也会降低长期持股风险，因为他买在底部。

而对于第二种行为，即套利投资，巴菲特就从来不强调买入价格的低廉，而会更加强调其投资安全性，即短时间内获得收益的确定性。哪怕在两个月内只能获利2%，其业绩也不容小看，因为那实际上就相当于年投资回报率在10%以上了。

【课后点评】

无论是“把所有鸡蛋放在同一个篮子里”，还是“不要把所有鸡蛋放在同一个篮子里”，截然相反的两种观点，都只停留在理论探讨上。巴菲特凭借从实战中得出的经验认为，集中投资的做法更符合生活逻辑。

有助于收益概率大于亏损概率

用亏损概率乘以可能亏损的数量，再用收益概率乘以可能获得收益的数量，最后用后者减去前者，这就是我们一直试图采用的方法……这个算法并不完美，但事情就这么简单。

——沃伦·巴菲特

【巴菲特投资策略】

巴菲特认为，集中投资的好处是收益概率大，亏损概率小。也就是说，集中投资的获利回报有更大把握。

股票投资中经常会用到概率。不仅仅是股票投资，其实所有投资决策都是对概率知识的运用。

巴菲特平时酷爱打桥牌，他特别喜欢读一本名叫《你为什么会在打桥牌时输》的书。他在解释股票投资战略时说，股票投资和解决桥牌问题的方法一样，目的都是为了估算出真正的概率来。

巴菲特的主要投资利润来自风险套购，而这也是金融领域最主要的投资方法。殊不知，风险套购时用得最多的就是概率。他说，他的职责就是分析这些已经宣布并购的事件实际发生的概率大小，然后计算出损益比来。他平时非常喜欢用主观概率的方法来说明他的投资决策过程。

例如，有只股票当天的开盘价为18美元，开盘一小时后该公司发布消息说，可能会在6个月内以每股30美元的价格将公司卖给另一家公司。此消息发布后，这只股票的价位马上就上涨到了27美元，并且一直稳定在这个价位。

遇到这样的事情，首先要做的是判断消息真伪。如果是假消息，那就不去管它了；如果消息属实，将来这只股票能否以每股30美元的价格卖给另一家公司谁也不好说，好事多磨、拒绝合并的可能性随时存在。

这时候巴菲特会这样判断：他主观判断这一事件发生的可能性是90%，不发生的可能性是10%。而一旦发生合并事件，它的股价还有上扬3美元的空间，上涨到30美元；而不发生合并事件，股价会下跌9美元，重新回到18美元。经过这样一番推算，他认为这笔投资还是有利可图的，因为从中能够得到的预期收益是：3×90%–9×10% ＝1.8美元。

接下来的问题是，投资者不知道合并事件发生的具体时间有多长，而时间跨度长短和投资效益是密切相关的，这时候怎么来运用概率呢？

巴菲特会这样判断：如果现在以每股27美元的价格买入这只股票，你能得到的潜在预期收益是每股1.8美元，折合成年收益率是1.8÷27＝6.67%。

这表明：如果合并事件能够在6个月内如期发生，那么潜在预期年收益率就能提高到6.67%÷（6÷12）＝13.3%。同样地，如果合并事件能够提前在4个月内完成，潜在预期年收益率就会相应提高到6.67%÷（4÷12）＝20.01%。这时候，把此收益率与其他投资所能得到的预期收益率相比，就很容易看出前者是否值得投资了。

这种概率方法不仅可以用在风险套购上，也同样可以用在平常的股票买卖中。例如，巴菲特特别看好的可口可乐公司，该股票由于有100多年的投资业绩数据可查，在巴菲特眼里几乎没有任何投资风险，所以他把投资该股票会获利的可能性看作是100%。1988年，巴菲特经过估算认为，可口可乐公司股票的价格比实际内在价值要低50%~70%，于是开始大量买入该股票。从1988年到1998年的11年间，巴菲特一共投资该股票10亿美元，超过伯克希尔公司证券投资总额的30%。

结果怎么样呢？到1998年年末，这笔投资的价值就已经升到130亿美元了。

【课后点评】

巴菲特擅长利用概率知识来投资股票，并从中尝到了巨大的甜头。尤其是他在风险套购时对盈利概率大的投资项目加大赌注，更为伯克希尔公司创造惊人的投资回报提供了有效保证。这一方法同样值得中国投资者使用。

有助于降低资金周转率

投资人绝对应该好好守住几种看好的股票，而不应该朝秦暮楚，在一群体质欠佳的股票里抢进抢出。

——沃伦·巴菲特

【巴菲特投资策略】

巴菲特认为，集中投资的好处是有助于降低资金周转率。

股票投资不得不考虑资金周转率。不过应当注意的是，在企业经营中，千方百计提高资金周转率是提高资金使用效果的重要措施；可是在股票投资中却相反，只有降低资金周转率，才能提高投资回报率。

道理很简单。因为降低资金周转率，就意味着投资期限较长，股票买进卖出不活跃，这样至少能降低交易费用。

巴菲特认为，从短期看，利率的变化、通货膨胀、对公司收益的预期等因素，都会影响到股价变化。可是从长期看，决定股价变化最重要的因素是公司收益——总有一天，股价会趋于公司的内在价值。

根据罗伯特·哈格斯特朗的研究结果，股市投资中的资金周转率在10%~20%时获利最高。以资金周转率10%计算，表明持股时间为10年；如果资金周转率为20%，就意味着持股时间为5年。换句话说，持股时间在5~10年的股票投资回报率最高。当然，这是就美国而言。具体到中国，2007年的一份调查表明，在人数上亿的股民队伍中，只有10%的人对股市“十分了解”，50%的人自称对股市“略知一二”，70%的人希望能学习有关投资理念和金融的知识。更有意思的是，绝大部分股民把炒股所得看作是“意外收获”（请注意，不是“投资获利”），这就在有意无意中暴露出他们是把股票投资当成了一种投机行为。

集中投资有助于降低资金周转率、获取丰厚盈利的观点，最容易从伯克希尔公司股票上体现出来。例如，如果你在1965年以每股11美元的价格入股巴菲特有限公司1万美元，一直持有不卖，从表面上看，你的投资资金周转率为零，可是实际上其投资回报率最高。

截至2016年年末，伯克希尔公司的收盘价是每股244121美元，52年间的年复合增长率为21.22%，上述1万美元现在的市值是2.22亿美元。要知道，今天的伯克希尔公司净资产在美国位居第五，仅次于美国在线·时代华纳公司、花旗集团、埃克森美孚石油公司、维亚康姆公司。

难怪有人要说，伯克希尔公司的股票是“人们拼命想要得到的一件礼物”。懂得了这一点，投资者就再也没有必要热衷于忙进忙出。看准几只看好的股票，长期投资就行了。

一个反面案例是，美国特威迪·布朗基金管理公司执行董事克里斯·布朗，他的父亲早期担任过巴菲特的投资顾问，所以克里斯·布朗有机会投资伯克希尔公司的股票。遗憾的是，因为职业道德不允许他持有该股票，所以他在1970年9月把当时价值1000美元的伯克希尔股票作为结婚礼物送给了他的弟弟。喜欢讲排场的弟弟为了筹集度蜜月的资金，把这些股票以每股40美元的价格全部卖掉了。如果这些股票一直捂到2018年3月末，价值已经超过747万美元。以今天的眼光看，这真是一次代价昂贵的蜜月旅游。

集中投资能够降低资金周转率，而降低资金周转率更能提高投资回报，这个道理为什么许多投资者不能理解呢？巴菲特认为，关键在于这些人错误地把投资风险理解为股票价格的波动，甚至利用各种电脑软件，由电脑程序自动控制股票的买卖。巴菲特认为，这种做法极为愚蠢，他从来不采用这种方法，所以不会受其干扰。

【课后点评】

研究表明，股票的持股期限在5~10年，投资回报率最高。或许这就是巴菲特说“如果你不愿意拥有一只股票10年，那就不要考虑拥有它10分钟”的理由。当然其前提条件是，该股票本身是一只好股票。

有助于应付股价不正常波动

我越来越相信，正确的投资方式是把大量的资金投入你了解，而且对其经营深具信心的企业。有人把资金分散在一些他们所知有限，又缺乏任何买点的投资上，以为可以以此降低风险，这样的观点其实是错误的……选择少数几只可以在长期拉锯战中产生高于平均收益的股票，将你的大部分资本都集中在这些股票上，不管股市短期涨跌，坚持持股，稳中取胜。

——沃伦·巴菲特

【巴菲特投资策略】

巴菲特认为，集中投资的好处是有助于应付股价的不正常波动。

在他看来，集中投资对于投资者来说，就像开出的一艘航空母舰。与分散投资的小船相比，航空母舰更能劈波斩浪，抵挡住股价波动，尤其是那些不正常的股价波动。等到股价上涨时，你的收获季节就到了。

巴菲特认为，如果分散投资，由于每只股票价格此起彼伏，很容易造成投资效益平均化。这时候，你买入的股票只数越多，随着每只股票价格上涨下跌所引发的心理就越复杂，将来就越只能取得平均回报率。

巴菲特说，集中投资由于把所有资金都集中在少数几只股票上，虽然随着这少数几只股票价格波动，也会产生心理颠簸，但只要坚持长期投资策略，就能忍受得住这种颠簸，从而在一个相当长的时期内获得丰厚回报。

那么，怎么才能做到这一点呢？他认为，最简单的办法是，把目光集中于公司内在价值上，看股票的质地是否发生了变化；而不是去关心短期股价的波动。而不看股价波动的最好办法，就是远离股市。在巴菲特看来，股市是检验投资者是否愚蠢、是否会做出愚蠢决策的地方。远离股市，实际上就能避开短线炒作。

20世纪60年代，巴菲特的助手查理·芒格也经营着一家合伙证券公司。他说，他是参照复利表来进行投资的，针对普通股的表现进行各种各样的分析，然后从中找出自己的优势所在。结果怎么样呢？他的结论是，如果你能顶住股价波动，那么你只要买进3只股票就足够了。

1990—1991年，由于美国房地产业不景气，导致发放不动产贷款后的威尔斯法哥银行出现了13亿美元的账面亏损。当时这只股票的净值为每股53美元，这笔账面亏损的数额相当于每股25美元。

所谓“账面亏损”，并不表明已经发生实际亏损，也不表明将来必然会发生实际亏损。银行要做的，是必须在股票净值里提取这笔金额作为准备金。账面亏损一旦变成实际亏损，就要从这笔准备金里取出每股25美元的数额，这样，每股净值就要从原来的53美元，相应减少到28美元。

威尔斯法哥银行由于提取这笔准备金，几乎用完了1991年的全部利润，致使当年净利润只有0.21亿美元，相当于每股0.04美元。伴随着这一局面的变化，威尔斯法哥银行的股价不断下跌，从每股86美元逐渐下跌到了41.3美元，跌幅高达52%。

而这时的巴菲特，仍然认为威尔斯法哥银行是美国经营最好、获利最佳的银行之一，虽然其股价已经下跌到比同行低出一大截的地步。更重要的是，他研究后发现，该股票所提取的准备金已经超过实际水平。也就是说，实际损失并没有这么严重，这也是一种利好因素。

在威尔斯法哥银行经过这样一番股价下跌之后，巴菲特集中资金买入该股票。7年后的1997年，该股股价已经上涨到270美元，当年的这笔投资每年为伯克希尔公司创造的年复合回报率高达24.6%。

【课后点评】

巴菲特认为，要想在股市中获取高额收益，一是要忍受得住股价的剧烈波动；二是要集中投资，长期持股，不看股市。一个投资者，这两条抓住了，说明他已远离股市，定力不错。很显然，这两条对中国投资者来说都不容易。

有助于投资一个成功一个

投资者必须在设想他一生中的决策卡片仅能打20个孔的前提下行动。每当他做出一个新的投资决策时，他一生中能做的决策就少了一个。

——沃伦·巴菲特

【巴菲特投资策略】

巴菲特认为，集中投资的好处是有助于投资一个成功一个。

巴菲特是集中投资的倡导者和身体力行者。他形容说，投资者应该假设自己手中有一张投资卡，上面只有20个孔，每投资一次就少一个孔，即自己可以做出的投资决策就减少一次。如果能做到这一点，投资者就会耐心地等待机会进行集中投资，从而大大提高投资的成功率。

针对股市中有一种“把鸡蛋放在不同篮子里”的说法，巴菲特说，有人以为这种分散投资能降低投资风险，其实这是没有道理的。

巴菲特说，他越来越相信，正确的投资方式，应当是把大量资金集中投入那些自己了解，而且对其经营管理又抱有极大信心的公司。你只要选择少数几只投资收益率高于平均数的股票，把大部分资金都集中在这些股票上面，即使它们面临长期的股价拉锯战，你也能取得很高的投资回报。

巴菲特将这种投资策略形容为“把鸡蛋集中放在几个比较结实的篮子里，进行精心照看”。

他在伯克希尔公司2011年年报致股东的一封信中说，以他自己为例，他个人98%以上的财富都投资在伯克希尔公司的股票上，所有这些股票他将来都会捐赠给几家不同的慈善组织。这样高度集中投资于一只股票，完全违背传统的投资智慧，可是巴菲特为什么要这样做呢？根本原因在于，他非常了解伯克希尔公司拥有的各家企业的品质是多么的优秀，资产是如何的优良，企业经理人才干得是多么的出色。

巴菲特认为，广告、新闻、出版行业都是有利可图的，所以他愿意把资金集中投入这些行业。为了集中优势兵力打歼灭战，伯克希尔公司1973年集中投资《华盛顿邮报》公司的股票，一下子就投入了1060万美元，到1977年投入增加到3000万美元。之后的1986年，它又大规模收购了资本城 / 美国广播公司。

巴菲特是以投资保险业起家的。他认为，SAFECO公司是美国最好的保险公司，所以他毫不犹豫地集中资金收购该公司的股票。1978年，他一下子向该公司投入了2380万美元资金。

1987年，伯克希尔公司持股总值首次超过20亿美元，可是让许多机构投资者大跌眼镜的是，这20亿美元竟然全部集中在3只股票上，即资本城 / 美国广播公司10亿美元，政府雇员保险公司7.5亿美元，《华盛顿邮报》公司3.23亿美元。这种集中投资的手法全球找不到第二个人。

1988年，巴菲特首先在可口可乐公司股票上投资了1400万美元，然后不断追加，截至当年年末，他在可口可乐公司股票上的投资已高达5.92亿美元。1989年，他又增加了917.55万股折股权，从而使得伯克希尔公司在可口可乐公司股票上的投资总额超过10亿美元。

这样的集中资金投入，使巴菲特获得了巨大的回报。仅仅在可口可乐公司股票上，一年后的1989年年末，他实现收益就高达7.8亿美元。

顺便插一句，这样的集中投入在中国投资者身上也很常见，他们更容易取得超额的投资回报率。

巴氏投资基金合伙人李浩1996年涉足股市，与其他投资者一样，开始时也走过许多弯路。2006年，他开始采用巴菲特的选股标准进行集中投资。2008年金融危机时，他在每股20元左右大量抄底格力电器，每股6元时买入广东鸿图和莱宝高科，获利颇丰。以格力电器为例，在2008—2016年持股期内，通过转增股本、增发和大规模派现以及长期的股息再投入，李浩在该股上的总回报率高达12.3倍，年复合回报率39.7%。2013年，他又以同样的风格在每股10元时买入招商银行股票，2014年每股130元时买入贵州茅台。李浩结合中国股市特点，始终坚持这样一条投资原则：集中投资于自己熟悉的、具有长期竞争优势的股票，远离“生、烂、贵”企业。

看到这里，许多读者也许会问，像巴菲特和李浩这样“把身家性命都押在一起”的集中投资，是不是风险太大、难度太大呢？巴菲特认为，从财务角度看，这种方式操作起来更容易。

他举例说，如果我们做一个每年成长1倍的1美元投资。假如累进税率为34%，那么，在第一个年度结算时出售该股票可得净收益0.66美元。反复继续这样的操作，每年都把收益转化为投资，然后出售和纳税，20年后一共可以获利2.52万美元，一共纳税1.3万美元。可是，如果仍然是这1美元，在20年里一直持股不动，20年后全部卖出，结果又会怎么样呢？这时一共可以获利69.2万美元，纳税35.6万美元。两者孰优孰劣，一目了然。请想一想，这还只是1美元的投资，如果把你的所有资金都集中投入在这上面，收益如何可想而知。

巴菲特认为，既然要集中投资，就必须要精心挑选质地优良的股票。而谁都知道，质地优良的股票通常价格不低，所以他在选择股票时特别讲究价廉物美，特别注重精选质地优良的低价股。只要他发现了这样的股票，就会毫不犹豫地大量收购，完全不看当时股票市场的行情如何。

【课后点评】

巴菲特认为，投资者如果集中资金买入几只特别看好的股票，会收到令人意想不到的高额回报。相反，如果投资过于分散，盈亏相抵后，通常只能得到接近于平均数的市场回报率，在扣除交易佣金后甚至会造成亏损。

第 3 课　为什么要长期持股

有助于培养投资理念，远离投机

在投资中，我们把自己看成是公司分析师，而不是市场分析师，也不是宏观经济分析师，甚至也不是证券分析师……最终，我们的经济命运将取决于我们所拥有的公司的经济命运，无论我们的所有权是部分的还是全部的。

——沃伦·巴菲特

【巴菲特投资策略】

巴菲特认为，长期持股的理由是有助于培养投资理念，而不是投机理念。

他始终坚持长期投资，远离短线炒作。他的成功也并不是通过在股市上高抛低吸、快进快出实现的。所以，如果投资者幻想通过快进快出、短线炒作，每年赚个50%甚至更多，那一定不会“痛并快乐着”，而只会导致“累并痛苦着”。

巴菲特一直强调，观察股票的投资业绩要有相当长的时间跨度，一般要有5年，至少也要有3年。或许这就是中国人常说的“路遥知马力”。

他在伯克希尔公司1967年年报致股东的一封信中说：“一直以来我都敬告各位，3年的时间是衡量投资业绩的一个最低的时限。而大众对于投资业绩的衡量时限，却往往是按年度、季度、月度，甚至更短。”建立在这种基础之上，资金管理者就会更加注重短期获利，以便能在短期内取得优异的成绩，获取高额的报酬。而越是这样，就越带动股市发生短期波动，使更多专业投资者认为自己有必要迎合这种短期追涨杀跌的趋势。

巴菲特说，他确信自己不擅长这种行为，不会去猜测股市波动，如明年的股指会到600点、900点，还是1200点，并觉得这种猜测毫无意义。他说，当年他已经37岁了，过去就因为这种态度遭到过别人的轻蔑，认为只有老人才会否定一切新事物。可是他今后依然会这样做，不会去使用一种自己都无法“明白其内在逻辑”的投资方法，以免遭到永久性资金损失。

据说当时美国有位基金经理久仰巴菲特大名，专门去拜访他。可是他在和巴菲特详细交谈后失望地说，巴菲特只不过是个“业余”投资者。他的意思是说，巴菲特的主要精力并没有集中在股市上，而是在股市外。

平心而论，这位基金经理说巴菲特是业余投资者，是很可笑的；可是他说巴菲特的主要精力没有集中在股市上，而是在股市外，却是非常正确的。现在的问题是，巴菲特的“业余”水平已经达到一个无人能及的高度，这才是需要各位投资者好好总结和学习的。

巴菲特的投资行为，确实和股市散户的投资行为不同，他是通过收购自己满意的上市公司的股权，来变相进行实业投资的。股权投资，可以简单地理解为买原始股。例如，巴菲特就是通过控股多家保险公司，从而拥有充足的现金，然后运用他的投资天才，把这些巨额现金转为巨额收益，从而创造了一连串的巴菲特神话。为什么这么说呢？从数量上看，巴菲特的总投资中有70%是私有公司，只有30%是公众公司。

股权投资和股票投资虽然都有个“股”字，但它们获取收益的方式大不一样。股权投资看重的一定是企业高速成长所带来的获利，所以，必定会是长期投资；而股票投资看重的是利用市场交易信息不对称、不平衡，进行高抛低吸所形成的差额。两者的区别在于：股权投资的增量资金是进入该企业的，投资者作为股东，需要长期关注该企业，并且为提高企业价值提供服务。而股票投资的增量资金并不进入该企业，最终形成的是一种零和游戏——有人赚，就必定会有人亏。增量资金不断涌入，造成牛市时，大家都有得赚；而一旦市场资金净流出，大家就都会亏。

显而易见，股权投资才是真正的致富之道。美国纽约大学 Asset mix 的资产组合报告表明，美国1% 的富豪阶层中，有47% 的人将资产配置在股权上，19% 的富裕阶层中有24% 的人将资产配置在股权上，60% 的中产阶级中这个比例却只有9%。如下图所示：

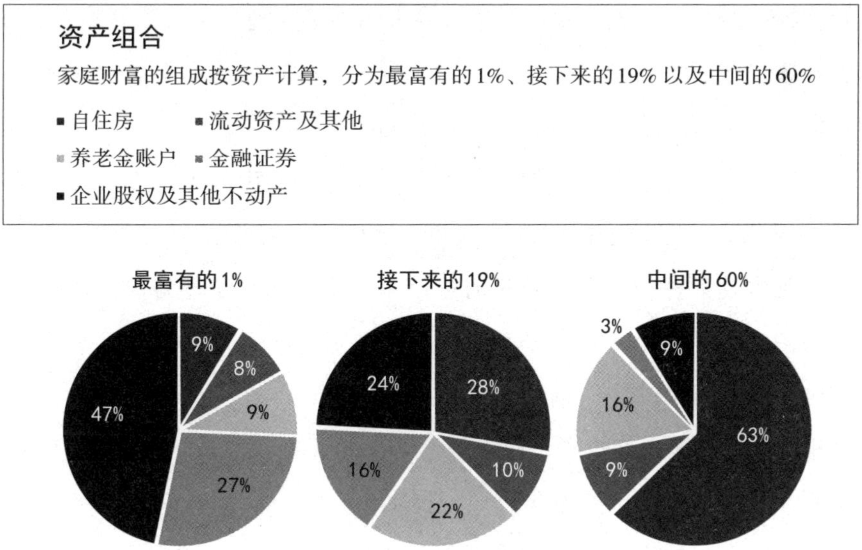

在许多发达国家，股权投资是中产阶级走向富裕阶层的唯一途径。当然，股权投资的收益高，风险也大。换句话说就是，中产阶级可能会通过股权投资进入富裕阶层，也可能会因为股权投资退回到赤贫状态。[1]

后者的例子是，就在2015年伯克希尔公司投资收益比上年增加4倍或至少增加8.05亿美元时，美国另一位亿万富豪、被称为“华尔街之狼”的卡尔·伊坎却因为重仓持有能源股，投资亏损比上年扩大3倍，至8.86亿美元，旗下有多

1　别再跟着巴菲特学炒股了，因为他根本就不炒股．今日头条网 [2016-3-5].

只股票跌幅超过50%。[1]

至于投资和投机这两个经济概念，虽然很不容易分辨，却迥然不同。这主要可以看两点：一是投资行为看重长期的稳定回报，而投机行为着眼于短期内技术性套利的多少；二是投资行为追求双赢的发展路径，而投机行为只能增加未来经济的不确定性。

巴菲特在伯克希尔公司2013年年报致股东的一封信中说："如果大家关注的是资产未来可能被接手的价格，那么这就是投机。投机没有什么不好，但是我知道我不能总会投机正确，我也怀疑那些声称自己可以持续投机成功的人。掷硬币时，第一轮有一半人会赢；但是这些人如果不断地玩下去，就不会有赢家。另外，一项资产近来持续升值也绝不是一种买入的理由……最后的赢家是把精力用在球场上的人，而不是紧盯着计分板的人。"

巴菲特说，那些总喜欢听别人宏观评论或预测股市的人，不但是在浪费时间，甚至很危险，因为这种评论或预测会模糊大家对真正重要的事实的看法。每当他听到电视评论员流利地分析着股市下一步会怎么走的时候，他就会想到美国职业棒球明星米奇·曼托所说的那句话："你不坐到直播间里，都不知道原来棒球比赛会这么简单。"

巴菲特始终坚持长期投资，而不是投机，可以从下面这个案例中看出来。

2005年5月24日，伯克希尔公司下属中美能源公司宣布，将以94亿美元的代价，从苏格兰电力公司手中收购美国西北部最大的电力供应商——太平洋公司。这是伯克希尔公司自1998年收购通用再保险公司后的最大一项投资。为此，中美能源公司要掏出51亿美元的现金，其余的43亿美元是作为净负债和优先股处理的。然后，苏格兰电力公司要向股东派发45亿美元的红利。

这一举措在社会上引起种种议论，许多人惊呼巴菲特开始"投机"了。为什么这么说呢？因为当时国际油价一路飙升，2005年4月美国的能源价格上涨4.5%，为24个月以来的最大月涨幅。所以，这项决策给人的感觉是，巴菲特在

1　祝裕，黄修眉．"华尔街之狼"去年败给"股神"巴菲特，今年重金布局汽车零部件企业．每日经济新闻，2016-3-7.

能源危机一触即发之际想趁机跟风炒作，这难道还不算是投机吗？！

但这确实不是投机。理由是，伯克希尔公司是在通过投资、经营能源基础性产业，增加能源供给；而不是趁国际原油市场价格波动的机会，反复进出以获取巨额利润。也就是说，它是通过对基本面而不是消息面的分析来寻找投资机会的，当然就不能算是投机，而只能是投资了。

这一做法也非常符合巴菲特一贯坚持的长期投资原则：在确认没有任何投资风险的前提下才进行投资；如果投资对象存在着投资风险，他会因此一票否决这项投资决策。认清这一点，非常有助于我们正确理解巴菲特的长期投资理念，而不是只从表面上看待长期持股。

看看我们的周围，也有许多投资者在进行“长期投资”；只不过，他们的这种“长期投资”不是出于主观意愿，而是出于一种被动，准确地说应该叫“长期被套”——当初购买股票就是非常盲目的，后来一直无法解套，甚至股指已经上涨了几千个点，股价还在那里耷拉着脑袋，投资者只好苦笑“自己沦落为长期投资者”了。否则，他还能怎么样呢？

【课后点评】

真正的长期投资是根据基本面而不是消息面做决策的，寄希望于与所投资的公司命运紧密结合在一起，从内在价值稳定而快速的增长中分享发展成果。长期投资是一种主动性行为，与无奈的“长期被套”完全是两回事。

有助于分享主业的稳定发展

投资明星企业，不可能今天投下钱，明天就能获得利润。我们应该看远一点，3 年之后，或 5 年、10 年之后，你再回头看看当初，也许你会发现原来钱是那么轻易赚来的。

——沃伦·巴菲特

【巴菲特投资策略】

巴菲特认为，长期持股的理由是有助于分享企业经营成果。

在他看来，长期投资的最大好处，就是让投资者从不断增长的主业发展中，轻而易举地分享到其发展成果。

2016年4月30日，巴菲特在伯克希尔公司股东大会上说："我们买股票就是买生意，我们会提前做很多研究，不会因为兴趣而做任何决定。经济分为宏观和微观，宏观是不能左右的，微观是我们可以做的。"他的意思是说，投资者能够把握的对象，唯有在调查研究基础之上的微观（被投资企业）。

巴菲特曾经幽默地说："不管你多有才能、多努力，有时候你都必须坚持足够长的时间。要生一个婴儿，只能是一位女性怀胎十月之后的事；如果只有一个月，十位女性一起怀胎也没用。"

巴菲特认为，每家上市公司都有主营业务，而且主营业务可能不止一个。就股票投资而言，要注重考察目标公司的主业是否长期稳定、可靠，这是股票长期投资的前提条件。

巴菲特坚持长期投资的理念，所以特别看重公司未来的长期经营能否让他有安全感。分析他所投资的股票，他特别喜欢像可口可乐这样经营业绩长期稳定的公司，而不是那种一会儿一鸣惊人、一会儿一命呜呼的企业，也不是那些成长性很好的高科技公司，它们的投资风险都太大。

巴菲特研究发现，赢利能力最强的公司，往往是那些5年来，甚至是10年来经营方式一直不变的企业。由于经营方式一直不变，企业管理层才有机会不断改善服务，不断改进产品线，不断提高生产技术；相反，如果公司经营方式总是发生重大变化，就很可能会经常出现重大失误。

例如，在1977—1986年，《财富》杂志评选出的1000家世界500强企业里，只有25家企业平均股东权益报酬率连续10年保持在20%以上，并且从来没有低于过15%。纵观这些公司，都是股票市场上的超级明星——在这25家公司中，有24家股价上涨幅度超过标准普尔500指数。

进一步研究这些明星企业，会发现它们有两大特点：一是其中的一些大型企业往往只有相对于其利息支付能力来说很小的借款；二是其中只有一家高科技企业，很少几家制药企业，绝大多数企业经营业务都非常普通、平凡。

也就是说，这些企业的经营方式、销售产品都和10年前基本相同。虽然销售量可能更大，销售价格也可能更高，但它们基本上不销售引人瞩目的新型产品。这再次印证了巴菲特关于主业长期稳定的企业是好企业的论断。

巴菲特认为，主营业务长期稳定的公司，会给人一种“注定必然如此”的感觉。因为谁都可以从它过去的经营方式、经营业绩中，轻易地推测出其未来的业务规模和成就。例如，可口可乐公司和吉列公司，你就很容易估算出它们在未来10年或20年内，将会生产、销售多少软饮料和剃须刀。虽然每个人的估算结果会不同，但都非常有助于自己清晰地把握该公司的发展轨迹。

即使它们的竞争对手也不得不承认，它们未来仍然能在行业中占据领导地位，而且其领导地位可能还会越来越巩固。

当然，这并不是说因为“注定必然如此”，投资者就可以不用关心它们在生产、销售、包装、产品创新等领域内依然从事的工作了。

让巴菲特遗憾的是，他和查理・芒格即使寻觅一生，也只是掌握某种法宝，用以鉴别哪些企业的竞争优势会“注定必然如此”。而单纯观察一个企业领导层的管理能力，是得不出什么必然结果来的。

例如通用汽车公司、IBM 公司、西尔斯百货公司等，它们都曾经在很长一段时间内处于行业的领导地位，企业管理层也非常优秀，可是公司发展仍然经历了剧烈的震荡。而对于绝大多数公司来说，做到这一步就已经非常不容易了。

更何况，当你找到一家“注定必然如此”的公司时，往往会碰到10多家差不多的冒牌货。它们看起来也好像处于行业的领导地位，可是只要一遇到同行的竞争性攻击，马上就会一败涂地。

所有这些都表明，一家企业要做到主业长期稳定是多么的不易！而一旦做到这一点，就表明它确实就是一家明星企业，因为它过去的历史发展已经充分证明了这一点。

巴菲特说，就他和查理·芒格两人而言，在他们眼里“注定必然如此”的明星公司很少，数量远远不及美国“蓝筹股50家”排行榜和“璀璨明星20颗”那么多。正因如此，在他们的股票投资组合中，品种并不多。在他们投资品种并不多的组合中，除了“注定必然如此”的明星企业外，还理所当然会包含一些“可能性高”的次明星企业在内。

【课后点评】

在巴菲特看来，适合长期投资的股票对象，应当首选那些主营业务简单、业绩增长稳定的公司，以便在长期持股中分享其发展成果。有这样的明星企业做后盾，投资者日积月累的回报，会比短线炒作更可观。

有助于集中资金做稳健型投资

成功的秘诀有3条：第一，尽量避免风险，保住本金；第二，尽量避免风险，保住本金；第三，坚决牢记第一、第二条。

——沃伦·巴菲特

【巴菲特投资策略】

巴菲特认为，长期持股的理由是有助于做稳健型投资。

巴菲特的理性投资是出了名的，而理性投资最主要的表现是稳健。长期投资的好处之一，就是能够集中资金做稳健型投资。巴菲特之所以能做到这一点，主要是受他的老师本杰明·格雷厄姆的影响。

本杰明·格雷厄姆、戴维·多德在《证券分析》一书中提出，企业的中心价值应当满足以下3个标准的数学评价公式：①10倍以下的市盈率；②个股价格相当于历史最高价的一半；③股价不高于每股净资产。

容易看出，如果按照上述3个条件来选股，这种投资一定是非常稳健的。仅仅以第②个条件为例，现在的股价还不到历史最高价的一半，以这样的价格买入，谁都知道要亏也亏不到哪里去。

本杰明·格雷厄姆稳健投资理论的核心是安全边际。他认为，买入股票的价格应该低于企业实质价值（包括资产、盈利、股利等项目），这低于的部分就是安全边际。两者之间的差额越大，安全边际也越大。在这种理论指导下，巴菲特和他的同行在1968年前的美国股市中找到了一批又一批“便宜货”。

不过巴菲特认为，对于成长性股票来说，他觉得没有什么好方法可以用来预测买入价格是否合理，将来能够获得多大的回报，因为每个人的心理预期总会受莫名其妙的乐观情绪的影响。一旦投资者对成长性企业过于乐观，就会以比实际价值更高的价格买入股票。每个投资者都这样做，就会推动股价脱离内在价值，投资风险就呈现出来了。

巴菲特认为，无论什么经济形态，是高科技还是低科技，是新经济还是旧经济，没有投资风险，同时要在此基础上赢利，都是第一位的。

稳健投资在遇到经济波动时会让你有充足的应对余地。

巴菲特在伯克希尔公司2011年年报致股东的一封信中说，2008年由美国次贷危机引发的全球金融危机，让大家看到了2008年下半年美国经济从悬崖上坠落后价值如何蒸发的全过程。伯克希尔公司的业务虽然无法幸免，但旗下两家租赁公司的业绩表现因为过去的稳健投资而免受冲击。

巴菲特在这里所说的，一家是拖车租赁公司，另一家是家具租赁公司。这两家企业2009年的税前利润是1300万美元，2010年是5300万美元，2011年急剧增加到了1.5亿美元。另一家美国最大的克莱顿预制房屋公司这时候虽然尚未复苏，但依然能保持赢利，这在经济萧条时期非常不易。

要知道，当时美国的移动房屋年销售量已经从最高峰2005年时的14.7万套下降到2009—2011年的每年5万套，萧条至极。而克莱顿预制房屋公司之所以表现优异，主要益于其负责任的抵押贷款组合。具体地说就是，过去在审核贷款时要求有相当高的首付，以及符合经常性收入合理水平的月供。

巴菲特在伯克希尔公司2015年年报致股东的一封信中透露说，伯克希尔公司2015年发放的贷款额平均每笔是59942美元，这个数字应该说很小。可是对于许多低收入家庭来说，这些贷款却非常重要，因为他们可以借此获得一栋体面的房子，而平均每月只需支付552美元的本息。

说穿了就是伯克希尔公司没有像其他大多数房贷机构那样降低贷款门槛，从而很好地避免了次贷危机，避免了巴菲特形容的那种“美国在房屋所有权和抵押贷款政策上像火车脱离了轨道一样，我们的经济如今正在为这些错误付出巨大的代价”。

在巴菲特的所有投资名言中，最著名的一句是：“成功的秘诀有3条，第一，尽量避免风险，保住本金；第二，尽量避免风险，保住本金；第三，坚决牢记第一、第二条。”他坚信，只要是投资泡沫，总有一天会破灭。

正是这种稳健投资、不冒风险的策略，形成了巴菲特个人的一大投资特色，也才使伯克希尔公司有了今天这般巨大的成就。

非常能证明这一点的例子是，有一次巴菲特和朋友外出，在曼哈顿一家餐馆里吃午饭。巴菲特觉得这里有一种火腿加乳酪的三明治味道很好，于是额外多吃了一个。几天后，巴菲特又要和这位朋友一起吃饭了，他提议说还是去这家餐馆。朋友说：“我们前几天不是刚刚在那里吃过一顿了吗？”意思是说，再去那里有什么意思呢？不如换个地方。可是没想到巴菲特回答道：“是啊，正因为已经在那里吃过一顿，我们才了解它的味道，那又何必再冒险到其他地方去吃呢？”请注意，他这里用的是“冒险”一词。

巴菲特在伯克希尔公司2006年年报致股东的一封信中说，伯克希尔公司2006年净值增加了169亿美元，A类股票和B类股票的净值都比上年增长了18.4%。2006年年末，伯克希尔公司总资产为2484亿美元，仍然居于全球资产规模最大的地位。现任管理层接手以来的42年间，公司股票每股净值由19.46美元增长到了70281美元，年平均复合增长率为21.4%。当时这个巨大的经济体拥有73个实体，21.7万名员工，年营业收入近1000亿美元。其中，最大的实体仍然是政府雇员保险公司。

令人感慨的是，这家全球资产规模最大的投资公司，总部高层管理人员只有2人，除了巴菲特之外，另一位就是他的合作伙伴查理·芒格。巴菲特担任董事长兼首席执行官，查理·芒格担任副董事长，人称“一对老头”——2008年，巴菲特78周岁，芒格84周岁。

除此以外，公司总部其他所有员工加起来也才只有13.8人（1名会计每星期只上4天班，折算成0.8人），包括1位行政助理、1位接待员、1位勤杂主任、4.8位会计、1位预算控制主任、1位税务主任、1位金融资产主任、1位首席财务官、1位保险经理、1位贸易商。

与巴菲特齐名的国际投资大师彼得·林奇，曾经在描述1989年他拜访巴菲特的情形时说：“在他的带领下，我参观了他的办公室（整个过程没费多少工夫，因为他的办公室还不如半个网球场大），并同他的11名员工一一打了招呼。在他的办公室里，我没有看见一台电脑或者股票报价机。”

这就是稳健型投资铸就的全球最精干的集团公司的总部和董事会。

伯克希尔公司董事会原来一直只有7个人。由于人数少，并且所有董事会成员都来自公司内部，以家庭为中心，没有常务委员会，无法起到制约董事长的作用，所以伯克希尔公司董事会曾经被《今日美国》杂志贬为“最糟糕”的董事会。在这7名董事会成员中，除了董事长巴菲特、副董事长查理·芒格外，另外就是巴菲特的妻子、儿子，这样的组成结构确实很难起到监督作用。

为了回应公司治理监管机构的批评，从2001年开始，巴菲特提议陆续增加董事会成员，截至2007年年末，董事会成员扩大到11人，分别是：董事长巴菲特、副董事长查理·芒格、巴菲特的儿子霍华德·巴菲特、微软公司董事长比尔·盖茨、微软公司前总经理夏洛特·葛曼（Charlotte Guyman），雅虎公司财务长苏珊·戴克、股东马尔科姆·葛曼（Malcolm Guyman），第一曼哈顿公司投资顾问戴维·戈特斯曼（David Gottesman），资本城/美国广播公司前主席托马斯·墨菲（Thomas Murphy），芒格律师事务所合伙人罗纳德·奥尔森（Ronald Olson），三达通讯股份有限公司主席沃尔特·斯科特（Walter Scott）。

这样的投资业绩，这样精干的机构，靠的是什么？关键之一就是稳健型投资理念。一如既往，一成不变，高效决策，不折腾，也就用不着甚至会自然摈弃“人多势众”，或称“人浮于事”。不过话说回来，过于谨慎的投资策略，也使巴菲特失去过很多大好的投资机会，最典型的就是科技股投资（或称之为“投机”）。

例如，美国在线股票，它在不到9年时间里，股价最高时上涨了3.47万倍。也就是说，如果当初投入1万美元，股价最高时抛出，可以获利3.47亿美元，这真是个天文数字。确实有投资者在其中赚了钱，可是巴菲特因为从来不碰高科技股，所以与这样的暴富神话完全绝缘。

【课后点评】

既然是长期投资，就别总想着追求一夜暴富，而应该把目光放在长远利益上，做稳健型投资。稳健型投资虽然会错过暴富机会，但几乎可以确保本金安全，可以避免任何投资风险，更可以避免杠杆投资下的血本无归。

有助于取得稳定的投资回报率

这里我需要提醒一下大家尽管非常简单但经常被遗忘的“投资”定义：投资就是为了明天收回更多的资金而今天投入一笔资金。

——沃伦·巴菲特

【巴菲特投资策略】

巴菲特认为，长期持股的理由是有助于取得稳定的投资回报率。

1999年，当美国股市上网络股股价飞涨时，当年11月22日巴菲特在美国《财富》杂志上发表一篇文章，提醒投资者不要被股市暴涨冲昏了头，认为美国股市整体价格水平偏离内在价值已经太远了。

巴菲特说，未来的20年间，美国投资者从股市中能够得到的投资回报率应该在7%左右，扣除手续费、佣金等摩擦成本后，净获利应该在6%左右。他的这一“预言”准确吗？今天我们回过头来看，1999年12月31日道琼斯工业指数的收盘点位是11497.12点，2015年12月31日的收盘点位是17425.03点，16年间的年复合增长率为2.63%。

不用说，这一数据巴菲特并没有“猜对”，但这丝毫不影响他写这篇文章的用意所在。巴菲特历来很少公开发表对股市的看法，这次他之所以公开发表文章，实在是因为他感到有太多的投资者把握不住当时的股票长期投资趋势，所以需要亲自出面来提醒一下。果然，这篇文章发表后不久，美国股市的网络股泡沫就破灭了，纳斯达克指数下跌了近50%。两年后，就在广大投资者对股市运行感到有些绝望时，2001年11月10日巴菲特再次在《财富》杂志上发表对股市的看法，提醒大家没有必要过于悲观：因为从长期投资角度看，股市的年平均回报率一定会与美国经济整体成长性相关。他以1899—1998年100年间美国股市的各种详细数据，充分证明了自己的这一观点。

2015年4月17日，美国道琼斯工业指数下跌1.54%，令巴菲特一天之内损失超过10亿美元，可是他依然坦然处之，一点都不惊慌。在他看来，无论股市如何剧烈波动，与投资风险都是两个不同的概念。

巴菲特说，过去50年的经验表明，把钱投资在一系列分散的企业里比买入与美元相关的债券更为安全。对于长期投资者来说，市场波动对他们并不重要，因为股市投资本身是存在一定风险的——短期持有股票（比如一天、一周或一年），相对于持有现金的投资风险要高得多。大部分投资者都可以，也应该把投资时限设置为数十年。短期的股价变动并不重要，投资者更应该关注长期购买力的增加。

巴菲特的意思是说，股价本身是会波动的，但股价波动与投资风险是两个概念。简单来看，手中持有的现金不会有价格波动，可是其购买力却在迅速下降，而这才是更大的风险。[1]

巴菲特的这一观点，也能从美国沃顿商学院教授杰里米·希格尔那里找到答案。杰里米·希格尔通过对1802年以来美国股市的发展进行详细研究，出版

1 股界大佬巴菲特：日损10亿，放话“不怕短期波动”. 中国日报，2015-4-21.

了一本《股票：长线法宝》的著作。

他的研究表明，在1802—1997年的195年里，美国股票投资收益率很多时候都会偏离长期平均水平。可是就长期平均水平而言，长期投资年平均收益率一直稳定在7%，远远超过债券收益率。这就是说，如果投资者坚持长期投资理念，就一定会取得比其他金融资产投资更大的回报。

举例说，如果投资者在1802年投资1美元股票，到1997年年末就能获得750万美元的回报。如果当年投资100万美元股票，到1997年年末将能获得7.5万亿美元的回报，超过当年美国股市总值的一半！

这就是长期投资的好处：收益率高，而且特别稳定。可是，如果投资者从事短线炒作，运气可就不会那么好了。因为从短期来看，股市波动非常剧烈，从1802年到1997年，其中有90% 的时间段，美国股市的投资回报率在 –22%~33%。

美国喜马拉雅资本创始人、查理·芒格家族资产主要管理者、一度被传为巴菲特继承人的李录，2015年年末在北京大学演讲时再次引用了杰里米·希格尔教授的研究数据，如下图所示：

美国1802年以来各大类资产业绩回报

总实际收益指数（1801—2014）

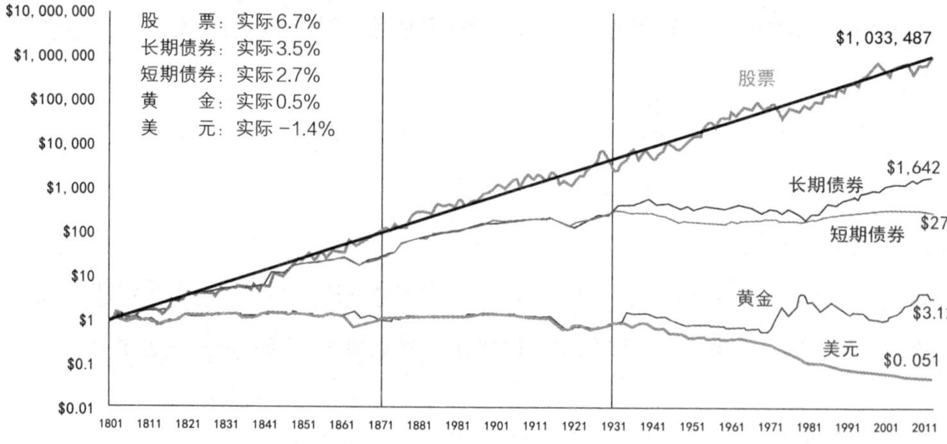

数据表明，1802年至今的200多年间，扣除通货膨胀因素后，1802年1美元的现金现在只值0.05美元，1美元购买的黄金现在值3.12美元，1美元的政府短期债券目前值275美元，1美元的政府长期债券目前值1642美元，1美元的股票目前值103万美元。

显而易见，被公认为投资风险最大的股票，增值幅度反而最大，为什么？就是因为其中存在复利因素。虽然年化投资回报率只有6.7%（其中200多年里的GDP年均增长3%多一点），可是经过200多年的利滚利，在扣除通货膨胀因素后居然还升值上百万美元；相反，通常被认为最保险的现金却损失了95%的价值（过去200多年里，年平均通货膨胀率1.4%）。[1]

这说明了什么呢？这说明无论在何种情况下，股票长期投资都是非常值得的、有价值的。这种稳定的获利回报，能够有效抵消股市短期波动对收益造成的负面影响。

虽然这种股票投资收益率长期保持稳定的原因目前还无法解释清楚，但显而易见，这种特征不但在美国有，在其他国家的股市发展中也是如此。从这一点上看，长期投资的趋势相对来说更容易把握，也更稳妥，这也符合巴菲特一贯的投资风格。

巴菲特在伯克希尔公司2009年年报致股东的一封信中说，如果他不能评估某项业务的未来价值，就绝不会投资，无论它的产品多么令人激动。过去，即使是普通人也能预测到汽车（1910年）、飞机（1930年）、电视机（1950年）行业的蓬勃发展；而伯克希尔公司要做的是预测未来几十年里某个行业的赢利空间，并且这种赢利空间是可以合理预测的，虽然这种预测并不表明能够精确判断其利润率和资本回报率是多少。

巴菲特的意思是说，只有他长期看好的行业或企业，他才会乐于投资，虽然没有谁能准确预测这种投资的回报率是多少。但显而易见，如果投资回报率极高，即使出现一些失误或犯下许多错误打个折扣，也能确保赢利。

---

1 李录．价值投资在中国的展望．和讯网[2015-12-1].

一种权威观点认为，在长达2个世纪的时间跨度里，股票收益率能保持长期稳定，只能说明市场体系的活力能够有效克服政治、经济、战争危机导致的股价偏离长期发展趋势，从而使投资者能够在长期投资中获得稳定的回报。

【课后点评】

不知巴菲特有没有看过《股票：长线法宝》，他对股票长期投资回报率的预测与200多年来美国股市的实际回报率一致，可谓“英雄所见略同”。不用说，这也是长期投资克服各种危机，给投资者以稳定回报的最好证明。

有助于取得马拉松式的长期回报

我们深感不活跃是理智、聪明的投资行为。即使预测联邦储备委员会将小幅调整贴现率，或是华尔街那些专家完全改变了他们对股市前景的看法，我们和大多数企业经理人也不会幻想仅仅因为这些原因就把旗下赢利能力很高的子公司买来卖去。那么，为什么我们非得对我们在优秀企业中的少数股票进行完全不同的处置呢？

——沃伦·巴菲特

【巴菲特投资策略】

巴菲特认为，长期持股的理由是有助于取得马拉松式的长期回报。

长期投资是巴菲特的一大成功秘诀，原因就在于此。而且上面已经提到，美国股市200多年来的发展历史表明，股市投资的长期回报率非常稳定。所以巴菲特从来不会因为股市短期市场波动而追涨杀跌，一旦投资了股票，基本上都会长期持有。

在巴菲特的家乡奥马哈市，有家全国最大的家庭用品商店内布拉斯加家具店。1937年，罗丝·布拉姆金女士投资500美元创办了这家家具店，然后坚持

“价格便宜，实话实说”的经营策略，生意蒸蒸日上。

巴菲特看在眼里，记在心头，认为这样的经营策略正符合自己的长期投资理念，于是决定集中投资于这只股票。

1983年，伯克希尔公司收购了该家具店80%的股票，其余20%留给了布拉姆金家族。这时候的罗丝·布拉姆金女士虽然已有90岁高龄，可是仍然坚持每天上班，没有休息日，公司总裁由她儿子担任。要知道这是一家什么商店啊，营业面积仅仅有20平方米，年销售额却高达1亿美元！

仅仅10年过去后，内布拉斯加家具店的年销售额就增长到了2.09亿美元，每年为伯克希尔公司创造税后利润2154万美元。

巴菲特说，他从来不关心股票市场的短期波动。虽然大多数投资者对股市下跌会感到难受，可是他却仍然像过去那样镇定自若，因为他坚信公司的内在价值比市场更具有判断力。

正是出于这种自信，巴菲特坚持长期投资策略。如果从某个年度看，他的投资收益率可能并不怎么出众，甚至还有许多投资者根本就不把它放在眼里。可是从长期来看，巴菲特平均每年都能获得20%左右的投资收益率，这样的复利作用就不得不令人惊叹了。

而这正是巴菲特所希望的。相反，如果某一年的投资收益率奇高，巴菲特反而会感到不安。数据表明，从1965年到2015年的50年间，美国股市有12年出现下跌，乃至大幅度下跌。可是，巴菲特掌管的伯克希尔公司只有2年出现净资产值下跌（2001年下跌6.2%，2008年下跌9.6%），其余48年都实现了持续的增长。其中，收益率增长最高的是1976年，为59.3%。从伯克希尔公司的投资绩效看，这50年中有39年超过标准普尔500指数增长幅度，另有11年落后于该指数增长幅度，盈亏比为3.55∶1。

马拉松式的长期回报究竟有多厉害？以下数据能够说明问题：一是从时期看，如果你在1965年拥有1万美元的伯克希尔公司股票（均价14.86美元），到2015年年末市值将会高达1.33亿美元（股价197800美元）。二是从时点看，伯克希尔公司2015年的净利润是240.8亿美元，其中经营利润达到创纪录的173.6亿美元。而巴菲特个人，也因此在2016年《福布斯》全球富豪排行榜中，以个人净资产608亿美元的业绩排名第三。

【课后点评】

巴菲特的投资业绩如果单纯从某个年度看也许并不是特别高，甚至还有22%的年份落后于股指增长幅度。可是从一个相当长的历史时期来看，能够连续50年以年均复合回报率19.2%的速度增长，可谓世上绝无仅有。

有助于以逸待劳、多看少动

我们的注意力在公司的赚钱能力上。从现在开始的未来5年、10年的收益，如果我们认为它的价格跟赚钱能力比很值，我们就买，能够这样赚钱的公司是我们关注的；如果我们不了解，我们就不投资。我们不是说对每一种股票都是一种观点，我们要确定我们选的是对的，但是对于不懂的我就不投资。如果有1000只股票，对999只我都不知道，我就只选那只我了解的。

——沃伦·巴菲特

【巴菲特投资策略】

巴菲特认为，长期持股的理由是可以落得清闲——你如果想长期投资，就必须有长期打算，必须集中精力了解投资对象。只有当你对投资对象了解得非常透彻，觉得这家公司的这个价位值得你投资时，你才会进一步采取投资行动。

他说，如果1000只股票中只有1只是他认为值得投资的，他就只会投资这1只股票，其他999只股票都不会去投资，这样当然也就清闲了。

巴菲特在伯克希尔公司2014年年报致股东的一封信中说，有些投资者频繁进出股市，错误地把股价波动看作是投资风险。这种大学商学院教导的流行观点误导了许多学生、投资者和企业经营者。

在他看来，正是投资者本身这种频繁进出股市的行为，增加了持股风险，并且许多人都有这个问题。2015 年 5 月 2 日，一位投资者在伯克希尔公司股东大会上问："我没有商学院的学历，如何获得商学院的人脉网络？"巴菲特毫不客气地说："没有商学院的训练，你会变得更好。"

巴菲特认为："积极地交易，试图'抓准'市场的波动，不充分地多元投资，向基金经理和顾问支付不必要且高昂的费用，用借来的钱投资，这些行为都可能会摧毁你的丰厚回报。你如果一直持有（股票）的话，就不会有这些风险。投资者不该用借来的钱投资，因为市场中任何时候都有可能发生意想不到的事。没有经济学家、顾问、电视评论员——当然包括我和查理——能告诉你高风险事件在什么时候发生。所谓的预测家能填满你的耳朵，但永远不能填满你的钱包。"

巴菲特对投资回报率的要求是"至少能获得 10% 以上的税前收益率"，否则他宁可坐在一边观望，也不会轻易买入该股票。因为即使有 10% 以上的税前收益率，在缴纳了企业所得税后，也只能得到 6.5%~7% 的税后收益率。如果连这一点收益都达不到，这样的投资就干脆别搞。

所以他的经验是，股票投资要该出手时就出手，该休息时就休息，以此来等待安全边际投资区域的出现。

巴菲特有限公司解散以后，巴菲特感到当时的股价太高了，几乎没有值得自己投资的股票。所以，他把绝大多数资金都用于购买债券。1972 年，伯克希尔公司的总投资额是 1.1 亿美元，其中只有 0.17 亿美元投资在股票上，其他都是投资在债券上的。巴菲特说，他当时的心情"就像一个非常好色的小伙子来到了一个荒岛，我无股可买"。

巴菲特是一位狂热的棒球迷，他和查理 · 芒格都非常赞同美国著名棒球运动员泰德 · 威廉姆斯的这句话："我的观点是，要成为一名优秀的击球手，你必须等到好球时再去击打。"

巴菲特用打棒球来形容投资，他说，股票投资是世界上最美好的职业，因为你永远不会被强迫挥棒击球——对面一个个球滚过来：通用汽车公司、美国钢铁公司……对你来说，不去击打并不会受到任何惩罚，所谓“损失”无非就是错过一次投资机会而已。你可以花一整天的时间等待你想要的球，当接球手打盹时，你跳起来猛的一下，就击中了。

巴菲特说，伯克希尔公司之所以致力长期投资策略，就是认为股票市场的一个重要作用是重新配置资源，股市资金最终会通过各种交易流向耐心的长期投资者。所以，股票投资一定要有足够的耐心，等待好机会的出现，该休息时就休息。

巴菲特说，他的投资模式有点像树懒一样懒散。他在1990年时说，当年伯克希尔公司拥有6只主要股票，其中有5只股票全年没有买入1股，也没有卖出1股。唯一的1只有交易的股票是富国银行股票。富国银行拥有超一流的管理、很高的回报率，所以伯克希尔公司将持股比例提高到了美国联邦储备委员会允许的最高标准——将近10%。而在这其中，有1/6是1989年买入的，其余都是1990年买入的。

1995年，巴菲特又说，1994年伯克希尔公司持有量最多的6只股票，其中有5只股票没有任何变动，这一次唯一有变动的股票是美国运通公司，持股比例提高到了10%左右。

巴菲特为什么要这样“懒”呢？他的解释是，这主要归因于他选择股票时本身的谨慎和对股票的理解。他们原来持有的股票质地就非常优良，不但他们对这些股票能够理解，而且这些股票本身也能持续取得卓越的业绩。他认为，如果放弃这样优秀的公司，而换成其他股票，这才是“一件大蠢事”。

由于没有更好的股票用来投资，所以伯克希尔公司常常会有巨额现金闲置在那里。巴菲特说，1988年年末他手上有超过150亿美元的现金。有这么多的现金闲置在那里，当然不是什么开心的事，但问题是找不到一个真正大规模的并购机会。他说：“既然这样，我们宁愿让这些现金闲置，把伯克希尔公司的钱袋磨得破了洞，也不愿意让它们舒舒服服地待在别人的钱袋里。”

【课后点评】

非凡的投资业绩绝不会通过频繁的股票交易来获得。股票投资该忙时要忙，该休息时要善于休息。巴菲特认为，如果“把这种频繁交易的机构称为‘投资者’，就如同把经常体验一夜情的人称为‘浪漫主义者’一样荒谬”。

有助于发现不需追加投资的股票

我们喜欢那些我们觉得有确定性的生意。如果一项生意我们感觉有太多的不确定性，无法估出一个数字，我们就不去搏它的回报了。

——沃伦·巴菲特

【巴菲特投资策略】

巴菲特认为，长期持股的理由是有助于发现不需要追加投资的股票。

在他看来，投资股票一定要注意这项投资是否具有确定性，而要做到这一点，就有必要去选择那些不需要追加投资的公司。

巴菲特的这一策略，是和集中投资策略紧密结合在一起的。他认为“好股票多多益善”。所以，每当遇到一家明星公司时，他总会千方百计地扩大持股比例，甚至想把整个公司都买下来。

但是巴菲特认为，值得整个买下来的上市公司必须具备以下两个条件：

一是公司性质一般属于私营企业。

因为是私营企业，尤其是面广量大的家族企业，所以它们经常会遇到因为产权纠纷需要分家析产的事。这种情况下，只要这家公司的质地足够好，巴菲特就会挺身而出，全盘买下这家公司的股票。

但这也有前提条件，那就是原来的企业管理层愿意继续留下，愿意帮助他打理企业，否则他就可能会放弃这家企业。

实际上，这时候的巴菲特意图已经很明显：他更看重的并不一定是该企业资产，而是一直以来使其保持良好业绩的管理人才。

在家族企业中，经营得好，规模又很大的非常少，所以他不得不在上市公司中仔细研究、寻找，然后等待收购时机。

不过，在上市公司中收购股票经常会出现这样的情形：你在收购，别人也会跟着收购，从而一下子出现许多竞争者。这样，不知不觉间，股票价格就会被抬上去。这时候，即使你收购股票的计划成功了，投资成本也会居高不下，甚至根本不合算。

遇到这种情况怎么办？巴菲特说，最好的办法不是你主动去收购股票，而是等待股市“主动把股票交给你”。他的一贯策略是，悄悄地以一个普通投资者的身份逢低建仓，不露声色，这时候买入的股价最低。

举例说，巴菲特有限公司悄悄收购伯克希尔·哈撒韦公司时，第一笔交易的价格为7.6美元，1965年年末已涨到19.46美元，平均持股成本14.86美元。

二是这家公司不需要追加投资。

巴菲特认为，许多公司虽然很赚钱，可是由于赚到的钱需要不断地投入设备更新改造中，到头来盈利就会聊胜于无。

就好像你把钱存在银行里，虽然每年的利息在不断增加，可是如果利息永远都不取出来或取不出来，这又有什么意思呢？有鉴于此，巴菲特在控股上市公司时，就特别看重那种不需要追加投资的企业类型。

这条经验是他在收购白沙纺织厂时总结出来的，那是他第一次收购上市公司，当时还缺乏经验。结果，收购该公司后，他每年的盈利都要被源源不断地投入设备更新改造中去，与把钱存在银行里，永远不能取出利息相仿。

更可怕的是，如果有朝一日所收购企业竞争力下降，它就会连同这么多年来的盈利都化为乌有；而即使它能够长期保持竞争力，投资者所能得到的回报率也不会太高，更不可能因此获得“暴利”。

【课后点评】

巴菲特的这一提醒虽然缺乏新意，却是许多投资者容易忽视的。对于散户投资者来说，投资股票的目的当然是获利，而且这种获利必须是能够随时变现的，是能够看得见的，不能仅仅是送股、配股那样的纸上富贵。

有助于不去关心每天的形势变化

你如果买一个农场，你会想，我买这个是觉得它 1 公顷能产 120 蒲式耳，而不是当天在电视里看到或者听到邻居说了些什么。买股票也一样，举例说，你想 180 亿买下 GM，拿出便笺纸，写下为什么。如果你不能写出很好的论据，你就是买 1 股也是不符合商业原则的。

——沃伦 · 巴菲特

【巴菲特投资策略】

巴菲特认为，长期持股的理由是不必每天去关心股市行情。

在他看来，对于长期投资来说，没必要担心将来经济形势如何发展变化，只要关注这只股票的质地是否良好就足够了；所以，最好的办法是远离股市，不去关心每天的股市行情如何发展变化。

巴菲特在伯克希尔公司2014年年报致股东的一封信中说，面对全球金融危机，伯克希尔公司依然在2009年推出了一笔历史上规模最大的收购，即收购伯灵顿北方圣太菲铁路公司，他形容这笔交易是他在用“全副身家赌美国经济前景”。他说，类似的押宝他可不是头一次，早在1965年巴菲特有限公司收购伯克希尔 · 哈撒韦公司时就是这样。

巴菲特为什么这样做呢？他认为，“赌”美国经济会继续繁荣下去，是一件确定性非常高的事。回顾美国从1776年建国至2014年，238年以来，没有谁是通过押美国经济衰弱而成功的。在这238年间，美国的人均 GDP 增加了6倍。所以，虽然一直有悲观主义者没完没了地说美国存在这样那样的问题，可是很少看到他们中有哪个人真心移民国外的。巴菲特幽默地说，虽然他很乐意为他们购买单程机票。为什么？就是因为市场经济的动力机制仍会继续发挥它的魔力，长期来看明天总是会比今天更好。

巴菲特说，一般投资者在买入股票时，总会想象以某种经济上的假设作为起点，然后想象着经济形势会朝着他所设想的轨迹发展。

他说，这是一种近乎完美的“设计”，同时希望股票买卖也能迎合这种“设计”的想法非常愚蠢。究其原因在于以下两点：一是经济发展确实有其规律性，可是谁也没有本事能够准确、完美地预测经济走势；同样地，谁也没有本事预测未来股市走势。二是当投资者准备买卖的股票在某种经济环境下发生变动，他就很可能会因此改变原先的决策，产生了投机心理，变得不理智起来。这种投机和不理智心态，会大大增加股票投资风险，因为未来的股票市场是不可预知的。

这两种情形，都和巴菲特一贯的投资理念相背离。巴菲特认为，虽然经济形势发展变化会影响每一家上市公司的毛利率，但是从整体上看，无论经济形势如何变化，只要你选择并拥有的上市公司能够在任何经济环境下都保证获利，你就不用过分担心将来你的收益。

相反，如果你过分关心经济形势的变化，说明你对自己拥有的这只股票不是缺乏了解，就是不自信。在这种情况下，你的投资就只能属于短期投资，或者干脆就是投机。

很显然，不能做到长期持有股票，只能短期持有股票的投机行为，只有在你完全、正确地预测经济走势时才能获利。这种可能性虽然存在，却不多见，因为要预测正确经济走势是非常困难的。

所以，巴菲特在评估一个具体的投资项目时，从来不会根据宏观因素做决定。例如，他要收购一家美国的上市公司，就不会去考虑美国的GDP数据，而只看这家公司本身的质地如何、将来如何发展、管理模式怎样、员工合作精神状态等方面就足够了。

有意思的是，在巴菲特对目标企业进行评估时，它们中的很多企业自己都不清楚自己究竟在干什么，不知道自己拥有很好的管理团队、很好的服务理念。在这种情况下，巴菲特不得不根据每家上市公司的具体情况，来设定具体评估项目。例如，他在出售中石油 H 股时，是这样对它进行评估的：

在国际市场上，评估石油企业价值的最重要的指标是油气储量。截至2006年末，中石油的油气储量为205.3亿桶，仅次于埃克森美孚石油公司，位居全球第二。不过，中石油的这个数据只是探明储量，受地质条件限制，以及一部分油气资源因为成本高昂，不具备开采价值，真正能够开采出来的数量远远达不到这么多。

根据中石油公司提供的相关资料，该公司的采收比例为34%。也就是说，真正能够作为中石油股票内在价值依据进行测算的油气储量，应该是205.3×34%=69.80亿桶。按照中石油股票的总股本1830亿股计算，每股股票对应的油气储量为0.03814桶。

按照这种方法测算中石油 A 股的内在价值，当国际原油价格为每桶90美元时，中石油 A 股的理论股价应该为3.4326美元，以1美元当时折合人民币7.2元计算，当时中石油 A 股的理论价格应该为每股24.7元。

巴菲特认为，市场先生只会戏弄人，不会犯错误。回过头来看，中石油 A 股在上海证券交易所的上市表现，就能从一个侧面清楚地反映这一脉络——2007年11月5日，中石油 A 股的开盘价为48.60元（市盈率66倍），之后市场先生就一步步把它拉回到理性轨道上来，让它走上一条自我修正之路，慢慢向它当时的内在价值（每股24.7元）回归。

所以，当时那些嘲笑巴菲特思想保守，过早抛售中石油 H 股，少赚了多少亿港币的人们，因为根本就没有这样算过或者根本就不懂得这样算账，又怎么能够理解巴菲特的先见之明呢！

【课后点评】

内因是变化的根据，外因是变化的条件，这一点用在股价与经济形势变动的关系上也是很恰当的。请记住，关心股票质地是否改变比关心宏观经济如何变化更重要。该出手时就出手，才是理性投资的应有之道。

有助于重复龟兔赛跑的故事

1000美元的投资，收益率为10%，45年后将增值到7.28万美元；而同样的1000美元在收益率为20%时，经过同样的45年，将增值到367.53万美元。上述两个数字的差别让我感到非常惊奇，这么巨大的差别，足以激起任何一个人的好奇心。

——沃伦·巴菲特

【巴菲特投资策略】

巴菲特认为，长期持股的理由是为了在龟兔赛跑中笑到最后。

龟兔赛跑的故事在中国家喻户晓。巴菲特认为，股票长期投资理念实际上就包含这种思想——谁笑到最后，谁笑得最好。股票投资的复利作用创造了一个个奇迹，当然，它本身就是一个奇迹。正如爱因斯坦所说："人们所知道的最大奇迹是什么？是复利……复利是世界第八大奇迹"。

巴菲特认为，股票投资中最重要的因素是时间，没有什么能比时间在长期投资中所起的作用更大。所以，他所投资的股票，只要质地没有发生根本变化，一般来说都会长期持有，他考虑的就是这种复利作用。

1994年10月10日，巴菲特在美国内布拉斯加大学演讲时说，复利就像从山上往下滚动的雪球。刚开始时雪球很小，可是只要往下面滚的时间足够长，雪球就会越滚越大。他用自己的投资经历打比方说，从他买入第一只股票开始，截至现在（1994年），他的雪球已经在山坡上滚动了53年之久。

事实上，从1965年巴菲特控股伯克希尔公司到2003年年末，经过39年的复利作用，伯克希尔公司的年平均净资产收益率高达22%。这就意味着，当初的1万美元，在2003年已经增值到了2594万美元。

难怪查理 · 芒格要这样说，“如果既能理解复利的威力，又能理解获得复利的艰难，就等于抓住了理解许多事情的精髓”。

由此可见，股票投资要想取得丰厚回报，关键是要投资那些具有长期、持续竞争优势的明星企业，然后就是长期持有，耐心等待股价上涨。

从历史上看，巴菲特持有的每一只股票好像都没有短于8年，这与他一贯倡导的长期投资（长期而不是短期，投资而不是投机）理念有关。他曾经这样说：“短期股市的预测是毒药，拥有一只股票，期待它下个早晨或者下个星期就上涨是十分愚蠢的。”换句话说，投资者试图赚快钱是最忌讳的，巴菲特形容投资者在股市中的这种行为“像小孩般幼稚”。

所以，你看在国外，尤其是美国，那些真正的国际投资大师都是些顽固保守、健康快乐、根本不理会市场波动的糟老头子。为什么？因为他们心中有杆秤，他们拥有自己独特而不世俗的投资理念和方法，不为外界所动。

关于复利，巴菲特在巴菲特有限公司1962年年报致股东的一封信中推测，据不完全统计，当年西班牙女王支持哥伦布航海用的财政资金大约为3万美元，这是确保探险成功的最低财政资助。如果女王没有把这笔资金用于支持航海，而是投资于某个具体项目，这个项目能够带来每年4% 的复利，那么到现在（1962年），这笔资金将会增值到2万亿美元！

应该说，4% 的年复利率并不高。可即使这样，按照这种回报率继续计算下去，到20世纪末的1999年，当初的这3万美元也会继续增值到8万亿美元，相当于当年美国全年的国内生产总值。也就是说，如果这种假设成立的话，当今世界上最强大的国家就不是美国，而是西班牙了。

巴菲特的长期投资策略，很好地复制了龟兔赛跑的原理，所以他才会笑到最后，并且笑得最好。

【课后点评】

复利的神奇作用告诉我们：一、要选择质地优良的股票，因为只有这样的股票，才能“有耐力跑完马拉松全程”（保持持久的高回报率）；二、要长期持有股票，走小步，不停步，让时间来证明一切——谁笑到最后，谁笑得最好。

第 4 课　怎样预测投资对象

股票预测不需要高深学问

如果高等数学是必需的，我就得回去送报纸了。我从来没发现在投资中高等数学有什么作用。

——沃伦 · 巴菲特

【巴菲特投资策略】

巴菲特认为，预测股票投资对象并不神秘，也不需要高深的学问。

在他看来，许多投资者把股票投资、股票预测看得很神秘，股评家更是把它们说得神乎其神，不但各种概念满天飞，而且他们还把许多非常高深的数学模型、复杂的技术指标、眼花缭乱的走势图表通通都搬了出来。其实，真正的股票投资、股票预测就像生活常识一样简单，简单得不能再简单。

巴菲特说，成功的股票投资并不需要用到高等数学知识，不需要懂得什么 β 值、有效市场理论、现代投资组合理论、期权定价或其他什么新兴概念。事实上，大家对这些东西最好一无所知，这样反而对投资有好处。

巴菲特承认，他的这种看法和大多数商学院里的主流观点有根本区别。这些商学院里的金融课程，主要讲的就是这些东西。可是他认为，如果有机会在商学院里学金融投资，只要掌握两门课程就够了：一是如何评价企业内在价值，二是如何思考股票市场价格。

为什么这么说呢？归根到底，股票投资的关键在于做好那些很容易、很简单的事，而不是那些很困难、很复杂的事。

巴菲特曾经说过这样一则小故事：有两位经济学教授在校园里散步，忽然看到前面有一张疑似10美元的钞票。其中一位正准备去捡起来装进口袋，可是另一位把他拦住了，说："你怎么能轻易相信这张钞票是真的呢？如果是真的，早就被人捡走啦，难道还会轮到你吗？"这位教授有些尴尬。正在犹豫之际，一位乞丐急匆匆地跑过来，捡起这张钞票就去旁边的麦当劳商店买了一个汉堡包和一大杯可乐，津津有味地吃起来。

巴菲特说，股市中充斥着这种纸上谈兵、喋喋不休、犹豫不决的"教授"（股评家和股民），而他自己则好比这位"乞丐"，敢于在股市低迷时投资那些别人不敢购买的超级明星股，所以能轻而易举地捡到大便宜。

1973年年中，巴菲特开始大量买入《华盛顿邮报》公司的股票，当时的买入价格还不到其内在价值的1/4。他特别强调说，了解并计算这只股票的股价和价值的比率，并不需要特别的洞察力，大多数证券分析师、股票经纪人、传媒公司管理层都能轻而易举地做到这一点。

巴菲特说，当时《华盛顿邮报》公司的内在价值为4亿~5亿美元，而每一位读者每天都能在报纸上看到这只股票的市值只有1亿美元。一方面，当时的《华盛顿邮报》公司经营良好，内在价值在不断增长；另一方面，《华盛顿邮报》公司的股价又在不断下跌，它的内在价值越来越被凸现出来。就在巴菲特收购《华盛顿邮报》公司后的一年内，即1973—1974年，他所持股票的市值就从1060万美元下跌到了800万美元，下跌了25%。

令巴菲特奇怪的是，就是这样一个简单的事实，却有那么多比他聪明的投资者，宁可相信各种复杂的数学计算，而看不到这一点。

原来，在20世纪70年代早期，美国的绝大多数机构投资者都不知道股票的买入和卖出价格与企业内在价值之间的关系。虽然这在今天看来简直难以置信，但当时确实就是这样的——机构投资者接受商学院的正规教学后，过于迷信有效市场理论，总认为研究企业内在价值对股票投资没什么用处，所以巴菲特才捡到了一个个“大便宜”。

不难看出，这恰好证明市场有效理论害人不浅。所以巴菲特一贯认为，股票市场并不总是有效的，相反，它是经常无效的。投资者在进行市场预测的时候，不必针对股市中的某些现象横研究竖研究，更重要的是要对自己准备买入的股票进行准确估价，从而有效地利用市场价格和内在价值之间的差异，充分获得属于自己的投资收益。

巴菲特在伯克希尔公司2013年年报致股东的一封信中说，当年美国对52家控股公司及其下属101家电力公司满意度的消费者调查表明，伯克希尔公司下属的中美能源公司排名第一，95.3%的被调查者表示“非常满意”，没有一个被调查者表示“不满意”。而在这次调查中垫底的企业，其满意度只有34.5%。这就从一个侧面表明，中美能源公司是一家好企业，不用看其他指标就能得到这一判断。用中国话来说，就是“群众的眼睛是雪亮的”。

紧接着，巴菲特在举了两个自己的投资案例后表明：“我讲这两个故事是为了阐明投资的基本道理：获取满意的投资回报不需要成为专家。当然如果大家本身不是专家，那就要认识到自己的能力圈，并遵从一个合理的规律——保持简单，不要揠苗助长。当有人承诺让你赚笔快钱时，立即答复‘不行’。要关注拟投资资产的未来产出。如果大家觉得难以估计一项资产的未来盈利，那就忘了它，放弃它。没有人能估计所有的投资回报。无所不知也是不需要的，大家只需要理解自己的行为就可以。”

从国外来看，那些真正长期的、优秀的投资记录都是价值投资者创造的，他们积小步，不停步，稳扎稳打，步步向前。因为留有安全边际，所以在遇到市场行情不好时，虽然也会亏损，可是却亏得不多；如果行情好，则会赚很多。相反，绝大多数人都在投机，因为他们不喜欢这种小脚走路的方式，喜欢迈大步，结果一个跟头跌在那里就爬不起来了。

行情好时，这些投资者每年也会有百分之二三十的利润，但突然有一年行情不好了，他们就会亏个百分之四五十，前功尽弃。因为前面赚时基数小，后面亏时基数大，所以他们会连本带利一下子被全部掏空。

这种情形在中国尤其突出。我们能看到，股市行情好时到处都是“股神”，股市一跌就只听到一片诉苦声，“股神”一个个都不见了。这就是判断是不是价值投资的标准：价值投资从长期（15年以上）看业绩；15年以下，即使业绩好，也主要是运气在起作用，和能力关系不大。这就叫“路遥知马力”。

【课后点评】

股票预测的关键是把股价与其内在价值相比较。每个有生活常识的人都能轻而易举做到这一点，不必用什么高深莫测的数学运算。记住，越科学的东西越简单。当有人想让你赚快钱（一夜暴富）时，要学会拒绝。

估测股票实际价值的方法

遵循格雷厄姆的教诲，芒格和我让我们的可流通股票通过它们公司的经营成果——而不是它们每天的，甚至是每年的市场价格——来告诉我们投资是否成功。市场可能会在一段时期内忽视公司的成功，但最终一定会用股价加以肯定。

——沃伦·巴菲特

【巴菲特投资策略】

巴菲特认为，预测股票投资对象，首先应当对该股票的实际价值进行一番测算，这样才能知道买入价格是高了还是低了，才能知道投资这只股票是否值得。在这里，关键是要估测股票的实际价值。

巴菲特在伯克希尔公司1967年年报致股东的一封信中说，对股票或企业的估值，免不了要涉及定性和定量等各方面的因素。简单地说，定性方法认为，关键是要买对股票，而不用考虑它目前的价格；而定量方法则认为，关键是要以正确的价格买入，而不用考虑公司的情况。当然，在实际运用时，这两者要兼顾。

巴菲特说，有趣的是，他更倾向于属于强调定量方法的学派（巴菲特拥有美国内布拉斯加大学林肯商学院学士学位、哥伦比亚大学商学院经济学硕士学位），可是自己最满意的投资方式却依然依靠定性因素。巴菲特因此具有一种“高利润洞察力”，而这正是他获取大量利润的秘诀，虽然这种洞察力往往来之不易，不可能经常获得。

巴菲特说：“洞察力往往都是偶然才能产生，而且洞察力本身显然就不是一种定量的东西。所以，如果真正要赚大钱，投资者除了要能做出正确的定性分析，就我的观点来说，更确定的利润仍来自明确的定量决策。”

巴菲特1988年第一次投资可口可乐公司股票时，有人问他为什么要买这只股票，他说理由有3点：一是它的股东盈余额是市场平均值的15倍；二是它的现金流是市场平均值的12倍；三是它的市场溢价为30%~50%。虽然可口可乐公司的净盈余报酬率只有6.6%，可是他认为，它有商誉做保证，相比之下这个盈余报酬率就没什么了，所以自己愿意用高出其账面价值5倍的价格来投资该股票。

他的测算依据是：购买可口可乐公司股票的那年（1988年），该公司的股东盈余（净现金流量）为8.28亿美元；与之相比，30年期限美国政府公债券的利率是9%。这9%的利率是没有风险的，而巴菲特也历来不愿意承担投资风险，所以我们可以把这9%作为贴现率来进行折算。

再看当年可口可乐公司的价值是92亿美元，其市场价值为148亿美元。从1981年至1988年，可口可乐公司的股东盈余年平均增长率为17.8%。如果预测1988年后的10年内，该公司的股东盈余年平均增长率为15%（这个比率比前7年的年平均增长率低，所以风险应该是很小的），那么，1998年其股东盈余就会在1988年的8.28亿美元基础上增长到33.50亿美元；又假如从10年后的1999年开始，其股东盈余年平均增长率下降到5%（这一预测依据就更保守了），这时候用9%的贴现率来折现，可以得出可口可乐公司1988年的实际价值在483.77亿美元。

既然是预测，上述预测数据当然随时是可以变更的。假如1988年后的10年内，该公司的股东盈余年平均增长率只有12%，并且之后的年平均增长率仍然下降到5%，以9%的贴现率折算，1988年可口可乐公司的实际价值也有381.63亿美元。

经过这样一番测算，巴菲特认为投资可口可乐公司非常值得，于是在1988年6月开始购买该股票，当时该股票的价格大约为每股10美元。10个月内，伯克希尔公司共投资10.23亿美元，买入9340万股可口可乐公司的股票。到1989年年末，伯克希尔公司投资可口可乐公司股票的比例，已经史无前例地达到了其全部普通股投资组合的35%。

巴菲特购买可口可乐公司的股票后，该股票在5年内的年平均上涨幅度高达18%，这样巴菲特就无法继续以低廉的价格买入该股票了。

巴菲特非常清楚，按照上述测算，1988年前后可口可乐公司的实际价值应该在381.63亿~483.77亿美元，而当时可口可乐公司在股票市场上的价值却仍然只有148亿美元。这说明，该公司的股价还远远低于它的内在价值，仍然非常值得投资。

由此不难看出，在巴菲特眼里，所谓股价高低，是相对于公司实际价值而言的，而不是股价在历史上曾经达到过什么价位。以比实际价值更低的价格买入股票，当然就是一种理性投资行为。当投资价格远远低于股票实际价值时，这种投资就是安全的、风险很小的。

巴菲特始终认为，股市中的交易价格和企业内在价值之间并没有太大的关系。就可口可乐公司而言，它的内在价值主要表现在：企业现金流的预估值以适当的贴现率折算出来的现值。

【课后点评】

预测股票实际价值的方法，是以该公司未来能够取得多少股东盈余，通过一个适当的贴现率（通常是长期国债年利率），折算出它目前的内在价值来，然后与股价相比较。当股价大大低于内在价值时，投资就是安全的。

估测股票价格是否合理

我们的投资仍然是集中于很少几只股票，而且在概念上非常简单：真正伟大的投资理念，常常用简单的一句话就能概括。我们喜欢一个具有持续竞争优势，并且由一群既能干又全心全意为股东服务的人来管理的企业。当发现具备这些特征的企业，而且我们又能以合理的价格购买时，我们几乎不可能出现投资失误。

——沃伦 · 巴菲特

【巴菲特投资策略】

巴菲特认为，预测股票投资对象的关键之一是看价格是否合理。

巴菲特选择股票有自己的原则，那就是公司业务简单，具有值得投资的内在价值。具备了这些条件，接下来就看买入价格是否合理了。

这里我们以吉列公司为例，来说明巴菲特是怎样测算股票价格的。

吉列公司是巴菲特非常喜欢的一家明星企业，其业务包括生产和销售刀片、剃须刀、卫生用品、化妆品、电动刮胡刀、小型家用电器、口腔保健用品等。吉列公司在28个国家和地区拥有生产基地，在200多个国家和地区拥有销售网点，占其中外销市场60%以上。

巴菲特很早就关注吉列公司了。它依靠科技创新，保护专有权，从1923年开始到现在，一直是全球剃刀和刀片生产、销售的领导者。它每年要在这方面投入几百万美元的研究、开发费用，就是为了不让竞争对手抬头。

例如，1962年威金森首先研究出套式不锈钢刀片后，吉列公司立刻予以反击，很快就维护了自己在刮胡刀产品中的世界领导地位，并且于1972年发明了双刀锋 Trac2。1977年，它引进旋转刀头式的阿特拉剃刀；1989年，它又研究出了非常流行的感应式独立悬吊式刀片。

在关注吉列公司的同时，巴菲特和查理·芒格都觉得他们有把握对它的未来经营状况做出理性预测。

巴菲特在1989年加入吉列公司董事会后，了解到当时吉列公司推出感应式剃刀后发生了财务危机，他认为这是投资这家公司的好机会，于是打电话给他在吉列公司董事会的一位朋友，提议由伯克希尔公司向吉列公司投资。

1989年7月，伯克希尔公司购买了吉列公司6亿美元的可转换特别股，其红利收益率为8.75%。红利收益属于一种固定收入，与经营业绩无关。

可转换特别股的特点是：伯克希尔公司在2年内不能转换这些股票，而吉列公司则有权按照票面价格赎回它们；如果普通股股价连续20个交易日超过62.5美元，则可以实行强行转换。由于当时吉列公司刚刚推出感应式剃刀，市场销售形势非常好，所以巴菲特得以每股50美元，大约比吉列公司当时股价高出20%的价格，把手里的股票转换成了吉列公司的普通股。而吉列公司则用这笔钱归还了部分债务，渡过了一时难关。此后，吉列公司股票的年盈利率高达20%，股东权益报酬率高达40%，比20世纪80年代初增加了1倍。

1991年2月，吉列公司推出了1∶2的股票分割政策。当时的股价达历史最高——每股73美元，并且连续20个交易日超过62.5美元，所以按照规定，它要全部赎回伯克希尔公司的可转换特别股。就这样，伯克希尔公司获得了1200万股的普通股，占全部流通股1.09亿股的11%。

吉列公司普通股的收益率为1.7%，这是一种权益资本收益率。从发展趋势看，它的权益资本收益率、税前利润率都在不断提高，这表明其企业内在价值也在相应增加。现在的问题是，伯克希尔公司怎样来确认目前吉列公司的股价是否具有投资价值呢？

巴菲特是把它和可口可乐公司放在一起做比较的，因为它们在他眼里是全球最好的两家公司。他参考1991年年初30年期限美国政府公债8.62%的利率，为了保守起见，用9%的贴现率来进行评估。

在过去的4年（1987—1990年）中，吉列公司的股东收益率年平均增长16%。假设之后10年内其年平均增长率为15%，10年后其年平均增长率为5%的话，那么在9%的贴现率下，吉列公司当时的内在价值能够达到160亿美元。

假设之后10年内其年平均增长率为12%，10年后其年平均增长率为5%，那么在9%的贴现率下，吉列公司当时的内在价值为126亿美元。

假设今后10年内其年平均增长率为10%，10年后的年平均增长率为5%，那么在9%的贴现率下，吉列公司当时的内在价值为108亿美元。

1991年2月，吉列公司股票分割前的股价为每股73美元，这表明它的总市值为73×1.09=79.57亿美元，相当于其企业内在价值的50%（按15%的年平均增长率计算）~74%（按10%的年平均增长率计算）。不难看出，以这个股价购入该股票，无论如何都是没有风险的。

果然不出巴菲特所料，自从投资吉列公司后，伯克希尔公司原来的6亿美元投入，在1992年年末就升值到了7.65亿美元，增值率为27.5%。

【课后点评】

估测股票价格是否合理，关键是要用现在的买入价与公司内在价值（不是盈利）做比较。上面的举例已经介绍了巴菲特估价的方法。普通投资者如果不具备这样的能力，可以用该股票历史最高价的2/3做参考。

通过阅读年报提高洞察力

我阅读我所关注的公司的年报，同时我也阅读它的竞争对手的年报，这些是我最主要的阅读材料。

——沃伦·巴菲特

【巴菲特投资策略】

巴菲特认为，预测股票投资对象离不开对其财务年报的阅读和了解。

他经常对人说："我的工作是阅读。"他多次在不同场合说过，他的学习方式就是不断阅读，以及不断和他认为很聪明的人交流，另外他每天都要看CNBC（一家全球性财经有线电视卫星新闻台）。阅读上市公司年报，是巴菲特估测其内在价值的基础。

巴菲特第一次投资政府雇员保险公司，就是从一家专门给保险公司评级的服务机构那里读到有关它的资料的。他接触各种各样的相关资料和各种保险公司的财务年报，每天都要在图书馆里待到很晚才离开。

巴菲特读得最多的是财务年报。从此以后，每当他准备投资一家公司时，他就不但阅读这家公司的财务年报，还阅读这家公司竞争对手的相关资料，从而进行对比分析。

他的这一特长和爱好，以及由此得到的经验，他都会在每年伯克希尔公司的年报里叙述得非常详细，令了解他这方面能力的人佩服之至。

巴菲特认为，阅读财务年报，并在此基础上进行对比分析，是对一家公司进行价值评估的基本要求——如果你没有读过一家公司的年报，就无法对这家公司进行价值评估。否则，你拿什么做依据呢？总不能道听途说吧？

巴菲特在阅读上市公司的信息时，和一般人的态度不同。他说，当他看到上市公司只披露一部分信息时，就会联想到它还有更多的信息没有公开。这就像冰山一角一样，当你看到一座冰山时，看到的只是其一小部分，它的绝大部分是隐藏在水面以下的。

巴菲特说，上市公司管理层要想解释清楚企业的实际情况，通常会根据财务年报来进行。不幸的是，当他们想要弄虚作假时，他们也会通过财务年报来进行。他们的这种行为使得阅读此报表的人分不清其中的真假。

巴菲特建议，普通投资者阅读财务年报时要注意以下3点：

首先，要特别注意有"前科"的公司年报。

也就是说，如果某家上市公司以前出现过问题，或者有过在财务上弄虚作假的先例，阅读者就要特别注意这份年报的可信度如何。巴菲特的原话是："当管理层在幕前就走上了斜路，那么在幕后很可能也会有许多见不得人的勾当。厨房里绝对不可能只有你看见的那一只蟑螂。"

其次，要关注财务报表附注披露的信息。

在财务报表附注中，常常会有一些欲言又止的东西。巴菲特的经验是，越是复杂难懂的财报附注，就越暗示着公司管理层不值得信赖。如果你根本看不懂财报附注和管理层分析，真正的原因不是你看不懂，而是公司管理层根本就没想让你看懂。

最后，要特别小心那些夸大收益预测和成长预期的公司。

巴菲特认为，企业在发展过程中很少能遇到一帆风顺、没有任何意外的经营环境，他和查理 · 芒格就从来无法预测伯克希尔公司下一年度到底能赚多少钱，甚至不知道下一个季度的盈利额是多少。所以，当有些上市公司声称它们将来的经营业绩会如何如何时，他总怀疑其中有诈。

巴菲特相信，公司管理层一旦做出这样的预测（承诺），事实上又因为某种原因实现不了，就会被迫造假去硬凑这些数字。

【课后点评】

财务年报虽然可能会遮遮掩掩，但大致能够反映一家公司的经营概貌。尤其是当你能够去伪存真时，就能据此准确预测股票的内在价值。财务年报读得越多，你的预测能力就越强。但前提是，你首先要学会甄别真假。

根据报表调整所有者权益

会计师的工作是记录，而不是估值。估值是投资者和经理人的工作。

会计数据当然是企业的语言，而且为任何评估企业价值并跟踪企业发展的人提供了巨大的帮助……但是，经理人和所有者要记住，会计仅仅有助于自己经营思考，永远不能代替自己经营思考。

——沃伦·巴菲特

【巴菲特投资策略】

巴菲特认为，预测股票投资对象很重要的一点是要看所有者权益。不过要记住，这里的所有者权益并不能简单地从财务报告中摘录出来，而是要经过一番转换、调整，这样才能更好地反映问题的实质。

巴菲特始终认为，最能代表上市公司内在价值的不是每股盈利，而是那种能使盈利持续增长的能力。根据他的理解，所有者权益应当通过以下公式计算得到——①+②−③。这和财务年报中的现成数字以及上市公司招募说明书中的解释是不一样的，为此需要对其进行转换和调整。

上述公式中的各部分分别是指：①财务报告中的公司收益；②折旧、损耗、摊销费用、其他非现金费用；③企业为维护长期竞争地位和单位产量，每年用于厂房、设备的资本性支出，以及因此需要追加的流动资金投入。

对于大多数不具备财会知识的投资者来说，要搞清上述概念并不是一件容易的事。不过巴菲特指出，在美国华尔街那些投资公司报告中出现的“现金流”概念，实际上很荒谬。因为在它们的计算公式中，只有①+②，而没有减去③。即使是上市公司的招募说明书，大多数公司也是这样欺骗性介绍的。

那么，如果没有减去第③部分，说明什么呢？实际上，这就等于表明这些上市公司永远不需要更新、改造、整修，就好像它们永远都能荣登商业金字塔的顶尖，永远能够成为最现代的商业企业明星一样。可是，这又怎么可能呢？

巴菲特说，如果在美国发行股票的所有上市公司，都采用这种推销书，并且这种推销书都可信，那么，美国政府对全国厂房、设备开支的预算可以减少90%。

巴菲特说，值得注意的是，上述第③部分确实很难做出正确的测算，有时候甚至只能做出某种猜测。所以，在评估所有者权益大小时，不会得到像财务报告中那样的精确数字。

不过，尽管没有精确的数字，还是应当把所有者权益作为评估企业内在价值的真正指标，而不是用精确数字来表示财务报告中的每股现金流量。在这个问题上，巴菲特完全同意著名经济学家约翰·凯恩斯的观点：宁愿要模糊的正确，也不要精确的错误。

巴菲特说，大多数上市公司的管理层不得不承认，为了保持公司在企业竞争中的有利地位和目前的单位产量，他们不得不投入比②更多的资金，从而使得③大于②。这样做必然会导致财务报告中的每股收益夸大所有者权益，因为它有很大一部分没有去掉。

例如，目前在大多数石油企业中就存在着这种现象。如果它们仅仅需要支出②的话，从实际情况看，它们的业务肯定会严重萎缩。

巴菲特在伯克希尔公司1986年年报致股东的一封信中，以收购斯科特·费策（Scott Fetzer）公司为例来说明这一点。他说，按照会计准则来计算得到的净利润，实际上并不能反映真实的所有者权益；真正能够反映所有者权益的，应该是在保持公司长期竞争优势的前提下，可以给股东分配的长期自由现金流。

巴菲特举例说，伯克希尔公司收购的喜斯糖果公司，仅仅为了保持长期、有利的竞争地位，每年的资本化开支就比折旧费用高出50万~100万美元，这一点不奇怪。正因如此，他总是将摊销费用和其他收购价格分开来计算。并且他认为，这样分开计算所得到的收益，比财务报告中所载明的收益更接近于所有者权益。

这里再强调一下巴菲特是如何看待所有者权益和净利润的关系的。

巴菲特在伯克希尔公司2010年年报致股东的一封信中认为："净利润的媒体作用远大于其他所有数字。这个数字对大多数公司来说很重要，但对伯克希尔公司来说往往毫无意义。不管公司业务如何运营，我和查理总能在任何特定时期合法地创造想得到的净利润。"

这是什么意思呢？为什么巴菲特说"总能在任何特定时期合法地创造想得到的净利润"呢？原来，伯克希尔公司拥有大量未实现收益的证券，只要抛售部分证券，就可以随意调节其净收益指标。

可是巴菲特表示，他对“玩数字游戏深恶痛绝”。因为在他看来，现在的账面价值计算已经全面反映已经实现和未实现的收益与亏损，不再需要“多此一举”计算净利润。

他说，他在评估长期期权时采用的是“布莱克－斯科尔斯”期权定价公式，而这正是几乎所有顶级商学院公认的期权估价标准。

在巴菲特看来，这个定价公式虽然有很多缺点，但够得上权威。所以，尽管它问题不少，也只能用它，否则在审计时会遇到麻烦，会受到同行指责；同时，这样做也便于与竞争对手相比较。

但他指出，显而易见，即使你没掌握这一方法，也照样可以成为非常成功的投资者。

【课后点评】

投资者可以简单地记住一点：如果上市公司的初始支出巨大，后期支出很小，就可以用现金流来测算。具体到制造业、零售业、采掘业、公用事业公司，一定要用巴菲特在这里推荐的办法，扣除第③点后再进行测算。

经济商誉代表公司竞争力

35年前我得到的教导是，要重视有形资产，而回避那些大部分价值是经济商誉的企业，而现在我的想法已经发生巨大转变。但过去的偏见使我在许多企业分析上出了错，尽管其中有极少数错误是由于下属执行不力，可绝大多数是我本人坐失良机。

——沃伦·巴菲特

【巴菲特投资策略】

巴菲特认为，预测股票投资对象要重点关注该企业的经济商誉。

在他看来，经济商誉代表着公司的竞争力，所以在估测股票的价值时，一定要考虑到这一点。他说，投资者真正走向成功的唯一机会，就是寻找超级明星企业；而能够称为“超级明星企业”的股票，它们都有一个共同特征，那就是具有长期、持续的竞争优势。

这一点体现在财务报告上，就是：拥有历史悠久的、影响力巨大的无形资产；对有形资产需求相对较小；能够产出远远超过产业平均水平的投资回报率。

不用说，这种能够远远超过产业平均水平的投资回报率，就是巴菲特所称的“经济商誉”。他总结说，他最喜欢的超级明星企业，就是那种“拥有具有持久经济商誉，并且对有形资产需求最少的企业”。

事实上，如果根据债券价值评估模型，对企业进行股权价值评估的话，债券的本金就相当于企业有形资产，债券的利息就相当于该企业未来的现金流。

容易看出，债券本金越小，利息越大，当然会越好。同样地，在一家上市公司中，有形资产越少，未来能够产生的现金流越多，企业的内在价值也就越高。

除了这种常识以外，不难理解，企业中的有形资产会因为通货膨胀而不断贬值，更会随着生产经营过程的开展而不断折旧、损耗。可经济商誉不但不会贬值，还会随着通货膨胀因素而不断增值。

怎样来理解“经济商誉”这个概念呢？巴菲特举例说，如果你去买喜斯糖果公司的巧克力，营业员告诉你说不巧正好卖完，于是推荐你购买另一种品牌的巧克力。这时候，你宁愿多走几步路，穿过一条大街去买喜斯巧克力，或者你平时愿意多掏5美分来购买你喜欢的喜斯巧克力，而不是其他品牌的巧克力，这5美分就是经济特许权的价值。

巴菲特说，这种经济特许权的价值无处不在、无时不有，所谓低价竞争策略在这里根本不起作用。你看到有谁在情人节的晚上，买了2磅巧克力给情人，对对方说“这次选购巧克力时，我特地选了一种价格便宜的”？根本不可能出现这种情况。

巴菲特举这个例子是要说明，投资者买入股票时，应当优先选择拥有强大经济特许权、较强现金创造力、巨大无形资产的公司，而不要一味从价格上比较哪个品牌的“巧克力”更便宜。

他经常用喜斯糖果公司的例子来说明问题。实际上，正是从买入这只股票开始，他才彻底抛弃了过去那种捡便宜股票的“雪茄烟蒂式”投资方式，走上了一条追求明星企业的投资之路。

要知道，1982年喜斯糖果公司的有形资产净值虽然只有2000万美元，可是当年却创造出了1300万美元的税后利润！

“经济商誉”是一种经济概念，许多缺乏财务知识的投资者对此仍然不太理解。在中国，2006年2月之前颁布的《企业会计准则》规定，“无形资产是企业拥有或控制的没有实物形态的非货币性资产”，而无形资产又可分为可辨认的和不可辨认的两部分。在此之后新颁布的《企业会计准则》规定，其中前半部分没有实物形态的可辨认的非货币性资产依然称为“无形资产”；后半部分没有实物形态的不可辨认的非货币性资产称为“商誉”。从此，商誉从原来的“无形资产”概念中单独分离出来，被独立确认为一项资产。

需要指出的是，“经济商誉”和会计核算上的“商誉（会计商誉）”是两个不同的概念：前者会不断增值（当然有时候也可能会贬值），至少会与通货膨胀同步增长；而后者只会随着每年在账面上的摊销（准确地说不能叫“摊销”，而叫“减值测试”）逐步减少，摊销完毕后就没有了。

巴菲特举例说，如果你收购了别人的一家公司，那么，收购价在转入收购的可确认资产的公允价值（扣减负债）部分超出的差额，就会进入“收购成本超出所收购资产权益值的部分”账户中去。为了简便起见，这里可以用“商誉”来代称。当然，这是一种会计商誉。

经济商誉的案例，从2014年开始在伯克希尔公司身上得到了体现。

在过去几十年里一直买入一些最有价值的品牌，伯克希尔公司本身的经济商誉在慢慢积淀壮大。2014年，它在收购了美国第五大汽车经销商范图尔公司之后，迅速把它更名为“伯克希尔 · 哈撒韦汽车公司”；同时，它又把中美能源公司更名为“伯克希尔 · 哈撒韦能源公司”。紧接着，它更有把伯克希尔品牌授权给欧洲和亚洲房产中介使用的打算，从而开启一条把投资公司品牌转型为消费者品牌的道路。

不用说，这体现了巴菲特的另一种精明。因为就像维珍航空意味着理查德 · 布兰森爵士的桀骜不驯、苹果公司反映着史蒂夫 · 乔布斯的天才一样，伯克希尔的品牌价值同样也代表着巴菲特的稳定和诚信。巴菲特完全是一块能够带来滚滚利润的金字招牌，他本人就在不断增强着该公司的竞争力，拓宽着该公司的经济护城河。

【课后点评】

经济商誉代表了上市公司的竞争力，体现为股价发行和交易的溢价，并且它会随着通货膨胀不断增值。在通货膨胀背景下，上市公司的巨大财富增值主要来自经济商誉，而不是庞大的有形资产（包括土地储备）。

看是否具备套利交易机会

我从来没有因为向经纪商借股票而被拒绝，我觉得人们卖空股票并没什么不妥，我欢迎人们卖空伯克希尔的股票。我觉得卖空没什么。如果谁没有伯克希尔的股票，而又想卖空伯克希尔的股票，我们很高兴，也愿意特别安排见他们。现在这个环境卖空是很不容易的，我不觉得卖空行为会对市场有什么威胁。

——沃伦 · 巴菲特

【巴菲特投资策略】

巴菲特认为，预测股票投资对象要看它是否具有套利交易机会。

巴菲特在股票投资方面最成功的地方便是套利交易，这是普通投资者和读者比较难理解的地方。不仅因为我们平时对这方面接触较少（我国目前还没有开通股票期货交易），而且套利对投资者的理性、判断能力、把握和归纳各种市场现象的能力要求更高。

不过巴菲特也承认，并不是所有股票都具备套利交易的机会。套利交易，其他投资者也在做，而巴菲特的可贵之处在于，他对这种投资方式采取行动的依据是自己掌握的一手信息，而不是道听途说。

他会在考虑已经公布交易出现的可能性、资金占用时间长短、同样的资金在不同投资项目中的机会成本，一旦交易失败会造成多大的损失等方面，反复进行权衡比较。

1962年，美国股市正处于不断下跌过程中，而巴菲特就是通过套利交易取得很大成功的。当年的道琼斯工业指数下跌了7.6%，而他通过套利交易让巴菲特有限公司的业绩回报率上升到了13.9%。

1982年2月13日，一家雪茄公司宣称它们已经向公证处提出申请，准备清算公司，以1450万美元的价格出售，每股价格7.87美元。但是该计划能否实行，要根据股东意愿来决定。此消息公布后不久，巴菲特就以572907美元的价格买下该公司5.7%的股份，价格是每股5.44美元。后来伯克希尔公司对这家雪茄公司的收购非常顺利，从中获利也颇丰。

巴菲特在伯克希尔公司1988年年报中透露，他第一次进行套利交易时只有24岁。当时他在纽约的格雷厄姆·纽曼公司工作，套利交易的对象是一家名叫罗克伍德的公司。

罗克伍德公司主要生产巧克力，它们采用的存货核算方法是“后进先出法”。当时的可可豆价格是每磅5美分，可是1954年由于出现了暂时的供货短缺，可可豆价格涨到了每磅60美分以上。因此，罗克伍德公司就想在价格下跌之前迅速抛出库存，狠赚一笔。

罗克伍德公司拥有这种想法是很自然的，可是要知道，如果仅仅是出售可可豆，根据税法规定要缴纳相当于其销售收入50%的税款。

不用说，这笔税款数额相当惊人。可就在这时候，1954年出台的美国税收条例中增加了这样一条规定：如果公司是因为缩小经营范围，把存货发放给股东的话，就不需要缴纳这笔税款。

为此，罗克伍德公司决定，立刻停止原来销售可可黄油的业务，改为销售符合这条规定的1300万吨可可豆存货。其理由是，因为经营范围缩小了，所以不需要这么多可可豆存货了。这样，罗克伍德公司就可以用这批存货换回已经发行在外的股票了，交换价格是每股股票相当于80磅可可豆的售价。

巴菲特说，在接下来一连几个星期里，他一直非常忙碌，每天都在忙着买入股票，卖出可可豆，然后去信托投资公司把股票证书换成仓单。

毫无疑问，这种非收购性套利交易利润非常丰厚（前面已经说过，原来的纳税比例高达50%），而巴菲特所付出的只是每天来来去去的地铁票而已。

从这里能看到，巴菲特在一生中都偏爱这种套利之道。除了明的套利，还有暗的，那就是伯克希尔公司保险业务所积存下来的巨额浮存金，以及由于延迟纳税而“节省”下来的可以用作再投资的钱。

据香港《明报》2015年3月报道，截至2014年年末，伯克希尔公司延迟缴纳的税款高达619亿美元（约合3878亿元人民币），相当于其年应纳税额的7.8倍，是2005年延迟纳税额的5倍以上。一方面，这是因为美国税收制度鼓励资本投资，允许发电厂、铁路设施等资产折旧进行特殊处理，允许企业先把盈利挂账，等资产贬值后再纳税；另一方面，这也表明巴菲特深谙拖税之道，以便能有更多的资金用于投资。

例如，2014年伯克希尔公司来自风力发电的税务减免高达2.58亿美元，2012年和2013年则因为开设太阳能发电站获得9.13亿美元的税务减免。巴菲特把它称为“政府免息贷款”，意思是说，未来这笔钱可被他用来作为投资资金获利。

2012—2014年，伯克希尔公司的实际税负在28.2%~31.1%，超过同期全球市值最高的苹果公司的25.2%~26.2%。究其原因在于，伯克希尔公司有85%的收入来自美国，所以无法像其他跨国企业那样在税负较低的国家报税。2014年，伯克希尔公司的纳税额为79亿美元，实际上缴了49亿美元，差额30亿美元便是延迟纳税的数额。[1]

【课后点评】

在伯克希尔公司的业绩回报中，每年都有几个百分点是通过套利交易实现的，包括明的套利和暗的套利。套利交易是巴菲特最擅长的一项本领。当然，除此以外，他也同样擅长兼并收购、价值型投资和无形资产增值。

正确估计全球化带来的影响

对于投资来说，关键不是确定某个产业对社会的影响力有多大，或者这个产业将会增长多少，而是要确定任何一家选定企业的竞争优势，而且更重要的是确定这种优势的持续性。

——沃伦·巴菲特

【巴菲特投资策略】

巴菲特认为，预测股票投资对象要从全球化角度出发来看问题。

在他看来，在对投资对象进行长期的价值分析时，必须充分考虑经济全球化对企业造成的影响。这种影响有可能是正面的，也有可能是负面的。在中国早已加入WTO的背景下，正确估计全球化浪潮会给中国企业带来什么样的影响，非常有助于投资者正确估测投资对象的内在价值。

巴菲特说，他在这方面有过许多经验教训。

例如，在可口可乐公司，第一位外籍首席执行官罗伯特·格伊祖塔上任后，大力推动公司全球化，并取得了巨大的成效。1984年，可口可乐公司的国外销

1 港报：股神巴菲特欠税619亿美元，“省钱”做投资．参考消息网[2015-3-6].

售利润还只有6.66亿美元，只占其利润总额的52%；到了1987年，其国外销售利润就达到了11.1亿美元，占其利润总额的75%。在此期间，它的市场总销售额增长了34%。由此可见，大力推进经济全球化给可口可乐公司创造了多么巨大的回报。

同样也是推动经济全球化，却让巴菲特投资的美国鞋业公司造成了相当大的亏损。究其原因在于，美国鞋业公司和亚洲国家公司相比劳动力成本高，在国际市场上缺乏竞争力。当推进经济全球化后，这种竞争劣势不断凸显，从而直接导致其利润大幅度下降，造成巨额亏损。

巴菲特回顾说，伯克希尔公司所属的制造、零售、服务业，1999—2001年都取得了优秀业绩，唯独德克斯特鞋业公司例外。

追根溯源，不外乎就是上面所说的经济全球化导致其竞争优势消失殆尽。从这家鞋业公司管理层看，管理技巧、管理能力、资金投入等方面都丝毫不差，关键是它在美国本土制鞋，劳动力成本太高。

资料表明，1999年美国人消费了13亿双鞋子，其中93%是进口产品，美国本土产品根本无法与进口产品进行价格竞争。2001年，伯克希尔公司鞋业的税前经营亏损额为4620万美元，其中只有布朗鞋业公司有盈利。

经济全球化给公司造成的直接影响，同样体现在巴菲特投资的世界图书出版公司上。

受新技术革命浪潮的影响，世界图书出版公司作为美国唯一一家以直销方式经营百科全书的公司，面对电脑光盘和网络在线内容提供商的激烈竞争，销售数量和利润直线下降，导致其不得不将资金大规模投资于电脑光盘版新品，试图尽最大的努力，确保自身在百科全书印刷和电子出版市场竞争中的优势地位。不过，即使要做到这一点，没有几年时间也难以奏效，更何况其效果究竟如何当时还有待观察。

巴菲特总结说，他在1993年投资德克斯特鞋业公司时就犯下一个错误。当时在买入这只股票前，包括买入这只股票后的几年内，他明知面对国外公司残酷的低成本竞争，该公司注定要面临一场生死考验；可是看到当时其经营业务仍然保持繁荣，他就以为它完全有能力继续应付这种考验。事实证明，当时他对经济全球化浪潮估计不足，因而所做判断是错误的。

巴菲特在伯克希尔公司2015年年报致股东的一封信中说，根据美国证券交易监督委员会的要求，伯克希尔公司每年都要在公开文件中阐述“风险”因素。可是在他看来，现在就能预计到的风险都不能算是什么大的风险，真正的风险一定隐藏在无法预知的地方。

他举例说，伯克希尔公司旗下的伯灵顿北方圣太菲铁路公司，未来10年很可能会失去大量的煤炭运输业务；未来的某一天无人驾驶汽车大量上市，也会大大压缩政府雇员保险公司的保单数量，并直接影响到伯克希尔公司的汽车销售；纸媒的发行量必然会继续下降，这是当初收购相关企业时就已经意识到了的；未来对可再生能源的利用会对伯克希尔公司的公共事业项目有利，可是如果电力储存能力有实质性提升，情况又会不一样；网上销售已经威胁到零售企业的经营规模和消费品牌……所有这些，因为现在都能预计得到，所以它们所产生的风险其实都在可控范围之内，不会对伯克希尔公司的长远发展构成实质性影响。

这就好比1965年巴菲特刚刚接手伯克希尔公司时一样。虽然他把所有资金都投入了这家纺织厂，并且眼看着纺织业注定要继续受损，直至消亡，但他只能适应这样的发展趋势，未来也会如此。

他举例说，就算明知无人驾驶汽车在大量上市之后，政府雇员保险公司的保单数量会萎缩，可是保单通常是为期1年，而不是以固定价格一签就是10年、20年，每年都可以根据新情况重新定价，这又有什么可担心的呢？无论什么样的损失，都可以被及时转化到每年制订的增长的保费中去，这样也就能够很轻松地化险为夷了。

他举例说，他1951年进入政府雇员保险公司时每张保单的损失约为30美元，那个时候他怎么可能会预测到2015年的每张保单损失为1000美元呢？如果真的有谁具有这种预见性，那还不被吓个半死啊！可是结果又怎么样呢？这在今天看来好像什么问题都没有。

巴菲特的言外之意是说，读者在面对全球化带来的影响时，既要未卜先知，又不必过于担心。用中国话来说就是“船到桥头自然直”。关键是你要知道哪里有桥，这样才不至于直接撞上去。在对投资对象进行长期价值分析时，更要考虑该公司具有什么样的确定性竞争优势，而不是不确定性，虽然不确定性的风险更大。

【课后点评】

巴菲特认为，公司内在价值的变动与经济全球化关系十分密切。相对而言，今天能够预见的风险都不算什么风险，那些无法预见的风险才可能是真正的风险。这就是俗话所说的“人吓人吓死人，鬼吓人吓不死人”。

历史越清白，预测越可靠

研究我们过去对子公司和普通股的投资，你会看到，我们偏爱那些不太可能发生重大变化的公司和产业。我们这样选择的原因很简单：在进行两者（子公司和普通股）中的任何一种投资时，我们寻找那些我们相信在从现在开始的 10 年或 20 年的时间里，肯定拥有巨大竞争力的企业。至于那些迅速变迁的产业，尽管可能会给我们提供巨大的成功机会，但是它排除了我们寻找的那种确定性。

——沃伦 · 巴菲特

【巴菲特投资策略】

巴菲特认为，预测股票投资对象要看该公司的历史表现如何。

在他看来，股票预测的准确性与其历史表现有密切关系。如果这家公司过去没有发生过什么重大的变故，将来也不会发生什么重大变化，这种预测就是在可控范围之内的；相反，如果这家公司或其所属产业无论过去还是将来都处于迅速变迁之中，就很难对其进行预测。

碰到这样的上市公司，巴菲特的做法很简单：不预测，也不投资。他的理由是，找不到其发展轨迹的确定性，无法预测其内在价值和现金流。

在这里，不由得使人想到一个上了一定年纪的中国投资者皆知的特定用词——“历史清”。一个人是这样，一家企业、一只股票似乎也是如此。巴菲特认为，越是历史清白的股票，预测其内在价值的准确性就越高，结果就越可靠。

巴菲特1988年在伯克希尔公司股东大会上说，如果想要正确评价一家企业的内在价值，就应该预测这家公司从现在开始的长期现金流，然后用一个适当的贴现率来进行贴现。也就是说，预测企业内在价值的前提条件是，首先要搞清楚该企业未来现金流的大小。

现在的问题是，有些企业的未来现金流很容易预测，有些则非常困难。前者如自来水公司，未来的现金流有多大，就比较容易推算出来；而后者如建筑公司，对其未来现金流的预测难度则要大得多。

怎么办呢？巴菲特的对策是，只关注那些未来现金流容易预测的公司。虽然这是一种“偷懒”办法，却简单、有效、实在、可靠。

显而易见，预测未来现金流量的准确性，与公司经营是否稳定密切相关。公司过去的经营稳定性越好，业务越简单，历史越清白，就越容易测算其现金流量。

巴菲特非常重视这一点。从1982年开始，他每年都要在伯克希尔公司年报致股东的一封信中提及喜欢收购哪一类企业。他说，他最喜欢的企业必定要在经过实践检验的基础上具有“持续赢利能力（Demonstrated Consistent Earning Power）”，而不看其未来收益的高低。

这一判断依据，对所有长期投资者来说都适用。具体到巴菲特，它还有另一层含义，那就是伯克希尔公司旗下拥有那么多家子公司，他必须确保这些公司历史清白，才会放心地让明星经理人大胆去经营。如果每家企业都处于变动之中，或者巴菲特看不懂，他又怎么可能放心地让明星经理人去经营呢？果真如此，无异于他在实质上放弃了控股权。

截至2015年年末，伯克希尔公司旗下拥有80家独立企业和361270名员工。

如果采用那种常规的企业模式，任何一个人，包括巴菲特都无法领导如此庞杂的机构，所以巴菲特必须放手让明星经理人独立运作。但这样做就必须具备一个前提，那就是这些经理人要让他放心，让他看得懂。

巴菲特说，查理 · 芒格经常提醒他注意，一家伟大的公司的优点在于强大的盈利增长能力。请注意，这里关注的是盈利增长能力，而不是赢利能力。就像女孩找对象一样，关注对方发展潜力比关注其现状更重要。

巴菲特同意这一观点，同时强调，必须可以完全肯定一家公司具有强大的盈利增长能力，他才会投资该股票。有些公司看起来盈利增长能力也很强，但外强中干，充其量不过是一种假象。如果不能非常确定其盈利增长能力，就贸然投资，很可能会造成投资失误。

关于这方面，巴菲特的老师本杰明 · 格雷厄姆教导说，这种估值越是依赖于对未来的预期，就越容易出现错误的计算结果，从而产生预测失误。为什么会这样呢？主要原因在于，人们对未来的预期一般总会高于过去的实际表现，两者之间的差别就是“增长率”。

这就是说，如果想要对公司未来内在价值进行保守预测的话，就必须剔除过于乐观的情绪。而要做到这一点，首先要根据一家公司真实的、经过合理调整的业绩来计算其长期平均收益；然后，在此基础上分析、推断其未来的可持续的盈利增长能力。很重要的一点是，这里的“长期”，年限要尽可能的长。年限越长，就越能真实反映预测结果的准确性。

如果问多长时间才能称得上是“长期”？本杰明 · 格雷厄姆在《精明的投资者》一书中说，长期投资中的“长期”一般要达到25年。

【课后点评】

巴菲特认为，公司发展轨迹越稳定，考察期限越长，对它内在价值的预测结果就越可靠。对于那些处于迅速变迁中的公司或产业，哪怕它们蕴藏着巨大的成功机会，巴菲特也不会去投资，因为他无法评估这些企业的内在价值和未来。

第5课　怎样评估企业价值

学会亲自调查，拒绝听信股评

对于未来一年的股市走势、利率以及经济动态，我们不做任何预测。我们过去不会预测，现在不会预测，将来也不会预测。我们深信，对股票或债券价格所做的短期预测是根本没有用的，预测本身只能让你更了解预测者，但对于了解未来毫无帮助。

——沃伦·巴菲特

【巴菲特投资策略】

巴菲特认为，投资者评估企业内在价值要学会亲自调查，拒绝听信小道消息。他在股票投资中很少出现昏招，就与他注重实地调查、反复研读财务年报、不听信各种小道消息有很大关系。

他说，股票投资当然要分析市场，但分析市场并不等于预测市场。股市运作有它的内在规律。但这种规律目前人们还无法认识，股市本身也在顽固地拒绝人们预测它。

到现在为止，还没有任何人具有预测股市、预测个股的能力。正因如此，巴菲特从来不去预测经济走势、股市走势、个股走势，而只关心股票的内在价值。

他相信，即使目前的股价大大背离其内在价值，总有一天也会向内在价值回归的。

巴菲特在伯克希尔公司2014年年报致股东的一封信中说，投资者持有股票的高风险行为之一是盲目听信小道消息以及别人的建议（包括投资顾问的意见）。他说，如果6年前（即2008年爆发全球金融危机之时）你听信“权威人士”关于股价将会下跌的警告，买入相对“安全”的国债或银行存单，那么你现在就可能很难愉快地退休了。当时的标准普尔500指数还不到700点，而现在已经涨到了2100点，股票投资获益率要大大高于此指数。

接下来，他举出若干“投资者本身的行为可能会让持有股票变成某种高风险的行为”，特别提到“向基金经理和顾问支付不必要且高昂的费用”这一项，他认为“这些行为都可能会摧毁你的丰厚回报”。他说：“没有经济学家、顾问、电视评论员——当然包括我和查理——能告诉你高风险事件在什么时候发生。所谓的预测家能填满你的耳朵，但永远不能填满你的钱包。”

他举例说，股票机构主力为什么也会常常跑输市场？主要原因就是他们喜欢向咨询机构支付巨额费用，购买投资意见。可是，这些机构向他们推荐的多是“费用高昂的经理”，目的是赚取更高的咨询费用。

巴菲特说，虽然也有一些投资经理提供的参考意见非常优秀，可是从短期来看，却实在难以辨别据此获利究竟是自己的运气还是此投资经理的天才。他说：“许多投资顾问索取高额费用的本领远高于提供高额回报的本领。事实上，他们的核心竞争力是销售能力。不管是大投资者还是散户，不要听他们的花言巧语，而应该读一读杰克 · 博格尔写的《投资常识小册子》这本书。”

反观我国股市，一方面，几乎所有投资者都喜欢根据各种消息来决定股票买卖；另一方面，根据各种消息来买卖股票，又最容易出现失误。所以，股市越火爆，投资者就越关心巴菲特对中国股市的看法。因为他们相信，巴菲特是全球唯一的“股神”，他的眼光和观点必然与众不同，他的股评也“最权威”。与此同时，巴菲特从来没写过一本股票投资方面的书，他对中国资本市场的评价更是微乎其微，堪称“物以稀为贵”。

确实，巴菲特上一次来中国是在1995年，和他的朋友比尔·盖茨一起在中国进行了短暂停留。直到12年后的2007年，他才重新踏上中国这块全球经济增长最快的热土。不过，他的观点表明，他根本就不相信任何股评。

巴菲特说，如果股市上真的有所谓内幕，内幕知情者又怎么可能舍得把这么珍贵而绝密的消息传出来呢？比如公司收购，只要消息一公布，两家公司的股价都会大幅度上涨。就算这种内幕确有其事，相关人员也不可能透露——他们自己为什么不先大量买入这两家公司的股票，好好地赚上一笔呢？

巴菲特在进行股票分析、投资决策时，从来不听其他人的意见，而是会亲自调查，阅读报表，从而自己得出结论。他作为专业投资者，每天都有人向他推荐各种各样的股票，他收到的材料更是应有尽有，可是他基本上对此置之不理，婉言拒绝阅读这些材料。

有一次，一位陌生女士打电话给巴菲特，热心地向他推荐某只股票，认为该股票很有投资价值，并且说马上就会把相关资料寄过来。巴菲特在电话里明确告诉对方，请不要把资料寄过来，因为他根本不信任何分析文章。他说，总体来看，这些资料都是投资公司、基金公司的推介，只谈优点，不谈缺点，所以不值得相信。作为专业投资者，他必须亲自调查，才能确信，不可能看上一两篇文章，听上一两句好话，就信以为真了。

1950年，巴菲特第一次读到他的老师本杰明·格雷厄姆的著作《聪明的投资者》，从此就养成了阅读财务年报的好习惯。在他的办公室里，188个抽屉里装满了上市公司的年报，他不断用最新资料更新着旧的信息。管理这些年报的人被巴菲特称为他唯一的调查助理，除此以外，他不相信任何股评材料。

为什么？因为巴菲特认为，市场和预测是两回事，市场是在不断变化的，而预测是固定不变的。只有当股市将来的发展和过去的内外部环境完全一致时，这种预测才具有某种准确性。但股市发展所处的环境怎么可能和以前完全一样呢？

所以巴菲特说，他"终身都在观察企业"。一旦在年报中找不到所需资料，他就会亲自出去调查，像记者采访一样挖掘细节，从而掌握别人不愿意透露，而他又希望得到的真实信息，为自己的投资决策提供可靠依据。

巴菲特之所以一直把伯克希尔公司总部设在家乡，而不是设在华尔街，就有一种与华尔街“保持一段距离”的意思在内。

他牢牢记着老师本杰明 · 格雷厄姆所说的那句话，“离华尔街越远，你就越怀疑那些所谓的股市预测或时机”，从而保持清醒的头脑。

【课后点评】

巴菲特认为，分析市场不等于预测市场，任何人都不具备预测市场的能力。不相信任何股评，只相信自己的调查研究，从而不受任何小道消息的干扰，这些是他之所以能创造出别人无法望其项背的投资业绩的真正秘诀。

广泛阅读，养成独立思考习惯

> 尽可能多地阅读。拿我来说，我在 10 岁的时候就把我在奥马哈公立图书馆里能找到的投资方面的书都读完了，很多书我读了两遍。你要把各种思想装进你的脑子里，随着时间的推移，分辨出哪些是合理的。一旦你做到了这些，你就该下水（尝试）了……越早开始阅读越好。我在 19 岁时读了一本书，形成了我基本的投资思维方式。我现在 76 岁了，我做的事情就是基于我 19 岁时从这本书中得来的同样的思维方式。阅读，然后小规模地亲身实践。
>
> ——沃伦 · 巴菲特

【巴菲特投资策略】

巴菲特认为，投资者评估企业内在价值，要在广泛阅读的基础上，养成独立思考的习惯。独立思考是他在股票投资中越战越勇的秘密武器。

巴菲特认为，股票市场波动无常，只有在广泛阅读的基础上形成独立思考的习惯，才能保证在混乱的局势中不至于迷失自我，才能看清市场走向。

巴菲特的阅读范围很广，但重点是财务年报。他在投资某只股票时，不但会尽可能多地阅读有关这只股票的资料，而且还会阅读该股票所在行业，尤其是它的竞争对手的财务年报。可想而知，他的阅读量有多大。

巴菲特说，他每年要阅读成千上万份公司年报。他读年报，就像别人读报纸一样津津有味。在投资中石油股票前，他就是读了其2002年、2003年的年报，然后才决定投资4.88亿美元给它的。他特别强调，做出这一决策的理由，仅仅就是他阅读了中石油的财务报告，当时他并没有见过中石油公司的管理层，也没有看过分析家们写的关于中石油公司的分析报告。

值得一提的是，2002—2003年伯克希尔公司累计投资4.88亿美元买入中石油1.3%的股权。当时曾因中石油油田开发已到强弩之末，并且中石油公司又拥有40万名员工，成本居高不下，这一投资广泛受到质疑。但实践证明，这是巴菲特历史上最成功的投资项目，没有“之一”。要知道，虽然巴菲特每年在致股东的一封信中都会提到伯灵顿北方圣太菲铁路公司、喜斯糖果公司、内布拉斯加家具店、吉列公司、可口可乐公司、《华盛顿邮报》公司、政府雇员保险公司等，但如果以年度回报率排名，依然是中石油公司排名第一。其具体战绩是：持有期5年，年复合回报率高达52%，总回报率720%。

有意思的是，排名第二的也是一家中国企业，那就是比亚迪公司，持有期6年，年复合回报率高达41%，总回报率671%。

为什么？关键就是因为巴菲特对企业内在价值的判断，或许这就可以叫“书中自有黄金屋”。

巴菲特当时投资中石油时，中石油的市值是370亿美元，而他的估计是至少1000亿美元。在发现新油田和油价上涨的衬托下，中石油的股价开始大幅度上扬，到伯克希尔公司2007年出售这部分股权时，中石油市值已经高达2750亿美元，伯克希尔公司从中大赚36亿美元。[1]

1 Peter 译，Lina 校 . 巴菲特最成功的投资：中石油 . 财富杂志中文网 [2014-11-12].

巴菲特认为，投资者在买入股票时“必须知道你买的是什么”。那怎样才能做到这一点呢？巴菲特说，唯一的途径就是尽可能多地读书和读年报。

巴菲特说，阅读不同公司年报的侧重点和方法应该不一样，但从根本上说，主要还是看公司的内在价值。他认为，正确的股票投资，就是要寻找内在价值被低估的股票，然后以合理的价格买入。无论什么因素，包括外部宏观环境改变，都不能动摇这一做法。

有一次，在伯克希尔公司股东大会上，一位23岁的小伙子请教巴菲特，说自己很有上进心，也有一点资金，他想问的是未来50~100年内最好的投资机会在哪里。巴菲特回答说，最好的投资机会就在阅读中，要尽可能多地阅读。

巴菲特的意思很明确，如果你不阅读各种资料，尤其是财务年报，你就不知道一只股票是不是值得投资。即使最好的投资机会出现了，并且就在你眼前，你也抓不住，因为你不具备识别这种机会的能力。

巴菲特介绍说，他每天要花4~5小时用在阅读上。早在1950年他读研究生时，偶然在一本旧名人录中发现他的老师本杰明·格雷厄姆是政府雇员保险公司董事长，于是他利用周末坐火车去参观了这家企业。没想到公司休息，于是他拼命敲门。后来来了一位警卫，让他上楼去跟当天唯一一位值班经理、公司总裁助理洛里默·戴维森（Lorimer Davidson）见面。洛里默·戴维森用4个多小时给他讲述了保险经营知识。巴菲特说，他从这一课中学到的东西比在大学里学到的更多。现在他和查理·芒格通过各种方式赚钱，而采用这些方法在三四十年前是不敢想象的。这些方法中，就有种种通过阅读避免可能造成灾难性后果的投资行为和模式，可以避免投资倾家荡产。

巴菲特举例说，美国资产重组托管公司（RTC）就是一个很好的赚大钱的机会。一笔几十亿美元的房地产买卖，作为卖家的政府对这笔买卖的经济效益并不是很在乎，关键是要尽快卖出去；可是买家却很在意经济效益和投资价值。这种关注的不对称，就会从中孕育极好的投资机会。虽然有时候你会觉得找不到这样的机会，但你在一辈子中总是有可能遇到这类机会的。

巴菲特说，过去他最喜欢读的是本杰明·格雷厄姆和菲利普·费雪的著作。他在伯克希尔公司2012年年报致股东的一封信中说：“在严肃认真投资者必读的、有史以来最佳投资书籍排行榜上，《聪明的投资者》排名第一，1940年版的《证券分析》[1]排名第二，这本书（菲利普·费雪的《怎样选择成长股》）排名第三。”

【课后点评】

巴菲特认为，进行任何一项投资决策都要独立思考，把为什么要买这只股票的理由一条条写下来，然后再做决定。而独立思考的前提，就是要广泛阅读一家公司，最好包括其竞争对手的资料，尤其是财务年报。

采用最简单的评估方法

我可以理性地预测投资可口可乐公司的现金流量。但是谁能准确预测10大网络公司未来25年里的现金流量呢？如果你说你不能准确预测，你就不可能知道这些网络公司的价值，那么你就是在瞎猜，而不是在投资。对于网络企业，我知道自己不太了解；一旦不能了解，我就不会随便投资。

——沃伦·巴菲特

【巴菲特投资策略】

巴菲特认为，投资者评估企业内在价值的方法要尽可能简单。

在他看来，影响上市公司内在价值的因素多种多样，既有宏观的，也有微观的，没有人，也不可能有人会用精确的数学模型来得到结果。

所以他认为，在对企业内在价值进行评估的时候，越简单的方法越有效。这

1 《证券分析》一书迄今出过6个版本，但巴菲特只认可1934年出的第一版和1940年出的第二版，他认为这两个版本最能体现本杰明·格雷厄姆的投资思想。其中，第二版是两位原作者最后一次修订后推出的，也是巴菲特当年上课时所用教材。巴菲特本人只向别人推荐过该书第二版。

一点很像谈恋爱，恋爱是不能用脑子的，而应该用心来体会。衡量一家上市公司的内在价值，大体上也是如此。

巴菲特是正宗商学院毕业生，他对学院派的那套理论太熟悉了，可是却非常反感。他说："（商学院）重视复杂的过程，而忽视简单的过程，但是，简单的过程更有效。"

这一观点在我国投资者中最不容易得到认同。那么，巴菲特的观点是建立在什么理论基础之上的呢？他认为，在对上市公司价值进行评估时，预测整体出错的概率与预测每一个影响因素出错的概率，两者之间密切相关。当多项不确定影响因素综合起来时，预测整体出错的概率就非常大。

这就是我国的一句老话："差之毫厘，谬以千里。"举个例子来说，如果你要精确评价某个数据，准确度达到85%就非常了不起。面对公司未来的宏观环境和产业环境，可以说谁都无法达到这样准确的预测率。可是，即使这样"准确"的预测率，又能说明什么问题呢？举例说，如果决定整体预测结果的影响因素有4个，每个因素的预测结果准确率都能高达85%，那么其整体预测准确率也才不过85%×85%×85%×85%=52.2%，其差错率为1–52.2%=47.8%。可以说，52.2%的准确率不会比任何一种根据经验"简单估测"的结果所得到的准确率更高，与掷硬币差不多。

每一位投资者在生活中都有这样的体会：只要真正建立在经验估计的基础上，预测结果总能达到"七不离八"的地步，比这种所谓"准确"的预测更强。更何况，评价公司价值的影响因素绝不仅仅有4个。影响因素越多，误差就越大。

巴菲特在伯克希尔公司2000年年报致股东的一封信中坦言道，他对上市公司价值评估的方法采用的是现金流贴现。而且，他只评估那些业务简单，他能够理解，并且可以预测，具有持续竞争优势，长期稳定的现金流。

概括地说，这种简单的评估方法包括以下3项内容：

一是最简单的长期现金流。

最简单的长期现金流就是指所有者权益，相当于上市公司财务年报中的"公司收益+折旧等非现金支出–维护持续竞争优势的资本支出"。

二是最简单的贴现率。

最简单的贴现率，一般参照长期国债利率来确定。

三是最简单的明星企业。

明星企业发展的历史表明，它们能够给股东以长期、稳定的获利回报。明星企业的典型特征是，拥有巨大的无形资产和经济商誉。

【课后点评】

巴菲特认为，评估企业内在价值的方法，越简单，往往越有效。这就像田间施肥一样，通过各种数学模型和电脑计算得到的化肥施用量，不会比任何一位已经有着几十年干农活经历的老农凭经验施肥更合理、更简单。

把内在价值放在第一位

内在价值是一个非常重要的概念，它为评估投资和企业的相对吸引力提供了唯一的逻辑手段。内在价值可以简单地定义如下：它是一家企业在其余下的生命中可以产生的现金流量的贴现值。

——沃伦·巴菲特

【巴菲特投资策略】

巴菲特认为，投资者评估企业内在价值是股票投资第一要紧的事。

他的老师本杰明·格雷厄姆认为，股票是具有内在价值的，而巴菲特则很好地继承并完善了这一观点。巴菲特认为，投资股票就是因为它具有内在价值，所以才值得投资。

本杰明·格雷厄姆说，证券分析家们似乎总是在关注股票的内在价值与市场价格之间的差距。但我们不得不承认，股票虽然有内在价值，可“内在价值”却是一个非常难以把握的概念。一般来说，它必须以一组事实为依据，才能有别于受到人为操纵、受到心理因素干扰的市场价格。这组“事实”包括公司资产、收益、股息、明确的发展前景等。

巴菲特对“股票内在价值”的概念做了进一步的发展和完善。他在伯克希尔公司1996年年报致股东的一封信中说：“内在价值是一个非常重要的概念，它为评估投资和企业的相对吸引力提供了唯一的逻辑手段。内在价值可以简单地定义如下：它是一家企业在其余下的生命中可以产生的现金流量的贴现值。”

巴菲特阐释说，大家一定要注意股票内在价值和账面价值两者之间的区别：账面价值表明过去的累计投入，而内在价值表明未来的预计所得；账面价值是一个会计概念，内在价值是一个经济概念。

巴菲特说，用一个很简单的例子就可以说明两者的区别：如果你有两个小孩，你用相同的钱让他们都读到大学毕业，那么这两个孩子的账面价值是相等的；可是，两个孩子都读到大学毕业，并不意味着他们将来的前途完全一样。这表明，他们的内在价值是不同的，甚至会有天壤之别。

股票投资也是这样。财务投入相同的公司，内在价值会有巨大差别。所以，作为投资者来说，必须擦亮眼睛，仔细测算公司的内在价值，从而作为做股票投资决策的主要依据。

巴菲特在伯克希尔公司2012年年报致股东的一封信中说，马尔蒙公司的案例就可以清晰地说明内在价值和账面价值之间的关系。

巴菲特说，伯克希尔公司2008年收购马尔蒙公司64%的股权，2011年又收购了16%，2012年收购10%，合计拥有马尔蒙公司90%的股权。马尔蒙公司本身就是一个庞大的集团，拥有150多家下属企业。伯克希尔公司收购这90%的股份，总共投入126亿美元，可是按照美国公认会计准则规定，却只能在账面上记载实际支付的价格（即80亿美元）。虽然这不会对马尔蒙公司的实际价值和盈利造成任何影响，但这样的会计处理实在让巴菲特看不懂，他称之为“奇怪的会计处理”。

在巴菲特看来，马尔蒙公司90%的股份的内在价值就值126亿美元。要知道，该公司下属的两家企业，即美国联合油罐车公司和加拿大Procor公司，所拥有的油罐车数量就有9.7万辆，账面净值40亿美元。而实际上，一辆新的油罐车成本超过10万美元，更不用说，该公司的订单已经排到了两年之后，其生意之红火可想而知。

巴菲特早在巴菲特有限公司1958年年报致股东的一封信中就说，当年他成功地找到了一笔特殊的交易，那就是以一个富有吸引力的收购价格成为联邦体的最大股东后，又以每股80美元的价格出售了该股票。

巴菲特说，由于这个项目内在价值被低估，并且具有很好的安全边际，所以买家即使以每股80美元的价格买下该股票，以后仍然能够获得长期收益。以80美元的价格收购内在价值135美元的股票，与以每股50美元收购内在价值125美元的股票相比虽有不同，可自己以后仍然可以在价格跌到每股50美元时慢慢搜集筹码，他相信其投资业绩一定会超过道琼斯工业指数。

巴菲特在伯克希尔公司2009年年报致股东的一封信中认为，衡量业绩的一个理性而坚定的标准，就是股票的内在价值。只是因为内在价值很难精确计算，所以只能粗略地用账面价值来代替。

所要注意的是，一般情况下，账面价值都会大大低于内在价值，而在伯克希尔公司就更是如此了。尤其是伯克希尔公司的保险业务，这两者之间的差额就更大了。但即使如此，账面价值仍然是追踪内在价值变动的最有用的工具。

那么，有没有什么好的办法可以用来估算股票的内在价值呢？巴菲特说，最正确的估值模型是约翰·威廉姆斯1938年在《投资价值理论》一书中提出的计算公式。简单地说就是：任何股票，债券、公司的价值，都取决于它在资产的剩余使用寿命期间预期能够产生的，以适当的利率贴现的现金流入和流出。

这个计算公式对股票、债券同样适用。不过对于债券来说，由于它有一个息票和到期日的关系，所以比较容易确定未来现金流量。可是对于股票来说，则需要自己去估算息票，并且充分考虑管理层的经营水平高低对息票所产生的巨大影响。

巴菲特认为，一般的评估标准，如股利收益率、市盈率、市价净值比、成长率等，都与价值评估无关，除非它们能在一定程度上提供企业未来现金流入流出的一些线索。

最典型的是，如果某个项目的前期现金投入超过项目建成后资金产生的现金流量贴现值，这样的成长率反而会摧毁企业内在价值。这样的股票根本就不是某些股评家嘴里所说的那种“成长型”“价值型”股票。

评估股票内在价值的最大难题，在于它必须根据公司未来的业务发展情况来进行，而公司未来的业务发展是动态的、不确定的，而且预测时间又长，所以很难精确。

从这个角度看，对内在价值的评估既是一门科学，也是一种艺术。而且，它只能是一种估计值，不可能非常精确。即使是估计值，也要根据利率的变化和对未来现金流的预测，做相应修正。

更不用说，每个人即使针对完全相同的一组事实来进行估测，所得到的结果也总是会有差别的。巴菲特悄悄地说，正因如此，伯克希尔公司从来不公布对某只股票内在价值的评估值。因为说实话，他和查理·芒格两个人的估测结果也总是不同。

在一次伯克希尔公司股东大会上，当巴菲特说到这一点时，查理·芒格揭底说，他可从来没有看到巴菲特在上班时间算过哪家公司的内在价值。而反应极快的巴菲特马上打哈哈说，这么重要的事情他可不会在白天干，而是会回到家里，晚上一个人悄悄地算。

但即使如此，大致准确的内在价值评估所构成的区间范围，对股票投资决策仍然能起到应有，并且是巨大的作用。

【课后点评】

评估企业主要是预测其内在价值高低，即其未来能够产生的现金流的贴现值。投资者应当把它当作最重要的事来对待。只不过要注意的是，内在价值的预测不但不可能精确，而且每个人的预测结果也会不同。

看账面价值是否稳定增长

尽管账面价值不能说明全部问题，但我们还是要给大家报告伯克希尔公司的账面价值。因为至今账面价值仍然是跟踪伯克希尔公司内在价值的大致方法，尽管少报了许多。换言之，在任何一个年度里，账面价值的变化比率很可能会合乎逻辑地与当年内在价值的变化比率十分接近。

——沃伦·巴菲特

【巴菲特投资策略】

巴菲特认为，投资者评估企业内在价值离不开对账面价值的考察。

在他看来，如果一家上市公司的每股盈利额都能够持续不断地增长，那么相应地，这家公司账面上的每股价值也会持续不断地增长。与此同时，一个很简单的道理是，从长期来看，股票价格也一定会随之回归到其内在价值上来。

这就是说，投资者把资金投入这样的公司，将来一定会得到相应的回报。

巴菲特在伯克希尔公司1996年年报致股东的一封信中指出："尽管账面价值不能说明全部问题，但我们还是要给大家报告伯克希尔公司的账面价值。因为至今账面价值仍然是追踪伯克希尔公司内在价值的大致方法，尽管少报了许多。"

巴菲特的这段话说得非常明确，我们至少能从其中得到两点信息：

一是巴菲特说账面价值不能说明"全部问题"，而没有说不能说明"任何问题"。这表明，它至少还能说明"一部分问题"。

巴菲特认为，"在任何一个年度里，账面价值的变化比率很可能会合乎逻辑地与当年内在价值的变化比率十分接近。"这就是说，只要没在财务核算上作假，账面价值基本上还是能够大致反映企业内在价值的。

二是伯克希尔公司在账面价值上的数据比较保守，"少报了许多"。

这种稳健、低调的原则已经成为伯克希尔公司的一大特色，它既符合巴菲特个人的一贯风格，也符合会计基本假设的稳健性要求。因而，这样的账面价值不但是可信的，而且是保守的。

美国股市100年来的发展历史，就能很好地证明上述第一点，即股票价格与公司净资产的比率都是长期围绕平均值上下波动的。

诺贝尔经济学奖获得者詹姆斯·托宾，1969年就曾经提出了公司股票市场价值与净资产价值的比率（或用股价与每股净资产价值的比率来表示）的Q指标。

美国学者通过研究100年来美国股市的相关数据发现，从长期来看，Q指标的平均值表现出令人惊奇的稳定性；尽管在某个短期内Q指标可能会偏离其长期平均值，但长期来看Q指标一定会回归其平均值。

这说明什么呢？这说明巴菲特提出的“价值投资者要关注股票的账面价值是否能稳定增长”的观点，是合理而正确的。

不过要特别提出的是，账面价值并不等于账面利润。

账面利润数据的来源受多种因素影响，尤其容易受人为操纵；而账面价值的内涵要比账面利润广泛得多，人为操纵并不容易，所以相对来说可信度会高得多。

在一次伯克希尔公司股东大会上，就曾经有人问巴菲特，怎样通过财务年报来衡量一个公司的价值，衡量这家公司的管理水平？

巴菲特回答说，他投资了那么多家公司，绝大多数都没有见过其管理层。他了解一只股票的主要途径是阅读年报，而且是大量阅读，即不是读一份年报，而是读许多份，凡是能够接触到的公开资料他都读。他说，通过阅读公司年报，你会了解到许多东西，其中包括公司管理层的许多事。

巴菲特说，有一年一季度他买入了50亿美元的股票，都是这样操作的。当然，如果要买下整个上市公司，做法就会不同。

巴菲特举例说，他读了一家石油公司的年报后，发现里面怎么也找不到有关石油勘探成本的内容，他认为这在某种程度上表明这家公司的诚信有问题。巴菲特很在乎这个，他认为投资者把钱交给他们一年了，他们如果都不愿意对投资者说些什么，是很说不过去的。

从中容易看出，阅读报表不但能计算出一只股票的账面价值，还能看出相应公司及其管理层在有关“诚信”“精明而又聪明”等许多方面的问题，为投资者是否值得投资该股票提供参考依据。

【课后点评】

每股账面价值比每股盈利更能真实反映企业内在价值。短期来看，账面价值有可能会偏离真实价值；可是从长期来看，账面价值一定会非常接近于真实价值。无论是账面价值，还是内在价值，都可以从阅读年报中得出结论。

看股东权益报酬率高低

对公司经营管理业绩的最佳衡量标准，是取得较高的股东权益资本收益率（没有不合理的财务杠杆、会计操纵），而不是每股收益的增加。我们认为，如果管理层和金融分析师们不把最关注的点放在每股收益及其年度变化上的话，公司股东以及社会公众就能更好地理解公司的经营情况。

——沃伦·巴菲特

【巴菲特投资策略】

巴菲特认为，投资者评估企业内在价值的一个重要指标是股东权益报酬率，这也是衡量上市公司价值增值能力的最佳指标。

巴菲特在伯克希尔公司年报中多次重申自己喜欢一家公司的标准。他认为，只要没有在会计核算中弄虚作假，那么，在没有负债或允许有少量负债的情况下，良好的股东权益报酬率最能判断一个公司内在价值的高低。

对比这一点，不难发现绝大多数中国投资者看一家上市公司，目光都会聚焦在每股股票的赢利水平是否持续提高上。显然，这和巴菲特的衡量标准有很大的不同。

巴菲特为什么要用股东权益报酬率作为衡量公司内在价值的标准呢？原来，

这个标准更能反映公司管理层利用股东投入的资本实现了怎样的经营效率——股东权益报酬率高，表明公司股东权益在高速增长；相应地，这家公司的内在价值和股票价格也会随之稳定增长。

巴菲特用1988年《财富》杂志上刊登的有关资料证明，只有持续的赢利能力，才是衡量明星企业的真正标准。他就是集中投资股东权益报酬率高的股票，才取得成功的。

巴菲特说，根据《财富》杂志1988年出版的《投资人手册》，在美国500大制造业、500大服务业公司中，只有6家企业在过去的10年中股东权益报酬率超过30%，其中最高的一家也不过只有40.2%。

而在1977—1986年，这1000家最好的大企业中，只有25家能够达到以下业绩优良的双重标准：连续10年平均股东权益报酬率达到20%，并且没有哪一年低于15%。

要知道，这些企业可都是美国股票市场上的超级明星企业。在这25家企业中，有24家企业的表现超过标准普尔500指数。

巴菲特的这一观点始终如一。

有一次，在伯克希尔公司股东大会上，有人提问怎样来评价伯克希尔公司本身的内在价值。巴菲特回答说，评价伯克希尔公司的内在价值，方法和评价其他公司一样。笼统地说，就是把未来一定时期内能够产生的现金流，采用一个合适的利率进行折现。

请特别注意巴菲特接下来的一段补充。他说，除了这种办法外，也可以把伯克希尔公司所拥有的每一项业务，按照其业务价值，一项一项地进行估计。不过要注意的是，这并不是要把每个项目的利润加起来，而是要把着重点放在这些项目利润再投资的能力大小上来。

例如，1965年伯克希尔公司的主要业务是纺织，那时候的股价是12美元，这并不表明它的内在价值就是12美元，因为它所产生的现金还在用于再投资。

巴菲特认为，评价公司内在价值的方法大体上都是如此，但每个人评价的结果会有很大的不同。他举例说，即使是他和查理·芒格按照这种方法来进行评价，结果也是不同的。

这时候坐在他一旁的查理 · 芒格补充说，就股票投资而言，伯克希尔公司是极其杰出的。如果你要从资产负债表上判断伯克希尔公司的内在价值，这只是最初级的一步。伯克希尔公司杰出的投资业绩之所以会延续这么多年，“我觉得是因为有这个在10岁的时候就阅读了所有有关投资的书，最后变成一个学习机器的人。如果不是他一直不断地学习，我们的投资业绩就会比现在逊色很多。在伯克希尔，我们有一个极其好学的人在管事”。

查理 · 芒格说的当然是巴菲特，一个好学不倦的人，发现了以股东权益报酬率作为衡量公司内在价值的参考标准，从而帮助许多投资者不断挖掘出超级明星企业。

【课后点评】

对于中国投资者来说，一方面，要尽量采用股东权益报酬率这个指标来衡量上市公司的内在价值，而不是只看利润高低、股价涨跌和各种时髦的概念；另一方面，更重要的是，要学会把自己的资金投向这样的股票。

考察是否具有消费垄断性

在生活中，如果你正确选择了你的英雄，你就是幸运的。我建议你们所有的人尽可能挑选出几个英雄来，没有什么能比正确选择自己的英雄更为重要。

——沃伦 · 巴菲特

【巴菲特投资策略】

巴菲特认为，投资者评估企业内在价值时要考察其是否具有消费垄断性。在他看来，买股票要选择自己的“英雄”股票，没有什么比这更重要的了。那么，怎样评估并找到这样的“英雄”股票呢？他认为，这种股票有几种特点，具有消费垄断性是其中之一。

巴菲特的偶像之一，是一个名叫Eddie的球童。这位球童的特别之处，不是他个人长得怎么帅，也不是他在拎球棒方面有什么特异功能，而是他有这样一个特点：他先后加入过白袜队、布鲁克林道奇队、纽约洋基队，这些队每一次不是第一次打入世界大赛，就是蝉联冠军。Eddie由于在球场上给这些队中的最红明星拎球棒，因此沾光不少，收入颇丰。

巴菲特从中得到启示，同样是拎球棒，给谁拎结果可大不一样。由此他悟出一个道理：买股票也要买“英雄”股票，这样才能得到更丰厚的回报。

巴菲特认为，“英雄”股票的主要特征之一，就是具有经济商誉和某种消费垄断性。怎样寻找这样的股票，是他的工作重点之一。

日常生活中，我们每个人都会有这样的体会：虽然同样的商品成千上万，可是我们都喜欢盯着自己常用的少数几个品牌，而对其他品牌不屑一顾。为什么？就是因为我们对这些品牌有着商誉意识。反过来也可以说，这些品牌对我们来说，具有某种消费垄断性。

研究表明，决定消费垄断性的因素主要有：企业便利的地理位置、彬彬有礼的员工、便捷的送货服务、让人满意的产品、持久诱人的广告、消费者认为合适的价格、某种秘方和专利等。

显然，某种产品或某个企业一旦具有消费垄断性，财源就会滚滚而来。举个最简单的例子：一件普普通通的商品，消费者专门盯着你这个品牌买，对其他品牌不闻不问，从而使你的产品供不应求，你还用担心市场销售、利润率和货款回收吗？

巴菲特在伯克希尔公司2008年年报致股东的一封信中自豪地说，虽然受当年爆发的全球金融危机影响，伯克希尔公司2008年的大多数生意“都受到下行经济的显著影响……总体而言，我们的制造业、服务业和零售业依然产生了大量的现金流。它们中的大多数，尤其是那些规模较大的企业，在继续巩固自己的市场竞争优势。更值得庆幸的是，伯克希尔公司的两项最重要的生意——保险业务和公用事业业务——逆市增长，产生了大量的利润。这两项生意在2008年都有杰出贡献，它们的前景也都非常辉煌”。

例如，伯克希尔公司的保险业务在2008年连续第六年贡献了承保收入，金额是585亿美元。这笔资金虽然不归公司所有，却可以被公司无偿占有、使用，从而在当年为公司创造了28亿美元的收入。

伯克希尔公司为什么会取得如此喜人的成就呢？这就与过去巴菲特在遴选企业时注重企业是否具有消费垄断性有关。

巴菲特说，要检验某家企业是否具有消费垄断性，办法其实很简单，那就是：如果该企业的竞争者不考虑赚钱的因素，能够在多大程度上对其产生破坏力？

例如，可口可乐公司。在全球，每个超级市场、饭店、电影院、旅馆、运动场，甚至路边小摊贩都在卖可口可乐。这时候如果再冒出另一家同行企业，想挤占可口可乐的市场份额，可不是一件容易的事，这就能证明可口可乐公司具有消费垄断性。投资股票，就要投资这样的企业。

现在的问题是，具有消费垄断性的股票一般来说股价已经居高不下了，这时候该怎么办呢？巴菲特认为，这时候投资者要做的是，挖掘一种还没有被大家所公认的类似股票，提前埋伏，获取丰厚回报。

巴菲特介绍说，识别这种股票的方法是：一般而言，这样的企业之所以具有消费垄断性，能够获取丰厚利润，是因为它们的财富表现方式主要是无形资产，而不是土地、厂房、设备。因为土地、厂房、设备这些固定资产会以费用或成本的形式抵扣企业利润。土地、厂房、设备越多，折旧额就越大，企业赢利空间就会因此受限制。

除此以外，具有消费垄断性的企业还有一个特点，即产品技术性含量通常不高，如可口可乐公司、万宝路香烟、箭牌口香糖等产品，它们就都不需要很先进的设备和厂房，就没有必要经常进行设备更新和厂房改造，因此可以省下许多固定资产投资。而且，这些产品的消费垄断性会一直存在下去。也就是说，消费者用惯了这些品牌，就会一直用下去，心甘情愿地为这些企业贡献利润。

另外，以无形资产方式存在的消费垄断性企业，一般都有很大的现金流量，几乎没什么负债。现金充足，没有负债，就会促使它们以足够的能力去投资其他营利性项目和企业，并且从这些赢利的投资项目中分一杯羹，反过来又扩大了自身的赢利空间。

谈到对消费垄断性的考察，巴菲特对报纸媒体的态度具有代表性。

他在伯克希尔公司2012年年报致股东的一封信中说，2011年下半年—2012年的15个月中，伯克希尔公司一共收购了28家日报公司，总投资3.44亿美元。起初，人们对巴菲特的这一举措大为不解，因为这既不符合巴菲特对拟收购企业未来价值的判断（众所周知，纸媒行业在走下坡路），又不符合巴菲特对拟收购企业规模的要求（这些企业规模很小）。

对此巴菲特解释说，他看重的是纸媒在当地具有某种消费垄断性。虽然电子阅读越来越普及，可是如果读者想要了解当地的新闻，包括广告和招聘启事，还是首先会想到阅读当地报纸。只是由于受互联网冲击，纸媒纷纷推出免费的电子阅读版，然后再向购买实体报纸的读者收费。这样的商业模式，在过去10年间把这些公司逼上了一条自我毁灭的道路。所以能看到，伯克希尔公司下属的《布法罗日报》是最迟推出网络版，并探索向网络版读者收费的。

巴菲特认为，纸媒的衰落虽然是趋势，却并不是无能为力，关键是内容，即能够给“居民之间联系紧密的社区提供全面可靠的信息，同时采取一个明智、合理的互联网商业战略，这将会使其在很长时间里持续保持竞争力”。他特别强调：“这种成功并不是来自削减新闻内容或者减少出版频率。新闻报道内容缩水，必然会导致读者数量缩水。一些大城镇或城市的报纸正在尝试不再像过去一样每天出版——这也许可以改善报纸的短期盈利；但长期而言，这肯定会降低报纸与居民联系的紧密性。我们的目标是，让我们的报纸登满读者感兴趣的内容，让那些觉得我们的报纸很有价值的读者愿意支付适当的费用，不管这些产品他们是拿在手里阅读还是在互联网上阅读。”

而要做到这一点的一大秘密，就是让各家报纸观点完全独立，无论是新闻采编还是编辑评论。巴菲特举例说，他在当时的美国总统选举中是支持贝拉克 · 奥巴马的，可是伯克希尔公司旗下明确表态的12家日报，有10家选择的是其他总统候选人。这就是一个很好的证明。

所以能看到，在行业总体下滑的背景下，2012年伯克希尔公司有6家小型日报业绩保持上年水平，大大超过其他各大城市的日报；两份大型报纸《布法罗新闻报》和《奥马哈世界先驱者报》收入也只下滑了3%，优于平均水平，在美国各大城市的发行渗透率更是接近历史最高水平。

巴菲特说，即使如此，并且预期未来报纸的现金流收入会长期下滑，收购这些报纸的投资收益率也依然能超过伯克希尔公司收购企业的标准。只是如果未来某些报纸严重亏损，而又找不到解决办法，当然也会被关掉；但同样，如果还有其他价格合理的媒体，伯克希尔公司同样会继续收购的。

【课后点评】

消费垄断性企业通常具有以下特点：获取财富凭借的主要是无形资产，产品技术含量不高，拥有充足的现金流，很少或没有负债。巴菲特大量收购纸媒，就是因为这种消费垄断性企业能保持稳定的价值增长速度。

重商业道德，道不同不相为谋

> 我对自己合伙公司的经营理念来自为格雷厄姆工作的经历。我从他的经营模式中得到一些启发。我只是对其中某些事情做了变动，但这个经营模式不是我最先想到的，这一点从未得到认可。
>
> ——沃伦·巴菲特

【巴菲特投资策略】

巴菲特认为，投资者评估企业内在价值时要注重该企业及其经营管理层是否具有商业道德。俗话说：“道不同，不相为谋。”股票投资也是如此。

1973年，巴菲特买入《华盛顿邮报》公司股票时，该公司的主营业务收入主要来源于《华盛顿邮报》(占50%)、《新闻周刊》杂志(占25%左右)、3家电视台和1家广播电台(占25%左右)。此外，他还可以从《国际先驱论坛报》50%的股份中得到利润分成。

自从《华盛顿邮报》公司收购《国际先驱论坛报》后，它很快就超过了主要竞争对手《华盛顿星报》。1981年，《华盛顿星报》停刊，从而使得《华盛顿邮报》公司实际上成为美国首都华盛顿唯一一家处于垄断地位的纸质媒体。

巴菲特大量购买《华盛顿邮报》公司股票，当然与它具有消费垄断性有关。因为在巴菲特看来，该公司有了这种垄断地位，他就能获取“过桥费”收入。但除此以外，他更看重的是这家公司的商业道德。

20世纪70年代早期，《华盛顿邮报》公司面临一系列问题：首先是1973年、1974年的股价狂跌，其次是带来无限烦恼的“水门事件”，接下来是1975年此起彼伏的工人罢工，其出版业务一度处于瘫痪状态。在这其中，最关键的是《华盛顿邮报》公司1972年、1973年由于报道“水门事件”受到来自美国总统尼克松的严厉指责，导致其股票价格不断下跌。

在犹豫要不要揭露事情真相时，《华盛顿邮报》公司董事长凯瑟琳·格雷厄姆冒着巨大的风险当机立断——媒体一定要维护自己的独立性。

就在《华盛顿邮报》公司B股发行两天后，该报顶着压力刊登了两名记者从一位自称“咽喉深处”的匿名人士那里采访而来的报道，公开了美国五角大楼文件，并跟踪报道了“水门事件”，这一系列举动导致尼克松总统于1974年下台。

两位记者因为这篇报道获得了1973年的普利策奖，《华盛顿邮报》也因此获得了崇高声誉，被人们当作媒体独立性的象征。读者也许还记得，1998年年初第一个报道美国总统克林顿与白宫实习生莫尼卡·莱文斯基性丑闻事件的，也是《华盛顿邮报》。

从现在的公开报道看，当时的美国总统尼克松已经要求有关机构注销《华盛顿邮报》下属两家电视台的营业执照，甚至要求一并注销《华盛顿邮报》的营业执照。当然，最后这个阴谋并没有得逞。

"水门事件"的发生对美国经济是一个沉重打击，工人罢工更使《华盛顿邮报》公司的经营一片混乱。而正是在此之前的1973年、1974年巴菲特先后投资了1062万美元，以每股6.5美元的发行价（后来由于股票拆分，股价调整为4美元）购买了《华盛顿邮报》公司12%的B股，相当于其总股本的10%。

作为《华盛顿邮报》公司的新董事，巴菲特在关键时刻，每天都为报社出谋划策。由于他主持董事会的财务委员会工作，所以他在财务方面提出的建议对《华盛顿邮报》公司走上正确轨道起了关键件作用。

尤其值得一提的是，他提出了《华盛顿邮报》公司回购股票的建议。这种做法虽然现在已经司空见惯，可是在当时还鲜为人知，所以大家都唯恐出错。在这种情况下，巴菲特通过各种数据，向董事会成员说明当时的股价是如何低于公司内在价值的，回购股票能让《华盛顿邮报》公司长期获益，甚至能在短期内见到效果。

后来，董事会采纳了他的建议，从1975年至1992年一共回购了发行在外的43%的股票，平均成本每股60美元。这表明，《华盛顿邮报》公司只用现在市值10%的价格就获得了40%多的股份（到2000年回购数量达到一半）。这样，原股东拥有的股票价值实际上已经升值到真实资产的2倍。

通过投资《华盛顿邮报》公司，巴菲特最初投入的1062万美元到1985年已增长到5亿美元，到2003年更是增长到13.67亿美元。这30年间伯克希尔公司一共在这上面获利12.8亿美元，投资收益率高达128倍。

巴菲特的"道不同，不相为谋"不但体现在投资股票之前，也同样反映在收购企业之后。因为拥有控股权或是大股东，所以他对选拔公司管理层拥有绝对或相对的话语权。

巴菲特在伯克希尔公司2010年年报致股东的一封信中就谈到了这一点，在选拔管理层时，他特别偏好资历较浅的年轻人，而不是久经沙场的老将。通俗地说就是，培养年轻人，挖掘"人才潜力股"。

巴菲特诚恳而又不无揶揄地说："当我们宣布托德 · 库姆斯将加盟我们的时

候，有些评论员指出，托德是无名小卒，并对我们没有找到声名显赫的经理人表示困惑。我想知道，究竟有多少人在1979年听说过卢·辛普森？在1985年认识阿杰特·杰恩？在1959年听说过查理·芒格？我们的目标是找到一位资历尚浅的经理人，而不是久经沙场的老将。”

巴菲特说，随着时间的推移，伯克希尔公司今后将会增加1~2名投资经理，他们的绩效薪酬80%来自他管理的投资组合，20%来自其他经理人的投资组合。巴菲特希望能用这种方式促进经理人彼此的合作，而不是相互拆台。

巴菲特在伯克希尔公司2015年年报致股东的一封信中再次提到，他喜欢收购企业，也鼓励下属企业进行“补强收购”（即这种收购能够很自然地扩大收购方的现有业务范围或增强收购方的现有公司战略），遗憾的是其中恶意收购也有不少。他批评说：“一些CEO忘记了他们在为哪些股东工作；同时，其他的经理也严重不称职。不论哪种情况，董事都可能会无视问题所在，或者只是简单地不情愿地对需求做出改变。这时就需要新人了。我们会把这些‘机会’留给其他人。”巴菲特的意思是说，这时候就只能撤掉这些领导人了。

【课后点评】

巴菲特收购企业不可能不带感情色彩，所以“道不同，不相为谋”是很好理解的。理性、正直的投资者必定也会偏向于投资那些经营正当、有正义感、讲求社会责任的上市公司。事实上，这样的公司经营也更稳健。

估值要保守，越保守越可靠

投资必须是理性的。如果你不能理解它，就不要做。

——沃伦·巴菲特

【巴菲特投资策略】

巴菲特认为，投资者评估企业内在价值时要留有一定的余地，千万不要陶醉于美好的幻想。在他看来，估值越保守，投资就越可靠。

他认为，由于公司未来的业务发展前景不明，所以从长远看，现金流的数量和时间都难以确定，这时候唯一正确的办法是“就低不就高”。许多人的投资失败，原因就在于原来的过高估计偏离了现实。

巴菲特引用了《伊索寓言》中的一句名言：“一鸟在手，胜过二鸟在林。”意思是说，一鸟在手，尽管只有一只鸟，可是它已经被牢牢地掌握在了你的手中，是看得见的实惠。而树林里虽然有两只鸟，但它们究竟能不能被你抓住却是未知数。在估计战绩时，千万不能只做过于乐观的估计。

如果把这些小鸟理解为投资，那么投资者在买入股票时就有必要回答以下3个问题：一是你有多大的把握确定树林里有小鸟？二是这些小鸟会在什么时候出现？会有多少只小鸟出现？三是无风险利率是多少（通常以美国长期国债利率为参考）？

巴菲特说，在这3个问题中，前面两个问题并不会有具体数值，要确定具体的数值非常困难，甚至可以说非常愚蠢。所以最好的办法是，要在对公司经营状况有大致了解的基础上，发挥自己的独立思考能力，从而得出一个虽然有误差，却仍然可信的区间范围。

当然，有时候即使得到这样一个估值区间，也不能给你带来实际帮助。因为在许多时候，哪怕再聪明的投资者，也无法确定树林里到底会出现几只小鸟，至少你没有任何证据能够证明。如果遇到这种情况，这时候的投资就只能属于投机——投资回报率高低，纯粹是碰运气。

巴菲特举例说，在伯克希尔公司，他们从来就没有想过从无数个没有经过内在价值评估的公司中找到幸运者。因为他很有自知之明，知道自己“还没有聪明到这个地步”。

相反，他们总是坚持不懈地试图回答上述从《伊索寓言》中引出的3个问题，试着通过比较保守的估计，来确定公司内在价值的大致范围，从而增强投资这些股票的信心。

正因为要增强信息的确定性，所以他们才专门选择那些经营方式、业绩相对稳定的公司作为自己的投资对象。因为就这些股票而言，无论是评估其内在价值，还是确定投资回报，把握都会更大。

以伯克希尔公司的赢利发动机保险业务为例。巴菲特在伯克希尔公司2010年年报致股东的一封信中特别提道："保险业务的健康运营需要遵循4条准则，①明白承担任何一项风险都可能会造成损失；②保守地估计承担任何风险实际造成损失的可能性，以及一旦发生损失的可能成本；③一般来讲，在扣除未来损失和运营费用后，保险费要确保能够实现保险利润；④如果不能获得合理的保险费就放弃这项业务。"

巴菲特说，许多保险公司都能通过前3项准则的考验，但第④条却做不到。究其原因在于，保险公司及经纪人急功近利所造成的压力，或者是雄心勃勃的公司管理层不肯压缩业务规模，而总以一种"别人在做，我们也必须要做"的心态，以低价承揽业务，从而让企业深陷困境。他说，这种情形在保险行业尤其突出。而从这个角度看，伯克希尔公司是全球最好的保险公司，因为它敢于放弃不能获利的业务板块。

【课后点评】

巴菲特认为，投资者在评估企业的内在价值时，方法一定要保守，因为未来公司的发展前景不可能一帆风顺。要懂得这样一个简单的道理：希望越大，失望越大。相应地，估值越保守，你的投资就可能越安全。

第6课　怎样尊重市场先生

唤股市一声“市场先生”

总体而言，伯克希尔公司及其长线股东从不断下跌的股市中受益匪浅，这很像一个采购食品的人从不断下跌的食品价格中受益。所以，当市场下滑的时候（它经常如此），既不要恐慌，也不要沮丧，这对伯克希尔公司来说是好消息。

——沃伦·巴菲特

【巴菲特投资策略】

巴菲特认为，股市投资要尊重市场，尊重市场先生。

“市场先生”的概念，最初是由巴菲特的老师本杰明·格雷厄姆提出的。本杰明·格雷厄姆认为，股票价格受股市波动影响很大。这种市场变幻莫测，非人力所能控制，堪称是一位思想博大精深、行为神秘兮兮的“先生”。巴菲特完全赞同这种观点，并且很好地接受了这一观点。

巴菲特认为，正确看待股价波动，对于能否取得投资成功具有特别重要的意义。他说，你可以想象一下，股票交易价格就取决于这位名叫“市场先生”的朋友，他是你的合伙人，特别乐于助人，每天都会出现。他报出的股价既可以买入你的股票，也可以卖出你的股票，什么样的可能都有。

但你必须知道，这个家伙有个毛病，那就是感情脆弱。有时候，他心情非常好，看到的都是对企业发展有利的因素，所以报出的交易价格非常高；有时候，他意志消沉，情绪低落，看到的都是对企业乃至整个世界的悲观因素，所以报出的交易价格非常低。不过，这个家伙也有讨人喜欢的优点，那就是脸皮厚，从来不介意没人理会他。如果他今天报出的价格没人理会，明天他就会报出一个新的价来。

但显而易见，他可以报他的价格，最终是否买卖还是看你自己决定。当他报出的价格太高或太低，或者他感到狂躁或烦闷时，你正好可以乱中取胜，所以这对你来说反而是有利的。

本杰明·格雷厄姆认为，股票交易价格并不是谁精心设计的结果，而是不同投资者不同心态反应的总体效应。从长期看，它一定会对上市公司内在价值做出真实反映，但这个过程究竟需要多长的时间，谁也无法确定。就他自己的经验而言，如果一只股票的价值被严重低估，股价最终要得到修正，平均时间在0.5~2.5年。

本杰明·格雷厄姆认为，对于投资者来说，每天的股价波动只有一个重要意义，那就是：股价大幅度下跌，会给投资者提供买入股票的机会；股价大幅度上涨，会给投资者提供卖出股票的机会。

根据这种理论，巴菲特说，你可以设想一下，如果你准备一辈子吃汉堡包，而不是希望养牛，那么你希望牛肉的价格是更高还是更低呢？同样的道理，如果你想不断地买汽车，而不是希望造汽车，那么你究竟是愿意车价更高还是更低呢？

回到股票的话题上来，如果今后5年内你准备不断地买入股票而不是卖出股票，那么你希望这期间的股价是不断走高还是不断走低呢？

上述问题的答案都是显而易见的，因为这些问题的本身，就告诉了你答案是什么。可现在的问题是，许多投资者却把这样简单的题目做错了——他们明明准备在今后几年内买股票，却在看到股价上涨时兴高采烈，并且还要追高买入；

相反，当他们看到股价不断下跌时却愁眉苦脸，希望并等待着股价进一步下跌。

这就好比排队想买汉堡包的人，当他们看到即将到手的汉堡包价格不断上涨时反而感到高兴一样，这种反应不能算是理性投资行为。

【课后点评】

市场先生挥舞着大棒指挥着股价的涨跌波动，这种波动在很大程度上反映着投资者的综合心态，不完全是上市公司内在价值增加或减少的结果。这样的股价波动给投资者带来的好处是，能够及时提供很好的买入和卖出的时机。

市场先生最遵循价值规律

最近10年来，实在很难找到能够符合我们关于价格与价值比较的标准的权益投资目标。尽管我们发现什么事都不做才是最困难的一件事，可我们还是尽量避免降格以求。

——沃伦·巴菲特

【巴菲特投资策略】

巴菲特认为，股市投资要尊重市场先生，尊重价值规律。

在他看来，市场先生在报出股票交易价格时，最终是遵循价值规律的。道理很简单：价值规律是商品经济的基本规律，而股市是商品经济的产物，理所当然要遵循价值规律了。

价值规律的基本原理是：商品的价值是由生产商品所需的社会必要劳动时间决定的，商品交换根据商品的价值量来进行。

价值规律的表现形式是：在商品交换过程中，受供求关系影响，价格会围绕价值上下波动。从短期看，价格经常会背离价值；但从长期看，价格一定会回归价值。

在美国，当1929年股市面临市场崩盘的威胁时，美国国会特地请来一些专家召开意见听证会。巴菲特的老师本杰明·格雷厄姆作为当时华尔街最著名的投资大师，应邀参加了这次听证会。

会上，美国参议院银行业委员会主席问本杰明·格雷厄姆，假如存在这样一种情形：你发现某种商品的价值高达30美元，可是现在你只要用10美元就能买得到，并且，你已经买下了一些这样的商品；那么显而易见，这种商品的价值只有当得到别人认可时——也就是说，只有当有人愿意以30美元的价格从你的手里买回这种商品时，你才能实现其中的利润。把这个例子用在股票上，你有什么办法能够使一种廉价的股票最终发现自己的价值呢？

本杰明·格雷厄姆回答说，这个问题正是我们这个行业的神秘之处；但经验告诉我们，市场最终会使股价达到它的价值。也就是说，目前这只价格很低的股票，将来总有一天会实现它的价值。

1950年秋季，巴菲特进入美国哥伦比亚大学研究生院学习，就是在本杰明·格雷厄姆手下学习《证券分析》课程的。值得一提的是，本杰明·格雷厄姆在22年的教学生涯中唯一给出的一个“A+”，就是授予巴菲特的。

1951年6月，巴菲特从哥伦比亚大学毕业后回到家乡奥马哈，在父亲开的公司里担任股票经纪人。

1954年，巴菲特前往纽约，在本杰明·格雷厄姆的投资公司格雷厄姆·纽曼公司工作。直到1956年本杰明·格雷厄姆退休，公司解散，巴菲特才带着从那里学到的投资理念和策略重返家乡，开始创办合伙企业巴菲特有限公司，正式开始了独立投资管理生涯。

在格雷厄姆·纽曼公司工作时，有一次，巴菲特向本杰明·格雷厄姆请教，投资者怎样才能确定一只股票的价值被市场低估，并且认为它最终会升值呢？对方耸耸肩说：“市场最终总是会这么做的。从短期来看，市场是一台投票机；但从长期来看，它是一台称重机。”

本杰明·格雷厄姆认为，影响股票价格的有两个最重要的因素：一是企业内在价值，二是市场投机。正是这两者交互作用，才使得股价围绕着企业内在价值上下波动。也就是说，价值因素只能在一定程度上影响股票价格，股票价格偏离内在价值的事是经常发生的，丝毫不奇怪。

1969年，巴菲特认为当时的美国股市已经处于高度投机状态，真正的市场价值分析原理在投资分析和决策中所起的作用越来越小。于是，他解散了合伙企业巴菲特有限公司，并且对公司资产进行了彻底清算，对公司持有的伯克希尔公司股票按投资比例进行了分配。

遵照本杰明·格雷厄姆的教诲，巴菲特和他的合作伙伴查理·芒格，把衡量伯克希尔公司可流通股票价值大小的标准，确定为在一个相当长的时期内的股票价格表现，而不是每天甚至每年的股票价格变动。

因为他们相信，股市可能会在一段时期内忽视企业的成功，但最终一定会用股价来反映这种成功。只要公司的内在价值在以令人满意的速度增长，那么，公司的成功究竟在什么时候被市场普遍认可，就不是一件非常重要的事了。

相反，这种市场共识会相对滞后，而这对投资者来说很可能是一件好事。因为它会带来许多机会，让你以更便宜的价格买到更多的好股票。

【课后点评】

短期内的股价波动对价值投资者来说毫无意义。价值规律告诉我们，价格总有一天会向价值回归。这种价值回归具有相对滞后性，即价值在当时不一定能迅速得到反映。但也正因如此，理性投资者才便于从容做决策。

不被市场先生看作是傻子

我们希望股票市场上傻子越多越好。

——沃伦·巴菲特

【巴菲特投资策略】

巴菲特认为，股市投资要尊重市场先生，不被市场所嘲笑。

在他看来，股票市场从短期来看经常是无效的，从长期来看则趋于有效。这是巴菲特的一条非常重要的投资法则。他说，市场对他来说“并不存在”；即使存在，它的主要作用也只是看谁在做傻事，看谁是傻子。

巴菲特认为，股市就像天气，令人琢磨不透。谁想要准确预测股市，就像想要准确预测天气那样，是不可能的。最好的办法是天晴也要防下雨，随时把雨具放在汽车后备箱里，这样出门无论下雨、下雪都不怕。

巴菲特说，市场先生看见最多的、做傻事最多的人，就是那些短期投资者。对美国股市的长期研究表明，即使那些整天关注股票市场、追踪分析个股的基金经理，每年也有一半以上跑不赢大盘。一向以猜测和试图影响国际市场参与者的情绪来赚钱的狙击手乔治・索罗斯，近年来的投资决策也是屡屡亏损，更何况股市中的那么多散户呢？

懂得这个道理你就会发现，就算你什么脑筋也不动，闭着眼睛购买指数基金，也能轻而易举地胜过大多数基金经理。所以，在美国购买指数基金的投资者现在越来越多，这实在不奇怪。

巴菲特在巴菲特有限公司1958年年报致股东的一封信中说，无论是从业余角度还是从专业角度来评判，1958年的美国股市用“亢奋”一词来形容都最为合适。几乎所有理由都被找出来，用来证明这个股市是值得投资的，“越来越多的人加入了投资大军，股票价格不断地被抬高”。

巴菲特认为，当大家都坚信能从股票投资中获利时，他坚信，这种信仰最终会导致麻烦。如果这种情形出现，即使股价（而不是内在价值）上涨幅度不大的股票也会跟着倒霉。

紧接着，巴菲特又在巴菲特有限公司1959年年报致股东的一封信中说，1959年道琼斯工业指数上涨了16.46%，如果加上发给股东的红利，总回报率高达19.97%。可与此同时，纽约证券交易所中股票的涨跌比例为682∶710，即涨少跌多，可见投资者赚钱并不容易。美国最大的封闭式证券投资公司三大陆（Tri－continental）等年回报率为5.77%；美国最大的共同基金马萨诸塞投资者信托公司（Massachsetts Investors Trust）的年回报率也只有9%。

巴菲特说，其原因在于，1959年的美国股市行情令长期投资、价值投资者捉摸不透。他以自己为例说：“你们大都知道，我已经对股票总体水平表示担忧好几年了。迄今为止，这种谨慎看来还是有必要的。按以前的标准，新闻界普遍宣称的蓝筹股，其价格包含了大量的投机成分，存在造成相应的损失风险的可能性。也许还有其他估值标准正在进化，将永久地取代旧的标准，但是我不这么认为。也许我是错的，但是我宁愿接受因为过度保守而招致的惩罚，也不愿因为相信树木将长至天空外这样的‘新时代’哲学观点而造成错误的结果。后者的错误将可能给资本带来永久性损失。”

巴菲特的意思是说，在股票投资方面，他宁可谨慎一些，也不愿意过于乐观。像树木将长到天外这样的“新观点”，他是无法接受的，因为这可能会造成永久性损失。

正如巴菲特所说，股市确实是一个看着人做傻事的地方。每只股票价格的最高点，都有人在抛盘，也有人在接盘。有些股票的价格已经高得离谱，可照样有人买进，这又怎么解释呢？

美国普林斯顿大学经济学家马尔基尔（Malkiel）认为，那些在股价高位买入股票的投资者，在别人眼里毫无疑问是傻瓜；可是他们自己却在幻想，虽然自己以这么高的价格买入股票，但是将来一定会有比自己更傻的人，以比现在更高的股价买走这些股票。马尔基尔把这一现象称之为“更傻的人的原理”。

巴菲特虽然从来不公布他买入股票时的市盈率是多少，但很显然他不是那种“更傻的人”，甚至也不是“做傻事”的人。不过，他身边的人曾经透露，他买入的股票，市盈率都在10倍以下。

投资者知道，市盈率的高低与多种因素有关，越是业绩优秀的公司，市盈率越高。巴菲特遇到业绩优秀，市盈率又高的企业会怎么办呢？他究竟是买还是不买呢？他认为，市盈率高是相对的，要具体问题具体分析。

巴菲特当初买入可口可乐公司股票时，可口可乐公司股票的市盈率是20多倍。巴菲特认为，对于可口可乐公司来说，这样的市盈率并不算高。在巴菲特买入这只股票后的10年里，可口可乐公司的市盈率迅速攀升到40~60倍。这也从一个侧面表明，巴菲特投资可口可乐公司，不仅可以享受到其效益增长带来的收益，还能从其市盈率的上涨中获益。

【课后点评】

巴菲特认为，股市中通过短线炒作抢进抢出的人都是傻子，市场先生正在用眼睛看着他们做傻事，看谁比谁更傻。他企图通过马尔基尔“更傻的人的原理”证明，股市中这样的傻子越多，对理性投资者越有利。

不相信市场有效理论

有效市场理论的倡导者们，似乎从未对与他们理论不和谐的证据产生过兴趣。很显然，不愿意宣布放弃自己的信仰并揭开神职神秘面纱的人，不仅仅存在于神学家之中。

——沃伦 · 巴菲特

【巴菲特投资策略】

巴菲特认为，股市投资要尊重市场先生，但不能迷信市场有效理论。

在他看来，著名的市场有效理论，其本身就是无效的。因为股市瞬息万变，虽然有那么多专家、学者，包括投资者个人都在研究它，以便发觉其中的秘密和规律；可是，由此形成的只是一系列似是而非的投资理论，其中最典型的正是市场有效理论。

20世纪60年代，美国芝加哥大学财务学家尤金 · 法默最早提出了有效市场理论。该理论认为，在一个充满信息交流和信息竞争的社会里，一种特定信息如果在股市上迅速被投资者知晓，随之而来的金融产品市场竞争便会在价格上充分、及时地反映这种信息，从而使得投资者根据这种信息所进行的交易排除非正常报酬，只能赚取市场平均报酬率。

简单地说，这种理论认为，只要股票市场能够充分反映现有的全部信息，股票价格就能代表股票的真实价值。所以，这样的股票市场是有效市场。在这种情况下，任何人都无法持续取得超出市场平均业绩的投资回报，除非凭运气。

换句话说就是，现在股市中的价格波动及其不可预测，主要是由股市中信息交流和信息披露不充分导致的。

巴菲特以自己的亲身经历和骄人的投资回报，彻底否定了市场有效理论。他认为，市场有效理论本身就是无效的，否则又怎么解释截至2007年伯克希尔公司连续42年公司股票净值年平均增长率高达21.4%（截至2015年，连续51年中，这个数据是19.2%，而同期标准普尔500指数的年复合增长率仅为6.4%）呢？如果要用运气好来解释，偶尔一两次还说得过去；如果说每年的运气都这么好，是怎么也说不过去的。

巴菲特认为，之所以说市场有效理论不成立，主要原因在于：

首先，投资者并不总是理性的。市场有效理论认为，投资者采用了所有的可信信息后，就会在市场上定出理性的股价来。然而可笑的是，投资者不可能都是理性的，即使那些理性的投资者，也不可能总是理性的。

其次，即使有关股票的信息是充分而有效的，投资者对这些信息的分析和利用也不可能都是正确的。尤其是他们不可能根据上市公司的内在价值来确定股价，而通常采用其他更便捷的方式决定股价高低。

最后，即使投资者是理性的，也确实是根据公司内在价值来决定股价的，但这些股价也是反映“当前”，而不是“长远”的内在价值。显而易见，与当前的内在价值相比，长远的内在价值更重要。

巴菲特在归纳了上述观点后认为，说有效市场是“经常”有效的还情有可原，但如果要说“永远”有效就过头了。他说：“这两个假设的差别就如同白天与黑夜。”

有意思的是，这本来是一个很简单的道理，可是市场有效理论在商学院里却一直被认为是一种经典理论，巴菲特对此感到“非常满意”。他不无嘲讽地说，这实在是一种不负责任的态度。这种不负责任的态度，对学生和轻易相信别人的投资者来说危害极大，而对他和像他这样追随本杰明·格雷厄姆的人来说却是最大的“帮助”。

他继续幽默地说：“我们的对手被告知市场的不可控性，他们甚至都不用去试。从自私的角度讲，我们或许应该捐助些椅子，确保市场有效理论被永久地教授下去。”

巴菲特在伯克希尔公司2006年年报致股东的一封信中，特地向大家介绍了一位十分成功的投资者沃尔特·许洛斯（Walter Schloss）。

早在1984年，巴菲特就针对沃尔特·许洛斯骄人的投资业绩进行过公开讨论。其背景是，市场有效理论在当时大多数主流商学院的投资课程中都是一种主流观点，而沃尔特·许洛斯的投资经历恰好能推翻这一观点。巴菲特这样做的目的，就是希望能引起这些商学院的关注，然后针对沃尔特·许洛斯的投资绩效展开研究。然而，结果并没有引起应有的反响，学院派依然在向学生坚定地传播市场有效理论。

巴菲特说，数以万计的学生进入社会后，由于对市场有效理论坚信不疑，认为每天的股价都是“正确”的，认为任何对股票内在价值的评估都是“不必要”的，这样反而使得沃尔特·许洛斯们有机可乘，使他们持续地超越股市投资平均回报业绩。并且，事实上，沃尔特·许洛斯已经在1956—2002年的47年间取得了巨大的成功。沃尔特·许洛斯唯一的合作伙伴是他的儿子爱德文，他居然连秘书、职员和财务人员等都一概没有。

仔细研究会发现，沃尔特·许洛斯的投资理念和巴菲特如出一辙——他从来不相信什么内部消息，完全根据自己的一套统计方法来操作，拒绝任何投资风险。他和巴菲特的承诺是，如果股东不赚钱，他们就不收取一分钱。

1989年，《杰出投资人文摘》记者采访沃尔特·许洛斯时问他，他的投资法则该如何归纳总结？他的儿子爱德文说：“我们只是努力地买便宜的股票。”对于他们来说，什么现代投资组合理论、技术分析、总体经济学派，以及其他许许多多复杂的运算方法，一切都好像是多余的。

在这47年间，沃尔特·许洛斯的投资收益大大超过同期标准普尔500指数的业绩表现，不得不令人佩服。

巴菲特在伯克希尔公司2006年年报致股东的一封信中特别提醒大家说："沃尔特·许洛斯没有读过商学院，因而没有受过市场有效理论的毒害，这是非常幸运的。"

【课后点评】

市场不可能总是"有效"的，哪怕信息披露和信息交流再充分。股市的不可预测性并不在于市场本身，而在于股市中人的弱点和劣根性。从短期看，谁也无法预测市场；从长期看，股价必定会回归到它的内在价值。

寻购价值被严重低估的股票

我们喜欢良好的管理队伍——我们喜欢体面的行业——我们喜欢原先沉睡的管理层或是股东群体有一定程度的"骚动"。但是，我们需要有价值的企业。

——沃伦·巴菲特

【巴菲特投资策略】

巴菲特认为，股市投资要尊重市场先生，要在市场波动中寻找内在价值被严重低估的股票。在他看来，这就是投资者尊重市场先生最好的办法之一。当市场先生发现其价值时，你便可以进行抛售，从中获取丰厚回报。

从历史上看，巴菲特早期创办的合伙企业巴菲特有限公司，主要采取了以下3种投资方式：一是一般性证券投资，主要是买入内在价值被严重低估的股票，然后长期持有；二是套利性证券投资，主要是利用上市公司出售、合并、重组等机会进行套利交易；三是控股权投资，也就是说控股某个上市公司，获取控股权。

例如就第一种投资方式而言，1956年有家农用设备制造商戴姆斯特制造公司，其账面价值每股高达72美元，可是巴菲特买入这只股票时的价格却只有18美元。显而易见，投资这样的股票就谈不上任何风险。而这种投资对象，正是巴菲特惯用的集中投资、价值投资的主攻方向。

巴菲特有限公司的一位股东在解释这项投资时说，所有针对这家农用设备制造商的收购行为，都是按照以下原则来进行的：首先，按照其账面价值的1/4收购；然后，清算账面价值的实际剩余部分，用来投资和再投资；最后，把核心业务纳入母公司。

按照这样的策略，从1956年至1961年的5年中，巴菲特有限公司不断买入这家公司的股票，直至拥有该公司70%以上的股份。

当我们今天读到这则故事时，谁都会觉得这是一桩十分理想的买卖——收购价格那么低，并且最终又能如愿以偿——可实际上，“旁观者清，当局者迷”，如果你身处事件之中，同样会遇到许多周折，甚至麻烦。

当初在收购这家公司时，巴菲特就特别邀请该公司创始人哈里 · 鲍特尔到巴菲特有限公司来工作。后来，哈里 · 鲍特尔成为伯克希尔公司的一位投资者，并且经常为巴菲特出谋划策。由于这家公司是当地最大的一家企业，其所在市也曾经为巴菲特收购它的股权提供过资金帮助。

仅仅两年过去，该公司就被更名并变卖。不过，经过这样一番操作，到1965年巴菲特有限公司的净资产就从10年前创办时的10.51万美元迅速增长到2600万美元。

巴菲特在巴菲特有限公司1965年年报致股东的一封信中说，巴菲特有限公司1965年“针对贫穷的战斗”是非常成功的，并且业务也开始进入了国际市场。

按照巴菲特的设想，他的目标是年收益率超过道琼斯工业指数10个百分点。而当年的道琼斯工业指数为14.2%，巴菲特有限公司的年收益率却高达47.2%，大大超过巴菲特的预期，从而使得该公司当年年底的收益比预期增加了1230万美元，公司合伙人对此非常满意。即使从长期来看也是如此。从1957年至1965年，道琼斯工业指数年平均增长11.4%，而巴菲特有限公司的年投资回报率却高达29.8%。

接下来，巴菲特又用同样的方式慢慢收购了伯克希尔·哈撒韦公司。

当时伯克希尔·哈撒韦公司的营运资本大约折合为每股16美元，而巴菲特买入这家公司股票的价格却只有7.6美元，这同样符合上述第一种投资方式的要求。

巴菲特1966年解释说，这样低的股价实际上表明，当时该纺织公司虽然还拥有11家纺织厂、11000名员工，可是由于这些纺织厂的内部经营条件已经发生变化，所以实际上它们已经纷纷到了濒临倒闭的边缘；而一旦破产倒闭损失更大，能以这样低的价格出售，就算是一条较好的出路了。到1965年春天，巴菲特获得伯克希尔·哈撒韦公司的控股权时，该公司只剩下了2家纺织厂、2300名员工。

令人欣慰的是，经过这样的大浪淘沙，巴菲特惊喜地发现，这2家纺织厂的管理层都非常精明能干。如果重振旗鼓，并不需要从外面另外聘请管理人员，利用现有的管理精英就完全可以撑起这片天地。

不难发现，这非常符合巴菲特收购上市公司的另一条原则：管理层必须“聪明而又精明”。

果然，巴菲特拥有这家公司的控股权之后，就让其原有管理层用一流的方式经营这些纺织厂，让几位最好的销售人员负责产品销售。到1965年年末，该公司净运营资本（不包括厂房、设备等）就提高到每股19.46美元，不仅远远高于巴菲特一开始收购它时每股7.6美元的起步价，还远远高于其每股14.86美元的平均收购成本。

【课后点评】

尊重市场先生，决不相信市场有效理论，便可以精心挑选出那些被市场先生“看扁”了的股票逢低买入，持股待涨。这一做法具体要求掌握两点：一是股价不超过账面价值的一半；二是目标公司要有一个坚强有力的管理层。

选择行情低迷时入市

投资者投资应遵守愈买愈少的原则。在股市冷清之时买入；当股价上涨之后，如果看不准，就不要再加码，先试探一下，确信还能持续上涨几天时才可买进，但量一开始要小。

——沃伦·巴菲特

【巴菲特投资策略】

巴菲特认为，股市投资要尊重市场先生，选择行情低迷时入市。

在他看来，投资股票不但要在股价下跌时买入，而且最好是在整个股市低迷时买入。因为归根到底，个股价格的高低和整个股市状况是紧密相连的，股市低迷时买入成本更低。

巴菲特在伯克希尔公司2013年年报致股东的一封信中，引用了一位被称为“美国第一投资策略师”的人——巴顿·比格斯的话说：“牛市就像性爱一样，在结束之前达到高潮。”

巴菲特说，非专业投资者准备在什么时候买进股票很重要。这里的最大风险是，胆小的投资者或者投资新手，可能会刚好在市场剧烈波动前入场，然后在出现浮亏时幻想破灭。所以，他提醒投资者记住巴顿·比格斯上面所说的那句话。

怎么来解决这个问题呢？他的建议是：“在一个较长的时间内逐步买入，并且无论利空满天还是股价创出新高都不卖出。遵守这些规则，‘盲投’并且保持多元组合和低费率的投资者，一定会获得满意的回报。实际上，认识到自身不足的简单投资者，长期来看将会战胜那些哪怕只是忽略了一个弱点的专业投资者。"

中国有句古话叫"时势造英雄"，而不是"英雄造时势"。这反映在股票投资上就是，股票投资能否获利、获利多少，与什么时候进入股市有关。

道理很简单，如果股市一直在上涨，什么时候进入都是赚钱的，越早进入赚钱越多；如果股市一直在下跌，那么什么时候进入都是亏损的，越早进入亏损越大。可是如果你想长期持股，就应当在股市低迷时进入，因为这时候买入股票的成本更低。

回顾1956年年初，美国道琼斯工业指数是499点，年末收盘点位在435点，当年下跌64点。扣除市场平均回报22个点的股息分红，该指数实际下跌42个点，或者说相当于下跌了8.4%。

巴菲特说，据他所知，当年美国股市上没有一家基金是赢利的。可喜的是，他在1956年成立的3家合伙企业却没有一家亏损。1956年，他的3家公司净资产分别增长了6.2%、7.8%、25%。

应该说，在这样的宏观环境下这3家公司还能够取得这样的成绩，是非常不容易的。如果仔细分析会发现，在这3家公司中，有一家公司的业绩回报尤其出众，这又是什么原因呢？

原来，这个业绩回报最好的公司是当年最后一个成立的。这家公司成立时，美国股市正处于低迷状态，所以它有机会大量买入低成本价格的股票；而前面两家已经成立了的公司，由于成立得早，更早进入股市，仓位早就已经很沉了，等到股价跌下来时，它们再也没有多余资金去搜集筹码，从而导致持股成本较高。

从基金投资规律看，一般来说，所有的合伙公司都会在同一种证券上投资，并且投资的百分比也大致相同。它们的主要区别在于初始阶段，原因就是上面所说的那样——不同的入市时机，会导致不同的持股成本。

事实上，在接下来的1957年，巴菲特的这几家合伙企业的投资组合和上一年基本相同。由于道琼斯工业指数当年又下跌了12%，所以他拥有的这几家公司的投资业绩仍然得以高于市场平均水平。不但如此，当年年末它们的各种投资组合所反映的内在价值比上年要高得多。

巴菲特分析说，究其原因主要在于股市中到处都是非常便宜的股票，这使他有足够的耐心和时间去进行挑选。

从历史上看，巴菲特一共有过两次浮亏超过110亿美元的经历，可是他不但不感到害怕，而且还越跌越买，并乐在其中。因为在他看来，这正是摊低持股成本，获取丰厚回报的好时机。

一次是2015年8月，因为股市暴跌，伯克希尔公司的账面亏损至少达到112亿美元，亏损幅度10.1%，与同期标准普尔500指数跌幅相同（恰好也是10.1%）。其中跌幅最大的是其持有的美国第三大传媒巨头维亚康姆公司，最大跌幅超过31%。

另一次是2008年全球金融危机爆发之时，具体是2008年9—11月短短两个月内，伯克希尔公司浮亏高达150亿美元。而这时候的巴菲特，依然越跌越买，当年他用于企业收购和证券投资的资金高达280亿美元，最终大获其利。

例如，2008年9月23日，伯克希尔公司宣布购入高盛集团50亿美元的永久性优先股，其普通股可转换价为每股115美元。当时高盛集团股价在每股125美元以上，可是没想到一个月后就跌至55美元，跌幅高达56%。2008年10月1日，伯克希尔公司向陷入困境的通用电气公司注资30亿美元，承诺以每股22.25美元的价格收购其普通股。当时通用电气公司的股价是24.5美元，没想到至2008年11月时已跌至14.45美元，跌幅高达41%。

令人不解并被嘲笑的是，巴菲特在伯克希尔公司2008年年报致股东的一封信中，对此深套居然表示非常满意。他说："我们非常喜欢这些交易，它们给我们带来了高额的利润，这些投资非常令人满意。"

高额的利润从何而来呢？至2013年3月时才真相大白——此时伯克希尔公司从拥有的高盛集团股票上已经净赚31亿美元。巴菲特对此解释说："无论是股票还是短袜，我都乐于在商品减价的时候购买。""价格是你付出的，价值是你得到的。”[1]

巴菲特一贯的投资风格是，在挑选股票时非常小心，总希望能得到那些价值被严重低估的投资对象，一旦买入，他就会抱着一种“无所作为”的态度长期持有。这时候，他宁愿自己所拥有的股票价格不断下跌，也不希望它逐级攀升。因为对他来说，股票还是这些股票，只要它们的价值增长能力没有受到根本性破坏，股价涨跌就是无关紧要的。既然这样，那还不如希望它下跌，以逼迫自己远离股市，不去关心股票的短期走势。

例如，汽车行业一直被认为是传统夕阳产业，在巴菲特的投资历史上，他也确实很少投资汽车行业。可是，自从2008年伯克希尔公司投资比亚迪公司后，巴菲特就开始频频在汽车行业下手。

2008年9月，伯克希尔公司以每股8港元的价格认购了2.25亿股比亚迪公司股份，占比亚迪公司总股本的10%；2011年，伯克希尔公司投资90亿美元收购石油化工与润滑产品制造商路博润公司；2012年，伯克希尔公司购买了1000万股通用汽车公司的股票，此后数次增持，很快股票数量就达到了4000万股。虽然巴菲特说这些收购行为不是由他拍板决定的，但很难想象，没有他的点头，这些收购案又怎么可能变成现实？2014年，巴菲特继续投资近40亿美元现金收购了美国第五大汽车经销商范图尔，并将它更名为“伯克希尔·哈撒韦汽车公司”。他说：“我们现在在汽车领域展示实力。我期望日后我们会收购更多的经销商，我对此信心十足。”2015年年初，伯克希尔公司以5.6亿美元的价格收购了2000万股艾仕得股份，每股28美元，占其总股本的8.7%，成为艾仕得第二大股东。要知道，无论是路博润公司还是艾仕得公司，都与汽车行业有着紧密的联系，后者更是拥有140多年历史的汽车、SUV、商用车涂料供应商。据透露，当时的巴菲特或许还在准备收购德国汽车企业。

面对公众对汽车行业未来前景的质疑，巴菲特轻描淡写地说，他没有把短期利益看得过重。而实际上，这句话的背后意思是：在巴菲特眼里，传统汽车

1 许自然．再度浮亏上百亿美元，巴菲特如何穿越本轮暴跌．每日经济新闻，2015-9-14.

行业虽然长期处于低潮，但当前正处于转型期，这正符合他在行业低潮时选择进入的投资风格。[1]

【课后点评】

俗话说，“来得早不如来得巧”。要想尽可能多地获取投资回报，就要选择合适的入市时机，包括宏观股市低迷和微观行业或企业遇到紧急危难的时候。只有具有足够的耐心和时间在低价位时选股，才能确保未来大获其利。

股市越低迷，安全边际越大

一个投资者必须既具备良好的公司分析能力，又具备把他的思想和行为同在市场中肆虐的极易传染的情绪隔绝开的能力，这样他才有可能取得成功。我在自己与市场情绪保持隔绝状态的努力中发现，将格雷厄姆的“市场先生”的故事牢记在心非常非常有用。

——沃伦 · 巴菲特

【巴菲特投资策略】

巴菲特认为，股市投资要尊重市场先生。股市越低迷，这时候股票投资的安全边际区域越大，投资安全性越强，投资回报率越高。

巴菲特很少预测股市走势，因为他更看重的是企业的内在价值。可是1974年10月初，当道琼斯工业指数只有580点时，他还是接受了《福布斯》杂志的采访，并且做出了人生中第一次对股市的公开预测。他说：“我觉得我就像一个非常好色的小伙子来到了女儿国——投资的时候到了。”

1973—1974年，美国股市发生崩盘，而这时候的巴菲特却没闲着，股价越

1　世界股神巴菲特大举收购汽车产业的真相 . 搜狐网 [2015-5-3].

低他越买，媒体形容他是在“疯狂买入股票”。因为他就认准一个理——股价越低，表明这只股票的安全边际越大。

自从1969年巴菲特有限公司解散后，巴菲特一直感到没什么股票好买。因为他用自己的那套衡量公司内在价值的方法，已经无法衡量股票的真正价值了，唯一可做的便是“马放南山”。

1972年，伯克希尔公司证券投资总额为1.1亿美元，其中用于股票投资的金额只有0.17亿美元，其他的投资都是债券。因为巴菲特感觉当时的股价太高了，这样高的股价不值得投资。他形容自己的心情是：“我觉得我就像一个非常好色的小伙子来到一个荒岛，我无股可买。”

当时，美国几乎所有投资基金都集中投向一批知名度很高的成长型股票，如施乐公司、柯达公司、宝丽来公司、雅芳公司、得克萨斯仪器公司等，这些被统称为“漂亮的50种股票”。

投资者普遍认为，投资这样的股票是安全的，无论价位多么高，投资风险都不大。就这样，1972年，这些股票的市盈率纷纷上涨了80多倍。然而，巴菲特先人一步预料到的局面出现了——美国股市发生了大崩盘，即使这“漂亮的50种股票”也未能幸免。几乎所有股票价格都拦腰一截，跌去一半，这正好给巴菲特捡便宜股创造了良好的机会。

巴菲特翻开各家公司报表，看到市盈率都是个位数，高兴得几乎跳了起来。他大批买入原来看好的、现在股价跌得不像样的各种股票。他认为，这时候买入股票才是最安全的。例如，有一只联合出版公司的股票，发行价是10美元，一个月内就下跌到每股7.5美元，市盈率还不到5倍。这时候巴菲特大量吃进，据统计，1974年有107个交易日，他都在买入该股票。

巴菲特买入《华盛顿邮报》公司股票也是在这个时候。1973年2月，伯克希尔公司买入《华盛顿邮报》公司股票18600股，每股27美元；5月又买入4万股，股价23美元；以后股价继续下跌，他则继续买进。到9月份时，伯克希尔公司已经成为《华盛顿邮报》公司最大的外部投资者。巴菲特算了这样一笔账，当时的《华盛顿邮报》公司资产价值高达4亿美元，可是只需花0.8亿美元就能买下来，怎么算怎么合算。

正因为有这些在股市最萧条时买入的优质股票垫底，巴菲特后来才会获得如此杰出的投资回报。1973年，巴菲特用于购买《华盛顿邮报》公司的投资为1062万美元，到30年后的2003年年末，这笔投资市值已经增加到13.67亿美元，巴菲特从中获得投资回报12.8亿美元，投资收益率高达128倍。

【课后点评】

对于真正的投资者来说，股价越是下跌，股票投资的安全边际就越大，投资风险就越小。这符合物理学基本原理：物体的重心越低，其可靠性越强。消费者去菜市场上买一把蔬菜都要讨价还价，为什么买股票就不应该这样呢？

把投资风险降到最低最低

如果我们买喜斯糖果或可口可乐，我们不觉得需要很大的安全边际，因为我们相信我们的假设不会有大的问题。我们当然喜欢发现1美元的东西在被当成40美分卖。我们在看一个好生意时，就像你看见一个人走进门，你不知道他是350磅，还是325磅，但你知道他是个胖子，你不需要一个很大的安全边际。

——沃伦·巴菲特

【巴菲特投资策略】

巴菲特认为，股市投资要尊重市场先生。尊重市场先生的表现之一，就是要千方百计将投资风险降到最低，而不让市场先生“幸灾乐祸”。只有这样，才能长期战胜股市。

要做到这一点，必须坚持以下3种态度：

首先，要具有强烈的投资风险意识。

股票市场风云变幻，只有尊重市场先生，才能更好地驾驭市场，降低投资风险，保障投资成果。用巴菲特的话说，就是要“接近零风险”。

巴菲特承认股市投资有风险，但同时认为这种风险是可以避免的。他说，做到这一点需要注意以下几个方面：

①要投资自己熟悉的股票，不熟悉的股票坚决不碰。在这里，关键要学会怎样控制自己的情绪，学会用平和的心态来约束自己。

②坚持长期投资。长期投资更符合经济和股市发展规律，获利回报也会比短期投资大得多；如果盲目追涨杀跌，很容易导致投资亏损。

③注重公司内在价值。买入价格远远低于内在价值，并且成长性好的股票，假以时日，就不会有任何投资风险。

除此以外，巴菲特还认为，投资一只股票应当高度关注该公司经营管理层是否具有应有的风险意识，能否为投资者挡住风险。

巴菲特在伯克希尔公司2009年年报致股东的一封信中就特别提到，大型金融机构的主管委员会应该要求公司首席执行官为投资风险承担全部责任，否则这个委员会自己就是不负责任的；如果首席执行官不能完成这项任务，那么他就应该担任其他工作（意思是说，他没有资格再坐在这个位置上）。并且，首席执行官出了问题，主管委员会也应该承担部分主要责任。

巴菲特强调说，搞垮全国几家最大金融机构运营的不是公司股东，可是凭什么要这些股东白白损失90%甚至更多呢？在2008—2009年这两年中，金融风暴给投资者造成了5000亿美元以上的损失；可是相较而言，公司首席执行官及上级主管部门却毫发无损，这就很不应该，他们应该为自己的不负责任付出代价。

其次，要避免急功近利的短线炒作。

巴菲特认为，股票投资风险和股票持有时间长短紧密相连。在短期投资期限内获利的可能性，不会比掷硬币的预测结果更高。

他说，如果你让他今天早上买入可口可乐公司的股票，然后明天就卖出，他会觉到这是一笔非常有风险的交易；可是如果你让他今天买入这只股票，然后持股10年不动，他就认为这笔投资是零风险。

他说，只要你看准一只好股票，并长期持有，就一定能赚钱；可是即使是一只好股票，如果你仅仅是短线持有，照样可能赔钱。无论是谁，热衷于短线炒作，就只能赚小钱，不能赚大钱。

巴菲特认为，究其原因在于，短线炒作股票要想赚大钱必须具备以下素质，而这是一般投资者很难具有的：

①准确把握买入、卖出时机，一旦错过时机，就会得不偿失。

②能够跟得上股市热点切换，踏准节拍。

③信息采集及时、准确，有足够的时间投入股市。

容易看出，无论是这3条中的哪一条，不要说普通投资者了，就连专业投资者也基本上做不到。这样，他们就难免陷入追涨杀跌、晕头转向的漩涡，最终一败涂地。

最后，不要贷款、卖房、杠杆炒股。

巴菲特认为，投资者绝对不能动用贷款，甚至倾家荡产去炒股，哪怕你再看好某只股票，也不能这样做。

因为贷款行为本身就给你增加了投资风险。一旦投资失败，你将处于双重风险之下，你会被搞得焦头烂额、血本无归。拿巴菲特来说，即使他当时拥有520亿美元的个人资产，也没有一分钱外债。

他的经验是，股票投资赚钱的秘诀不在于冒险，而在于如何规避风险。这种保守态度虽然会失去许多暴富机会，可是却稳扎稳打、稳操胜券。

巴菲特在伯克希尔公司2009年年报致股东的一封信中说，1965—2009年，从每5年的划分期限可以看到，伯克希尔公司的账面价值增长速度总体上要超过标准普尔500指数的增长速度。可是细分却可以发现，在市场向好的几年中，伯克希尔公司的账面价值增长速度落后于标准普尔500指数的增长速度；相反，倒是在股市不景气时超过了标准普尔500指数的增长速度。这实际上表明，伯克希尔公司的投资策略是“防守好于进攻”，这种趋势以后还会继续下去。因为伯克希尔公司未来的优势就在于“我们有所不为”。

巴菲特幽默地说，查理·芒格很早以前就说过，“我只想知道我将丧生何处，那么我就绝不会去那个地方”。这一逆向思维的智慧，查理·芒格是从普鲁士数学家雅各比那里得到的，他习惯于用“反向，一直反向”来解决难题。

巴菲特的意思是说，投资股票非常需要知道为什么会亏。如果知道为什么会亏，那么你就可以通过避免这些做法，实现包赚不赔了。虽然这样做会失去许多暴利机会，但非常值得。他的原话是：“查理和我避开了我们不能评估其未来的业务，无论其产品多么激动人心。”

他在谈到自己物色接班人的时候说：“当国际货币基金组织介入南韩的时候，我发现了我这辈子都没见过的最荒谬的股票价格，那时各个公司都在忙于修复它们的资产负债状况。我在年报里曾提到要找一个接替我的投资经理，他不需要知道过去已经发生的事情带来的风险，而是要能看到还没有发生的事（会带来的风险）。很多人很聪明，但对于没见过的事情没有预见性。”

巴菲特认为，具有规避投资风险的预见性，是成为他接班人最需要具备的素质。

【课后点评】

尊重市场先生，就要努力把投资风险降到最低，最好是零风险投资。归根到底，股市是无情的，在股市中赚钱的秘诀不在于如何战胜风险，而在于如何规避风险。没有风险的背面，实际上就意味着你包赚不赔。

不通过股价衡量投资价值

芒格和我通过企业运营结果——而不是通过每日甚至每年的股价报盘——来告知我们的投资成功与否。

——沃伦·巴菲特

【巴菲特投资策略】

巴菲特认为，股市投资要尊重市场先生，但不要以股价高低来衡量该股票的投资价值。在他看来，衡量股票投资价值的参照系，应该是其内在价值，而不是股价表现。他坚信，“市场可能会对企业的成功忽略一时，但最终它会证明企业的成功”。

1997年《财富》杂志发表一篇文章，认为共同基金的券商们鼓励自己的投资者怎样投资与自己实际上怎样投资，两者之间明显不一致。例如，这些基金公司要求投资者长期持股，而自己则热衷于短线炒作，颇有些口是心非的味道。

巴菲特非常赞同这一观点。他解释说，正因为基金公司热衷于短线炒作，才使得基金投资的获利回报率不高。要知道，基金投资的业绩完全依赖于股价的频繁波动，这种游戏不可能产生巨大的获利回报。

那么，基金公司为什么一方面鼓励大家长期投资，另一方面自己却在短线炒作呢？原来，这是由基金公司的性质所决定的。

一方面，每隔3个月，权威的金融报刊都会刊出各家基金的季度业绩排行，以便于投资者选择投资哪家基金；另一方面，基金公司也需要有这样的业绩排行，特别是其中的优秀基金，可以利用其排名靠前吸引投资者的目光和资金。这样做的结果，只能导致各家基金注重短期收益。这种思维模式控制着整个基金行业的操作思路，从而迫使基金投资者频繁地买入卖出。

巴菲特认为，普通投资者因为没有这种业绩考核要求，所以完全不必热衷于这样的短线炒作，而应该坚持长期投资。归根到底，衡量股票投资业绩的应该是企业的内在价值，而不是股市中瞬间发生的价格波动。

1986年，巴菲特以他的大学老师本杰明·格雷厄姆和戴维·多德为例，发表了一篇题为《格雷厄姆－多德都市里的超级投资家们》的文章。该文章刊出后，美国基金会券商、巴菲特在哥伦比亚大学商学院的校友沙罕也发表了一篇文章，题为《短期业绩与价值投资真的水火不容吗》。这个问题提得很好，它指出了基金公司能否以短期业绩来加以评判的问题。

沙罕的研究表明，无论是谁，当然都可以追求短期业绩，但这样做的代价，必然是牺牲长期业绩回报。更重要的是，“超级投资家的杰出业绩都是在对短期业绩毫不理会的情况下取得的”。换句话说，如果你把主要精力放在短期获利上，就必然会降低长期投资回报率。

关于这一点，巴菲特就做得很好。例如，他从来不兜售伯克希尔公司的股票，也从来不美化伯克希尔公司的经营业绩，从来不提下一年度会比上一年度增长多少。恰恰相反，每当提到有关下一年度投资的话题时，他总是向股东们说“下一年度可能会不及上一年度”之类的话。

投资者在这里很自然地会提出这样一个问题：如果衡量股票的投资业绩不是以股票价格为基础，那么，又怎么能计算出有多大的获利回报呢？

为此，巴菲特发明了“全面收益”一词。他认为，企业的全面收益应该包括该公司的营业收益、留存收益（未分配利润）和税收折扣3部分。

【课后点评】

散户不像基金公司，没必要定期向别人报告自己的经营业绩，所以完全可以坚持长期投资原则，不去考虑短期业绩回报。基于此，散户当然也就没必要去关心短期股价波动了。着眼于内在价值的提高，以带动股价回归价值。

第 7 课　怎样利用股市非理性

不要试图预测股市走势

对于未来一年的股市走势、利率以及经济动态，我们不做任何预测。我们过去不会，现在不会，将来也不会（对股市进行）预测。

——沃伦·巴菲特

【巴菲特投资策略】

巴菲特认为，投资者应当好好利用股市的非理性。既然股市是非理性的，那么你就只能利用它，而无法预测它。

巴菲特自己从来不预测股市，也从来不相信有谁能预测股市。他说："我从来没有见过能够预测市场走势的人。"他认为，对股票和债券价格所做的短期预测，根本不起什么作用。这种预测只能让你更了解自己（没有这种预测能力），而不是更了解股市，更了解未来。

他说，明天、下个星期、明年的股票市场如何波动，他不知道。但是如果要问他未来10年、20年内的股市走势如何，他是非常清楚的。因为无非就是两种结果——上涨或下跌。

巴菲特在伯克希尔公司1966年年报致股东的一封信中再次强调，他从来不对股市行情进行预测。如果有人认为他有这种预测的本领，或者认为股市预测对股市投资很重要，那么此人就不该成为伯克希尔公司的股东。巴菲特更关注的是未来会发生什么，而不是应该在什么时候发生什么。

巴菲特说，他之所以这时候旧话重提，是因为在道琼斯工业指数从1966年2月的高点995点下跌到5月份的865点后，他接到过几位合伙人的电话，说未来股指行情还将继续下跌。他说，这时候他脑海中瞬间就产生了两个疑问：一是如果他们知道股指会从2月份的高点跌到5月份的低点，为何不早一点告诉他呢？二是既然股指从2月份的高点一直跌到了5月份的低点，那他们又凭什么预测它还会继续往下跌呢？

巴菲特面对几位合伙人打电话建议他卖掉手中的股份，等到市场见底后再做决策，他声明两点：一是他没有这个能力看清市场的未来走势；二是过去也从来没有人在股指上涨100点后打电话告诉他未来的股市行情可能难以看清。

巴菲特的意思是说，他的投资决策不会被外界所影响，因为“随着股指的上涨或下降，公司的核心价值并不见得会有很大的改变，我们所要做的就是利用市场的非理性获利”。他奉劝这些人再去读读本杰明·格雷厄姆的经典著作。他说：“相关详细的论述可以参见格雷厄姆《聪明的投资者》一书第二章，我认为这一章的内容比目前其他的任何投资论述都更为重要。”

他曾经举例说，1999年年初，他因为不愿意投资高科技股等“新经济”股票而受诘难。当时的背景是，这些高科技股股价飞涨，每天都能造就许多个百万富翁，股价于2000年3月中旬达到顶峰。可是又有谁能预测到，仅仅几个星期过后，科技股股价就一泻千里，迅速跌至谷底呢？

所以他说，作为投资者，关键是要做好准备，以便能利用股市上涨或下跌的机会获利，而不要被市场利用，更不要因为受市场误导而进行错误的投资行为。

巴菲特1993年10月27日在美国哥伦比亚大学商学院演讲时，就着重批评了这种依靠股市预测短期投资的做法。他说，短期投资就是对即将发生的事情打赌；如果你用大量资金进行短期投资，很可能会血本无归。

在中国媒体的股评中，你每天都会听到股市或某只股票具有“上涨的动力”“下跌的压力”等说法，看起来股市或股票就像人一样具有七情六欲。巴菲特忠告投资者，不要相信这种胡说八道的股评。

他说，投资者希望股评家能够告诉自己未来两个月内如何操作股票，究竟是买入还是卖出，是投资股票、期货还是投资期权，实际上这是一种不切实际的幻想。请想一想吧，如果这些股评家真的能这样神机妙算，又怎么肯把秘密告诉别人呢？他们自己悄悄地做，不早就赚足了吗？

巴菲特说，股票本身并不知道谁是它的主人，它究竟是在谁的手里。股市和股票价格上下波动，投资者有各种各样的想法很正常。可是，这并不代表股票本身有任何想法和情感。

巴菲特非常崇拜著名经济学家约翰·凯恩斯。他在每年伯克希尔公司年报致股东的一封信中，引用本杰明·格雷厄姆的名言最多，位居第二的便是约翰·凯恩斯。世人只知约翰·凯恩斯是一位宏观经济学家，可事实上他还是一位投资大师。他用自己的学术理论指导投资实践，以有限的个人资产变得十分富足，而不像其他大多数经济学家那样穷困潦倒一生。

巴菲特说，约翰·凯恩斯的核心思想就是不要试图预测股市，而是要集中精力了解上市公司。可是许多投资者不但热衷于这种预测，而且对此整天津津乐道。真不知道如果他们不去谈论股市走势，还有什么事可做。

巴菲特认为，投资者不需要，也没必要通晓太多的股票乃至每一只股票，你只要在你的能力范围内评估几只股票就足够了。每个人的能力范围有大有小，关键是你要知道自己的能力范围究竟有多大、在哪里。就预测股市走势而言，这几乎超出了每一位投资者的能力范围。遗憾的是，这些投资者并不清楚自己的能力范围究竟有多大，并且不肯老老实实地做自己能力范围内的事，总是想走捷径，幻想能走在市场前面——通过预测股市，来提前知道股价的变化方向和大小。事实证明，这只能是幻想。

放眼中国股市，股民炒股的基本模式就是四处打听消息、跟庄，一有风吹草动，就赶紧疯狂买入或疯狂卖出，缺乏对上市公司最基本的了解和分析。这实际上充分反映了中国投资者和中国股市的不理性及不成熟。

【课后点评】

股市是非理性的，所以短期内的股市走势是不可预测的，就好比一个正常人永远不知道一个精神病人下一步要做什么一样。如果谁想通过打听消息，包括股评，而不是基于对这只股票内在价值的判断来炒股，无异于缘木求鱼。

不理性的股市才有机可乘

出于某些原因，人们是从价格，而不是从价值那里寻找其投资启示的。当你开始做一些你并不理解的事，或者只是因为上周什么投资方式对其他人有效，这些投资启示就毫无用途了。世界上购买一只股票的最愚蠢的动机是：它的股价在上升。

——沃伦·巴菲特

【巴菲特投资策略】

巴菲特认为，投资者应当好好利用股市的非理性。股票市场的非理性不但没什么可怕的；恰恰相反，它有许多可爱之处，因为只有非理性的市场投资者才有机可乘。股市不理性是好事，关键是你自己要能理性对待。

当然，面对这样的非理性股市，投资者要做出理性而正确的决策非常困难，这就是股市不容易把握的主要原因。

巴菲特在伯克希尔公司2014年年报致股东的一封信中说，在大学商学院里，老师总会告诉学生股价波动性是衡量投资风险的指标。这样的学术假设虽然使教学变得容易了，却也错得离谱。他认为，股价波动性绝不是投资风险的同义词。这样的流行观点把两者画等号，会导致学生、投资者和企业经营者们误入歧途。

他说，过去50年的历史一再证明，投资企业组合的股票的安全性，要比购买美国国债等证券高得多，“在再往前的半个世纪，包括大萧条和两次世界大战的时期在内，这一结论也是正确的，投资者应该关注这一历史。在某种程度上，在未来的一个世纪，这肯定会重演”。

他说，当然，拥有这种股票组合的方式应该是只有象征性的费率和佣金。换句话说，要坚持长期投资，降低频繁交易带来的巨额交易成本。

巴菲特在伯克希尔公司2013年年报致股东的一封信中说，他个人过去有两笔比较满意的投资：一个是农场，一个是物业。“疯狂波动的股价本该成为股票投资者的一项巨大优势——对其中部分投资者来说是这样。毕竟，如果有一个喜怒无常的人每天给我报价，买入或者卖出农场——并且价格在短期内随着他的心情忽上忽下，那我不就可以从他疯狂的行动中赚钱吗？如果他的报价低得可笑，而我又有闲钱，那我就会买入农场。如果他的报价高得要命，那我就把自己的农场卖给他，然后去种地……我们要考虑的是能否估计公司未来5年，或者更长时间内的盈利。如果答案是‘可以’，那我们就会以对应估计区间下限的价格买入股票；如果我们不具备估计未来盈利的能力——经常是这样——那我们就去考虑其他投资。”

巴菲特认为，市场先生应当是你的仆人，而不是你的向导。所以，你要利用它，而不是被它利用。在股市中闯荡多年后，你迟早会发现，对你有用的是股市的钱包。因为你的目的是从它身上赚到钱，而不是和它比智慧。要知道，如果你和它斗智慧，你是斗不过它的。

对于投资者来说，很重要的一点是，要具备良好的判断力和控制力，与市场先生保持一定的距离。这又是为什么呢？因为市场先生报出的股价，总是围绕股票内在价值忽高忽低的。无论你想买股票还是卖股票，当市场先生报出的股价符合你的愿望时，你就好好利用他；否则，就根本不用理睬他。总之一句话，你应当利用他，而不是被他控制。

有人说，我可没有这样的水平。巴菲特说，如果是这样，也就是说你不能确定你比市场先生更了解你的股票，而且又不能正确评估这只股票的内在价值，那么你就不能参加该股票的投资游戏。

本杰明 · 格雷厄姆也认为，股市特别偏爱这样的投资者——他们喜欢把资金投在估值过低的股票上。

他认为，股市中任何时候都存在着估值过低的股票，而且数量不少。这些股票的投资业绩由于长期不能让投资者满意，因而容易被投资者忽略。不过，在经过相当长的一个时期后，市场总会把它们的价格抬高到与其价值相符的水平线。所以，如果投资者具有长远的眼光，就会从这些股价长期低迷的股票中找到投资机会。

本杰明·格雷厄姆曾经讲过这样一则寓言故事，来说明股市中的非理性行为是怎样产生的，以及它的影响力究竟有多大。

话说一位石油勘探者死了以后准备进天堂了，可是天堂管理者却告诉他说："你确实有资格进天堂，不过现在天堂里分配给你住的地方床位已经满了，所以现在只能把你分派到地狱里去了。"

死者想了想说："那让我跟那些住在天堂里的同行打声招呼总可以吧？"天堂管理者想了想，觉得这没什么嘛，反正他又不能进去，所以同意了。

死者来到天堂门口，把右手罩在嘴边说："地狱里发现石油啦！"没想到，他的话音刚落，那些住在天堂里的生前好友就一窝蜂地跑出来，纷纷奔向地狱。

天堂管理者见此情景只好对他说："天堂里现在有空位了，而你又如此聪明、有才智，你现在可以进天堂了。"可是这时候，轮到他自己犹豫不决了。过了一会儿，他说："我想我还是不进天堂了，说不定地狱里真的会找到石油呢！"

巴菲特说，股市中大多数职业投资者和股评家都在夸夸其谈，他们讨论有效市场、动量对冲和β值，普通投资者听得晕晕乎乎的。本杰明·格雷厄姆的这则寓言听起来好像有些过时了，可是仔细想一想，这实在是值得投资者深思的。

要知道，投资者到处打听股市中有什么消息，以便自己能够做出相应决策，或者凭着自己的臆测散布相关消息。投资者的这种行为看起来好像可以理解，但要知道，他们往往会因为这些行为而上别人的当。

因为对于那些专门靠为别人提供投资建议谋生的人来说，无论什么样的投资技巧，只要能裹一层神秘的面纱，就会更容易赚钱，也显得更有价值。对于普通投资者来说，这层面纱包括那些晦涩难懂的计算公式、计算机程序以及股票和股价形成的指标等，这些都不可能使投资者获得投资成功。

应该说，巴菲特对投资者的非理性行为有着深刻的认识。他说，事实上，每个人都充满贪婪、恐惧、愚蠢的念头，这很正常，也是可以理解的。而现在的问题是，这种贪婪、恐惧、愚蠢的念头能够带来什么样的结果，却不是人人都清楚，更不是人人都可以想象的。

有鉴于此，巴菲特1998年9月16日在伯克希尔公司股东特别会议上幽默地说："我们希望股票市场上傻子越多越好。"为什么呢？因为这样的傻子越多，就越会出现更多的非理性投资。而这时候，理性的投资者反而容易捕捉到更多有利的机会。

2015年5月2日，巴菲特在伯克希尔公司股东大会上，针对中国投资者的提问"过去10多个月里中国A股市场已经涨了两倍，是否还适用价值投资？"他回答说："价值投资理念不分国界，原则是关注业务。"对于A股暴涨，他婉转地表示："中国的投机力量比美国还要大，这可能会创造出机会。人们都在寻找容易的方式，但容易的方式往往是错误的。"就这样，巴菲特巧妙地指出了中国股市的固有特点：机会与风险并存。

【课后点评】

股市不理性本身没什么可怕的，恰恰相反，"众人皆醉我独醒"的市况，更便于理性投资者在不理性的股票市场上捕捉到更多、更好的投资机会。但对这种机会的捕捉并非源于追涨杀跌，而在于对价格与内在价值的比较。

战胜股市首先要战胜自己

思考，在我决定该采取什么行动方面扮演了重要的角色；行动，也在改善我的思考方面扮演了重要的角色。思考和行动，在我的哲学、金融投资、生活等方面，都打下了深深的烙印。

——沃伦 · 巴菲特

【巴菲特投资策略】

巴菲特认为，投资者应当好好利用股市的非理性。要想战胜不理性的股市，关键是要战胜自己。而战胜自己的主要途径，便是独立思考和行动。归根到底，与股市博弈就是与自己博弈，因为股市是由无数个“自己”组成的。

也就是说，投资者只有认识到自己可能会犯哪些错误，才能尽可能地保持理性思维和理性行为，避免发生类似错误，并最终战胜股市。

巴菲特在伯克希尔公司1965年年报致股东的一封信中说，他在上一年年报中，对大多数基金经理未能取得超越市场平均水平的业绩之原因，做了5点解释：“①集体决策——我的可能带有偏见的观点是，优越的投资成果不可能是集体讨论的结果，尤其不可能是集体决策的结果；②潜意识地遵从有声望的投资机构的投资组合配置；③声称必须从事‘安全’的投资的组织架构，而在支付报酬时却仅仅以回报率为依据，而不考虑该投资收益所对应的资产组合所面临的风险水平；④不理性的、强制性的资产配置的多样化要求；⑤最后一点，同时也是尤为重要的一点——惯性。”

容易看出，上述第一、第二点，就都涉及非独立思考。集体决策当然不是独立思考，至多是少数服从多数，下级服从上级。但这在巴菲特看来，并不可能取得特别优异的投资业绩。遵从投资机构提供的投资组合配置，当然就更谈不上独立思考了。第三点是对经理层的考核，虽然事先强调投资安全性，可是最终支付经理层报酬，却主要是看投资回报率的高低，而不是风险大小，这就难免会导致业绩出现剧烈波动。第四点，强制要求投资多样化，就不便于集中投资在高回报率的股票上。最后一点是投资的思维惯性，当然这种潜意识也同样不属于独立思考。

巴菲特认为，一个人要挑战股市心魔，是一件非常困难的事。作为一名投资家，他深深地知道，仅仅告诉某个人要怎么做是远远不够的。就好比说，大多数人都知道节食、多运动、戒烟等才能提高生活品质，可是仅仅知道这样做，还无法让他们产生行动。

要跳出在股市中失败的心理和情绪陷阱，就必须了解一般人是怎样坠入这种心理陷阱的，然后再学习克服之道。

新兴的行为金融学研究表明，亏损的投资者，往往是那些容易受市场波动影响，经常出现行为认知偏差的人。他们在做股票投资决策时，常常因为受各种心理因素的影响，出现大量的认知、行为偏差。通俗地说，这些人炒股票，可以称之为“聪明人办傻事”。

平心而论，每一位投资者的理性都是相对的、有限的，所以出现这种认知、行为偏差不足为怪。现在的问题是，中国投资者在这方面表现得尤其突出。也就是说，他们买卖股票时非常容易受股市波动的影响。从这一点看，中国股市中投资者亏损比例过大，也就不足为奇了。

行为金融学认为，投资者最需要克服的市场情绪主要有：

过度自信。

投资者过于相信自己的判断，过高估计成功机会，甚至以为自己真的能够“把握”股市。这时候，他们就会忽略股市运行中的非理性和不确定性，从而造成投资损失。这是一种最常见、最根深蒂固的错误情绪。

过度反应。

以股价为代表的金融资产，其投资者普遍存在着反应过度现象。这是因为投资者对最近得到的信息，会自觉不自觉地赋予其更大的权重，从而忽略历史信息，导致对近期股市发展趋势的判断过度偏离长期平均值，引发股价补跌或补涨。

反应不足。

反应不足实际上是过度反应的一种变异，指对最近得到的股票信息认识不足，有点麻木。每个投资者都或多或少有这种问题。反应不足的结果是，投资者很容易错失投资机会，或在即将到来的股价波动（大幅度上涨或下跌）前措手不及。

禀赋效应。

投资者对于相同数量的盈利或损失，对损失的厌恶程度会大大高于对获得收益的喜悦程度。例如，他们对账面损失10万元的心痛程度，要比对账面获利10万元的喜悦程度高得多（研究表明，前者相当于后者的2.5倍）。这种心理行为便容易导致投资者过于强调短期亏损，而不愿意及时割肉止损。

后悔厌恶。

投资者在做出一项错误决定后，往往会感到非常后悔。而投资者的这种后悔的痛苦感觉，比他做出错误决定所造成的损失更让其痛苦。在这种心理的驱使下，投资者很容易做出一系列不理性的投资行为。

羊群行为。

这本来是指动物成群移动、觅食的现象，表现在股市投资中，则体现为投资者（包括散户和机构投资者）和别人一样思考、感觉、行动。这当然同样属于一种非理性行为，因为这样的投资者会在追求与别人行为一致的同时，忽略自己享有的独家信息和独立判断。

代表性偏差。

股评家常常会把各种纷杂无序的股市现象归纳为几种代表性类型。受其影响，投资者也常常会产生偏见。例如，最典型的代表性偏差是“好公司 = 好股票”。殊不知，好公司的股价一旦过高，也就谈不上是什么好股票了。

自归因。

通俗地理解，这就是我们平常所说的“自要好”——把成功的原因归于自己，把失败的原因推给别人。这种心理人人都有，可是应当看到，它的最大危害是：当自己的观点符合事实时，尚能不断强化自信心；可是这两者一旦不符，却不会等量削弱自信心。

【课后点评】

股市是非理性的，投资者要想取得成功，就必须养成独立思考、独立行动的习惯。行为金融学研究表明，投资者如果无法克服上述几种市场情绪，就会在股市中动不动产生亏损。可是，要克服这几条又谈何容易？

抗拒诱惑，以静制动

> 投资人总想买进太多的股票，却不愿意耐心等待一家真正值得投资的好公司。每天抢进抢出不是聪明的办法……近乎怠惰地按兵不动，正是我一贯的投资风格。
>
> ——沃伦·巴菲特

【巴菲特投资策略】

巴菲特认为，投资者应当好好利用股市的非理性。在选择买入股票的时机时，要能做到抗拒诱惑，以静制动，充分把握好投资机会。

而纵观绝大多数投资者，他们很难抵抗这种诱惑。结果，他们虽然在股市里不断抢进抢出，忙得焦头烂额，最终却没什么收获，甚至还要亏损。这就是股市中赚钱的人少、赔钱的人多的真正原因。

2003年，巴菲特投资中石油 H 股的案例，就能充分反映他在这方面优于常人的表现。

在香港上市的中石油 H 股，是巴菲特投资的第一只中国股票，也是截至2007年年末公开资料中能查到的他购买过的唯一一只中国股票。

中石油主要从事石油和天然气的勘探、开发、生产和销售，原油及石油产品的炼制、运输、储存和销售，以及其他相关石化产品的生产和销售、天然气的输送和销售，主要控股锦州石化、吉林化工、三星石化等多家中国 A 股、H 股公司。2002年，中石油收购了戴文能源公司在印度尼西亚的石油天然气业务；2003年4月24日，中石油又以6.4亿美元资本增持印度尼西亚加邦区油田15%的股权。

面对中石油表现出来的强劲发展势头，巴菲特分析认为，一方面，中石油所在的中国，正居于全球经济最活跃的亚洲地区经济引擎地位，石化、钢铁、电力等基础性行业受益良多；另一方面，当时美国攻打伊拉克战争结束后不久，又遭遇了全球非典型性肺炎危机，困扰全球经济发展的不确定因素很多，投资者都在犹豫彷徨。

“在别人恐惧时贪婪，在别人贪婪时恐惧”，这是巴菲特的投资原则之一。

巴菲特在对中石油的内外部环境做了详尽的考察和分析后，认真研读了其2001—2002年的财务报告。在此基础上，他迅速抓住时机，于2003年4月主动出击，投资了中石油。

中石油H股是2000年在香港上市的，当时的发行价是每股1.27港元，上市不久后就跌破发行价，最低到1.10港元。

而2003年4月，当时的中国股市还非常低迷，使得巴菲特能够在中石油股价在1.10~1.20港元买进11.09亿股该股票，然后又以1.61~1.67港元的价格买入8.58亿股该股票，最终他的持股量达到23.39亿股，成为中石油第三大股东，仅次于第二大股东英国石油公司。巴菲特对这只股票非常欣赏，他认为这只股票比全球其他石油企业的业绩都要好。

仅仅过去半年后的10月，中石油股票就以83%的涨幅雄居香港股市第一名。从理论上说，这时候的巴菲特已经在这只股票上赚了28亿港元。后来，巴菲特还亲自写了封感谢信，感谢中石油公司为股东做出的贡献。

巴菲特不但在公开市场上买卖股票时喜欢以静制动，而且在他一贯擅长的企业并购案中也是如此。例如，他在伯克希尔公司2009年年报致股东的一封信中就特别提到了以静制动的原因和窍门。

他说：“我们不喜欢发行股票的原因很简单。如果不是做梦以现在的市价卖掉全部伯克希尔股票的话，为什么要以几乎同样低的发行价卖掉公司如此大的一部分股票呢……我们不能用一只被低估了的股票去交换一只可以完全反映价值的股票，这会损害股东利益。”

巴菲特举例说，评估换股并购时，目标公司的股东不仅会关注认购公司股份的市场价格，同样也会希望能从交易中弥补他们放弃了的那部分内在价值。否则，交易一般不可能成交。

他打比方说，如果两家公司A和B的规模相同，公开市场上它们的股价都是每股80元，内在价值都是每股100元。这时候，A公司告诉它的股东们，用

1.25股换B公司的1股没有损失，因为每股80元乘1.25正好是B公司1股的内在价值。可是，股东们并不知道，这两家公司的股价和内在价值原本是一样的（内在价值由于很难被评估，所以这时候A公司的股东们是没有能力评估B公司的内在价值为100元的）。这样的换股认购，A公司股东必然会损失掉25%，因为他们实际上支付的是每股125元的内在价值。既然这样，A公司的主管们为什么肯这样做呢？这是因为，他们个人能从中得到好处——从此，他们经营的企业规模就是原来的2倍，他们个人将会从中得到更多的名誉、地位和利益。

巴菲特说，这就是股市中到处存在发行泡沫的原因，并且这种情形会一而再、再而三地周期性出现。尤其是在20世纪60年代末的特殊时期，这样的圈套可谓比比皆是，许多大企业就是通过这种方式建立起来的，虽然没有当事人敢公开承认其内幕。

相比而言，2009年伯克希尔公司并购伯灵顿北方圣太菲铁路公司时就没有采用这种方法。巴菲特的意思是说，他用以静制动确保了股东利益。

【课后点评】

从某种意义上说，投资任何股票都能赚钱，关键是要准确把握好买卖时机，而这正是股票投资的难处。时机掌握好了就能赚钱，掌握错了就必定赔钱。由此可见，投资者以静制动，把握好买入良机是多么重要。

坚持安全边际 100 年不动摇

格雷厄姆说出了关于投资的最为重要的词汇——安全边际。我认为，格雷厄姆的这些思想，从现在起直到100年之后，将会永远成为理性投资的基石。

——沃伦·巴菲特

【巴菲特投资策略】

巴菲特认为，投资者应当好好利用股市的非理性，坚持安全边际100年不动摇。因为在一个不理性的股市中，投资风险始终存在。但只要拥有足够的安全边际，就能把这种风险降到最低，直至忽略不计。

“安全边际”的概念，最早是巴菲特的老师本杰明·格雷厄姆提出的。他对巴菲特说，有两条最重要的投资原则应当牢牢记住：一是永远不要亏损；二是永远不要忘记前一条，即还是永远不要亏损。而要做到这两条，最简单的做法是：只买入那些价格大大低于内在价值的股票。

本杰明·格雷厄姆认为，在一个不理性的股票市场上，任何时候都会产生大量价格低于内在价值的股票，供投资者选择。

这种价格低于内在价值的股票，在相当长的一段时间后，其价格就会重新回归到其内在价值附近，甚至高于其内在价值。如果投资者是理性的，就没必要总是抱怨股价涨跌得太厉害。因为在这种哪怕是看起来很反常的涨跌中，总会蕴含着投资机会和最终利润。

本杰明·格雷厄姆认为，股票价格波动对理性投资者来说只有一种作用，那就是：股价大幅度下跌，会给你提供买入的机会；股价大幅度上涨，又会给你提供卖出的机会，仅此而已。

巴菲特牢牢记住了本杰明·格雷厄姆的教诲。他认为，安全边际理论对任何投资者都适用，即使投资者投资的是那些最好的公司，也适用这一理论。也就是说，即使是那些最好的上市公司，投资者买入其股票的价格也不宜过高。

不但如此，安全边际还有一个重要作用，那就是股票投资报酬率的高低与投资风险成反比，投资风险越低，投资报酬率往往越高。

这一点，看起来不太容易明白。因为我们平时都习惯了听“风险投资”的概念，认为风险投资的冒险行为本身会带来风险利润，这就是俗话所说的“越危险的地方往往越安全”，即风险越高的投资，越能获得丰厚的投资回报。

可是，巴菲特认为，股票投资并不遵循这一规律。他说，如果你用0.6美元的价格买到1美元的纸钞，风险要大大小于用0.4美元的价格买到1美元的纸钞，尽管后者的期望报酬率较高。

举例来说，1973年《华盛顿邮报》公司的总市值为0.8亿美元，事实上，当时你可以把它以4亿美元以上的价格出售。要知道，《华盛顿邮报》公司后来的价值很快就增长为20亿美元以上，无论是谁，当时如果能以4亿美元的价格买下该公司，都是有利可图的。

现在假设，当年的0.8亿美元市值下跌到了0.4亿美元，这时候的β值反而上升了。对于那些以β值来衡量投资风险的人来说，他们会认为这时候的投资风险更大，因为这时候的β值升高了嘛。

巴菲特说，对于一家上市公司而言，它的股价下跌了，想买入这只股票的投资者却认为这时候的投资风险增大了，这不是很可笑吗？

有一次在伯克希尔公司股东大会上，巴菲特回答一位股东提问“人们为什么要用β系数来衡量投资风险”时说，β值只能代表市场波动，不能代表投资风险。他说，β值确实是个好东西，它可以把数学的方法用于股票投资，但这种方法从根本上说是错误的。

例如，1980年的美国农场股票，原来的价格是每亩地2000美元，后来跌到每亩地只有600美元时，巴菲特买了一家农场。如果按照β值的计算方法，这时候的β值反而上升了。也就是说，按照这种荒谬的理论，巴菲特用600美元买到的东西，风险反而要大于用2000美元才能买到的东西，这难道不是胡说八道吗？

这本来是一个很简单的道理，可是为什么一些投资者不明白呢？巴菲特解释说，最根本的原因还在于股票价格每天都在波动，投资者太迷信用数学知识来衡量投资风险了，却忘记了用这种方法来衡量投资风险本身就是错误的。就好比你在沿着一条错误的道路一直走，却希望能早点到达正确的终点。结果显然是，你走得越快，离真正的目的地就越远。

这时候查理·芒格在一旁补充说，他在大学里学的《公司财务》和《投资管理》课程，至少有50%是废话，这让人觉得很惊奇。

【课后点评】

安全边际原理其实很简单：那就是你买入股票的价格要远远低于其内在价值，价格越低，投资风险越小。这里最关键的是，投资者要具备相应的知识，能够大致评估所投资股票的内在价值。否则，其投资就是盲目的，是赌博。

关注大公司出现股价猛跌时

巨大的投资机会来自优秀的公司被不寻常的环境所困，这时这些公司的股价会被错误地低估……对我们来说，最好的投资机会来自一家优秀的公司暂时遇到困难时。当它们需要进行手术治疗时，我们就买入。

——沃伦·巴菲特

【巴菲特投资策略】

巴菲特认为，投资者应当好好利用股市的非理性。哪怕是再优秀的公司，也会冷不丁出现点问题。当一家大公司的股价猛跌时，投资者就有必要特别关心一下这家公司是否遇到了重大而暂时的困难。如果是这样，就能说明最佳的投资机会已经到来了。

巴菲特用在关注股票方面的时间，常常会长达几年，甚至几十年。他有足够的耐心等待目标股价格下跌，一直跌到他认为其已经进入安全区域以内、没有人愿意投资时，他才会大手笔地买入，甚至完全控股。

1998年，巴菲特购买了1.29亿盎司白银，每盎司的价格是5美元。他为什么会做出这一举动呢？巴菲特解释说，他对白银市场已经关注了30年，此时此刻白银的价格是650年来的最低点。看，巴菲特的耐心就是这样好，一连关注了30年，这可是世界上没几个人能够做到的。

更令许多人无法望其项背的是，巴菲特在20世纪80年代大举买入可口可乐公司股票前，就已经对该股票关注了52年。他发现，这时候的可口可乐公司股价已经跌到足够的安全边际范围内，于是迅速出击。

巴菲特在伯克希尔公司1989年年报致股东的一封信中兴致勃勃地回忆说，他在1935年或1936年时第一次喝可口可乐，当时他就从祖父的杂货店批来可口可乐，然后卖给周围的小朋友，很自然地就观察到可口可乐对消费者具有无穷的吸引力。在接下来的52年里，他每时每刻都在关注着这只股票，直到1988年夏天他才意识到最好的投资机会已经到来。

巴菲特介绍说，投资股票的足够的安全边际，往往出现在具有持续竞争优势的企业出现暂时困难时。这就是本书前面所说的“乘人之危”——本来是一家质地很好的公司，突然出现了重大而暂时的困难，股价当然会大大下跌，而这时候就是投资这只股票的最好机会。

所谓“重大而暂时的困难”，是指这种困难足够大，问题又很严重，已经在市场上引发恐慌。只有这样，才会导致其股价猛烈下跌。与此同时，这种困难虽然很严重，可却又是暂时的，它不会从根本上影响公司的长期竞争优势和赢利能力。把这两者综合起来考虑，可以概括为一个词——“有惊无险”，这是把握问题的关键。一旦这个“暂时”的阶段过去后，股价就会大幅度飙升，真实地反映其内在价值。

巴菲特的老师本杰明 · 格雷厄姆认为，与这些因为重大而暂时的困难而被严重低估投资价值的小公司相比，价值被严重低估的大公司更值得投资。

并且他认为，集中精力关注这些因为重大而暂时的困难导致其价值被严重低估的大公司，是“一种可以证明是最高数额和最有希望的投资途径”。投资者就是要关注这些处于不引人注意阶段的大公司。

要知道，由于这些公司都是大企业，所以股票市场对其业绩好转的任何表现都具有相当大的敏感度，其股价很容易回到原来的价位。

这方面最典型的案例，是巴菲特投资美国运通公司股票。美国运通公司是“无现金的社会”的发起人，1963年就拥有1000万家用户，它的信用卡就像现金一样在社会上畅通无阻。

然而就在1963年，美国运通公司的一家仓库，接收了当时规模庞大的联合原油精炼公司提供的一批色拉油，这批色拉油大部分灌装的是海水。由于联合原油精炼公司向银行抵押贷款，从而使得美国运通公司引火烧身，估计连带损失高达1.5亿美元，美国运通公司实际上已经资不抵债。

发生了这样严重的问题，美国运通公司的股价当然要大大下跌了。这时候巴菲特亲自走访各种消费场合，发现美国运通卡的使用率并没有因此受到影响，于是他断定它遭遇的只是一次重大而暂时的困难。

巴菲特认为，正因为美国运通公司的问题很严重，它已经到了破产边缘，所以其他投资者才会纷纷抛售股票，从而使得其股价大幅度下跌，从1963年11月22日消息传出时的每股60美元，下跌到1964年年初的每股35美元。而对于巴菲特来说，这正是大笔买入这只股票的好机会。于是，他投资1300万美元买下美国运通公司5% 的股份，占巴菲特有限公司总资产的40%。

在接下来的2年里，该股票价格上涨了3倍，5年里价格上涨了5倍，从每股35美元一直上涨到每股189美元。而巴菲特持有该股票4年，据此推算，他在美国运通公司股票上的获利应该在4倍以上。

【课后点评】

巴菲特认为，投资者要重点关注那些陷入“重大而暂时的困难”中的大公司。正因为股市是非理性的，英雄也有气短时，这个时候出手“英雄救美”，“美人”一旦缓过气来，就一定会报答你，甚至会委身于你。既做好事，也有好报。

关注具有差异化优势的公司

你得懂这个企业（的业务），不然，没有一个公式能够计算出内在价值。

——沃伦·巴菲特

【巴菲特投资策略】

巴菲特认为，投资者应当好好利用股市的非理性，在买入股票时应该特别关注该公司是否具有差异化竞争优势。

在他看来，非常难以模仿的产业竞争优势，再加上此类公司管理层在业务经营和资本配置方面拥有的高超技巧，这样的上市公司最值得理性投资者投资。

巴菲特在伯克希尔公司2009年年报致股东的一封信中说，由于受全球金融危机影响，伯克希尔公司下属几乎所有的制造、服务及零售业都受到严重影响，可是分销企业麦克莱恩公司却是例外。

麦克莱恩公司的主要业务是向零售商提供日用品、食品及其他非食品类货物。它拥有55个分销中心，其最大的客户就是著名的零售企业沃尔玛超市。2009年，该公司实现税前收益3.44亿美元。

原因在哪里呢？巴菲特解释说，就在于该企业的差异化优势——“麦克莱恩最重要的资产是格雷迪 · 罗齐尔”。格雷迪 · 罗齐尔当然就是麦克莱恩公司的首席执行官了，他也是巴菲特心目中的明星经理人。

紧接着，巴菲特照例不忘口头表扬一番伯克希尔公司下属9大行业的明星经理人；并表示，伯克希尔公司一些下属企业尽管销售下滑，但盈利依然在增长，这主要应归功于这些明星经理人领导得好。

例如，当年伯克希尔公司旗下的马尔蒙公司和伊斯卡公司就同样具有这种差异化优势。马尔蒙公司在弗拉特 · 普塔克的领导下，创造了尽管销售减少27%，可是税前利润却依然增长了13.5% 的历史最好成绩，通过成本管理弥补了收益下滑带来的损失。还有就是坐落在以色列的刀具制造商伊斯卡公司，当其他两家同行年内大多数时间都在亏本运营时，虽然它的经营业绩也在明显下滑，但依然保持赢利状态。一旦制造业开始复苏，其加速发展态势将是必然的。

再以巴菲特最欣赏的政府雇员保险公司为例。该公司已经成为美国第三大汽车保险商，主要为政府雇员、军人等成熟稳重而又谨慎的顾客提供汽车、住房、财产保险服务。几十年来，该公司在汽车保险业务方面声名鹊起，赢得了大批的忠诚客户。

巴菲特当初投资政府雇员保险公司，主要是看中它的两点：一是其良好信誉，尤其是那些安全驾驶的司机在这里投保能够得到低成本、高质量的服务，所以回头率非常高。二是这家公司的销售方式比较特别，能够大大降低销售成本——其他保险公司都是通过代理商卖保险的，为此不得不付出10%~20%的保险代理费；而它创造性地发明了直销方式，把保险单直接寄到司机家里。这样做，既能加强与客户之间的直接联系，又能节省不菲的人员销售费用。

政府雇员保险公司创建于1936年，20世纪60年代取得了蓬勃发展，可是1974年出现了首次亏损，亏损额为600万美元；随之而来的1975年，其亏损额骤然高达1.26亿美元，致使公司出现了非常严重的财务危机，已经到了破产的边缘。

巴菲特历来不相信“咸鱼翻身”，可是他在1976年拜访了政府雇员保险公司的管理层后认为，这家公司应当除外。在此以前，他曾经直接、间接地接触了几十个产业中的几百家“咸鱼公司”，从多方面考察它们经营业绩的发展变化。此时，他为自己的这一发现感到惊喜。

他认为，政府雇员保险公司虽然出现了严重的财务危机，可是并没有从根本上动摇它的竞争优势。所以他相信，它和1964年发生色拉油丑闻事件的美国运通公司一样，都只是出现了暂时的财务危机。如果在这个时候对其进行投资，将来一定会有丰厚的获利回报。

有了这样的主意，伯克希尔公司1976年投资410万美元，买入政府雇员保险公司130万股股票。接下来，政府雇员保险公司发行了7600万美元的可转换优先股，伯克希尔公司购买了其中的1969953股，相当于其发行总量的25%，投资额1941.7万美元。紧接着，伯克希尔公司又在1980年投资1890万美元买入政府雇员保险公司147万股股票。

到1980年年末，伯克希尔公司就完成了对政府雇员保险公司的收购任务，共持有该公司股票720万股，买入总成本为4713.8万美元。而这时，伯克希尔公司所拥有的这些股票，市值已经上升到了1.05亿美元，相当于其股价已经上涨了1倍以上。

请特别注意巴菲特选择这些股票的理由：过去令人吃惊的低成本运作优势依然保存完好，1976年上任的新总裁领导的是一个确实卓越的公司管理层。两者结合，这样的公司必定会死而复生。

巴菲特把政府雇员保险公司的这次危机比作人身体上出现的一个肿瘤。只要这个肿瘤没有扩散至要害部位，并且又有一位高明的医生出面切除，这个人的身体仍然可以很健康。

果然，通过大力提供低成本保险服务，千方百计增收节支，仅仅一年过后的1977年，政府雇员保险公司就赢利5860万美元。

巴菲特对这项投资非常满意。1980年，政府雇员保险公司年收入7.05亿美元，净利润6000万美元，按照持股比例计算，伯克希尔公司应当分得的利润为2000万美元。要知道，伯克希尔公司拥有的这些股票的购买成本只有4713.8万美元，持股比例为33%。而如果通过谈判方式来购买一家年赢利能力高达2000万美元的企业，至少需要2亿美元的代价。

这就是说，伯克希尔公司相当于用0.47亿美元实现了2亿美元的价值。

正因如此，巴菲特才让伯克希尔公司对政府雇员保险公司投资的比例高达其整个投资组合的20%，成为当时伯克希尔公司投资比重最大的一只股票，比排名第二的《华盛顿邮报》公司的投资比重高出10%，这充分体现了巴菲特的集中投资策略。1985年，伯克希尔公司在政府雇员保险公司上的投资比重更是升至49%。

在1983—1992年的10年内，政府雇员保险公司由于采取直销策略，公司费用与保险费收入之比平均只有15%，相当于行业平均水平的一半，从而奠定了它的平均税前经营利润率在同行业中的领先地位，而且这一地位一直非常稳定。

随之而来的是，政府雇员保险公司的股票市值也从1980年的2.96亿美元上升到了1992年的46亿美元；1980年的1美元股票，在此期间已经为股东创造出了3.12美元的回报。

直到1995年年末，政府雇员保险公司一直在回购自己的股票，这时候的伯克希尔公司已经持有其约50%的股份。1996年年初，伯克希尔公司继续出资23亿美元，买下了政府雇员保险公司另外50%的股份，从而使政府雇员保险公司变成了一家私营企业，退出股票市场。

政府雇员保险公司是巴菲特最经典的投资案例之一。伯克希尔公司20世纪70年代在政府雇员保险公司股票上投资了4713.8万美元，到1995年（因为1996年该公司就成为伯克希尔公司的全资企业了）共得到投资回报23亿美元。在20年内，政府雇员保险公司股价上涨了50倍，平均每年能为伯克希尔公司贡献利润1.1亿美元。

【课后点评】

巴菲特认为，投资者要估算企业的内在价值，就必须了解它的业务，了解它具有哪些差异化竞争优势。如果该企业拥有这种优势，并且又拥有非常优秀的管理层，那么在它遇到有惊无险的危机时，就是介入的好时机。

在突发事件面前临危不惧

民主是一件很伟大的事情，但在投资决策方面是个例外。

——沃伦·巴菲特

【巴菲特投资策略】

巴菲特认为，投资者应当好好利用股市的非理性。如果遇到什么突发事件，一定要临危不惧，冷静对待，避免惊慌失措而导致做出错误决策。

巴菲特作为国际投资大师，比普通投资者更了解政治。当其他人还不知道如何判断和表达政治走向时，他实际上已经在用行动为大家指明方向了。正因如此，在上市企业因为政治、经济、安全等突发事件出现严重困难时，巴菲特就会因胸有成竹而临危不惧，并以此作为介入良机。

2001年9月11日，美国发生了“9·11”恐怖袭击事件，当时的巴菲特一直在他的家中书房里收看电视直播。巴菲特深深了解，由于伯克希尔公司重仓持有的《华盛顿邮报》公司、美国运通公司以及有密切业务往来的花旗银行集团等都在世界贸易中心办公，这次恐怖袭击给伯克希尔公司带来的损失一定是非常巨大而沉重的。

为了尽快消除恐怖袭击给大家带来的不安，当天下午，巴菲特就邀请了一些知名人士出去打高尔夫球，主要是为了放松一下心情。可是，这时候谁还有心思去打球呢？大家打了一会儿高尔夫球，就纷纷去看电视转播了。

巴菲特说，这次恐怖袭击给每个人带来的影响是深远的，每个美国人的心灵将永远不会再回到以前了。可是，在9月16日，美国股市重新开盘的前一天，巴菲特在应邀参加哥伦比亚广播公司《60分钟》节目时，仍然表态说，他第二天不会卖出任何一只股票，如果股价跌得很低，他甚至会继续买进一些股票。

他说，如果你拥有某只股票，并且在一个星期前还仍然看好它，可是明天一开盘就因为这次恐怖袭击要把它卖掉，在他看来这是一种疯狂的举措。

巴菲特事后得知，美国运通公司有11名员工在这次袭击中身亡。因为这次袭击，美国运通公司有3500名员工被遣散到美国7个不同的地区上班，直到2002年5月才重返工作岗位。而花旗银行在这次袭击中也损失了6名员工。

2001年9月24日，《华尔街日报》报道说，这次恐怖袭击给伯克希尔公司带来的巨大损失，不仅包括需要为此支付的巨额保险赔付金，还包括因此减少了的下属控股公司的媒体广告收入和商品销售。

巴菲特披露说，“9·11”事件至少让伯克希尔公司蒙受了22.75亿美元的保险理赔损失。它产生的严重债务问题，在将来相当长的一段时间里都无法得到解决。

可想而知，就是在这样的情况下，巴菲特都表示决不卖出一只股票，实际上这也体现了他的一种爱国的热忱。

股票投资与政治有关的话题，还可以从2007年下半年巴菲特抛空中石油股票这一举措上看出来。

一方面，他这样做实际上是在押2008年的美国总统选举。总体来看，巴菲特并不看好环保政策保守的共和党，而更看好执行节能减排、防治气候变暖政策的民主党，这和美国总统乔治·布什看好民主党总统候选人希拉里·克林顿的观点是一致的。

巴菲特推测，一旦民主党上台，作为世界石油消费第一大国的美国，势必会大幅度调整石油政策，减少石油需求量，从而导致国际油价回落。而国际油价回落，必然会使石油公司的赢利空间受到压缩。更不必说，当时石油替代品的研发工作正进行得如火如荼。一旦此研发工作取得突破，油价就会在一定程度上下跌。另外，石油输出国组织（OPEC）增加石油产量，也会导致油价下跌。

另一方面，巴菲特抛空中石油股票，正好可以借此机会堵住那些向他施压的美国媒体和国会议员的嘴。

要知道，早在2007年伯克希尔公司股东大会上，就有许多人要求巴菲特抛空中石油股票，理由是苏丹正在进行种族屠杀，而中石油的母公司在苏丹拥有油田资产。而实际上，根本没有任何证据可以证明中石油在苏丹有业务；更何况，子公司也不可能影响母公司的政策。当时，巴菲特正是据此拒绝卖出中石油股票的。

这种从政治角度来考虑股票买卖的决策行为，一般不便公开澄清。更何况，一些突如其来的经济事件与政治之间究竟存在着什么样的纠缠不休的关系，外人也很难看得清，至少当时不太容易看清。但对巴菲特来说，在商言商，在突发事件面前临危不惧总是对的，这也符合他“在别人恐惧时贪婪，在别人贪婪时恐惧”的一贯策略。

例如2015年下半年，巴菲特频频增持市场表现最差的能源股和金融股两大板块。截至2015年年末，伯克希尔公司拥有能源巨擘金德摩根公司2653万股，市值近4亿美元。与此同时能看到，有“新股神”之称的大卫·泰珀也在大举抄底能源股。从2015年8月开始，巴菲特陆续斥资8.32亿美元增持美国能源巨头菲利普斯66（Phillips 66）公司股票。2016年5月19日—6月1日，他更是每天买进该股票，从而使得其持股总数接近7750万股，占后者总股本的15%以上。

由此菲利普斯66公司成为伯克希尔公司第六大非保险股，市值超过60亿美元。

果不其然，进入2016年后，国际原油价格便连续多个星期上涨，期货铜及铁矿石等原材料价格大幅度走高，这让那些后知后觉的看空者略感意外。国际原油价格从不到两个月前触及2009年以来的最低点，至此已经反弹近40%。国际能源署与花旗集团大宗商品部门也预测，或许这时候的原油价格已经触底。[1] 巴菲特在突发事件前临危不惧，因此获得了应得的回报。

【课后点评】

股票投资离不开政治因素的影响。尤其是当面临重大突发事件时，稳住阵脚，能直接关系到保住已有成果、减少亏损的问题。这时候脑子一定要清楚，不必四处打听消息，而应坚信自己的判断。长期投资就更该如此。

坚持在能力圈范围内投资

任何情况都不会驱使我做出在我能力圈范围以外的投资决策。

——沃伦·巴菲特

【巴菲特投资策略】

巴菲特认为，投资者应当好好利用股市的非理性。任凭股市如何不理性，投资者都应当坚持在自己的能力圈范围内投资。

巴菲特在伯克希尔公司2013年年报致股东的一封信中说：“认清自己能力圈的半径，并且待在能力圈里面，非常重要。即便做到了，有时候我们还是会犯错误，无论买股票还是收购公司。但是，这样做至少不至于带来灾难。”

巴菲特说，大多数投资者可能会认为，自己并不具备足够的知识来理解和

1 吴家明. 油价上周大幅反弹，巴菲特抄底成功？. 证券时报，2016-3-7.

预测投资对象未来的赢利能力（他的意思是说，这些人担心自己的能力圈范围不够大），可是在他看来，一般投资者并不需要那些技能。因为总体来看，上市公司的表现虽然不乏起伏，但总是会长期向好的。

“能力圈”原则是巴菲特提出的一个著名概念，我们可以简单把它理解为“不熟不买，不懂不做”。意思是说，凡是不熟悉、不了解的股票，投资者就不要去碰。巴菲特说，无论是谁，在任何情况下，都不可能促使他去做自己不熟悉的投资。

截至2007年年末，巴菲特只投资过一只中国股票，那就是中石油H股。即使如此，他也在不长的时间里就把它全部清仓了，宁可因此少赚128亿港元。这只股票卖完后，他才在2008年年末投资2.3亿美元买入第二只中国股票——比亚迪公司10%的股权。

也就是说，巴菲特投资中国股票，实际上是“一只一只”买的，手中只持有一只股票。而就是他仅有的这两次中国股票投资，写下了他过去60年职业投资史上获利最丰厚的投资纪录——以年平均复合回报率排序，历史上巴菲特投资最成功的便是中石油H股，持有期5年，年复合回报率52%，总回报率720%；排名第二的是比亚迪公司，截至2014年年末，持有期6年，年复合回报率41%，总回报率671%。

这本身只能说明一点，那就是，巴菲特虽然非常看好中国股市，可是很可能因为他对中国股市并不十分了解，所以他在投资中国股票时异常小心翼翼，生怕超出他的能力圈范围。当然还有一种可能，那就是他对中国股票不是十分感兴趣，而关于这一点，他已经公开否认过。与此同时也能看出，巴菲特投资中国股票是“一抓一个准”，用中国话来说就是“少而精”或“稳、准、狠”。

另一个例子是1994—1998年，美国股市在网络股、科技股的推动下不断走高，在牛市达到顶峰。面对股价飞涨的高科技股，巴菲特一股都没有买，原因就是他没办法去衡量它们未来的现金流和内在价值。正是在这种背景下，1999年成为巴菲特投资业绩第三差的一年。当年伯克希尔公司每股股票账面价值仅仅增长了0.5%，仅次于2008年的-9.6%和2001年的-6.2%。

不过正所谓“否极泰来”。巴菲特由于不懂高科技股，固然少赚了不少钱，但也因此躲过了随后网络股、科技股泡沫破灭这一危机。当美国股市连续三年下跌，累计跌幅超过50%，伯克希尔公司却取得了2000年增长6.5%、2002年增长10% 的优异的投资成绩。

在这里，我们来看一看巴菲特的能力圈范围究竟有多大，或者说，他是怎样在能力圈范围内理解他所了解的股票的价值的。

仍然以中石油为例。巴菲特知道，中石油（中石化、中海油也是如此）公司的主要利润来源是成品油，包括制造业利润和销售利润两大块。他同样清楚，在中国，决定成品油价格的权力并不在中石油公司手里，而是在政府那里。确切地说，中国国内成品油的出厂价和零售价是由国家发展和改革委员会决定的，企业能够决定的仅仅是批发价。而从出厂价、批发价、零售价三者关系看，政府掌握的出厂价、零售价居于绝对主导地位。出厂价、零售价确定了，批发价的浮动余地很小。所以，巴菲特判断中石油的内在价值和业绩预期，就比较周全地考虑到了这一点。

一方面，中石油、中石化、中海油根据国际市场原油价格持续上扬的背景，已经多次向国家发展和改革委员会提出成品油涨价方案；另一方面，当时中国国内的消费者价格指数（CPI）已经连续多月逐月上扬，政府不得不严格控制各项提价措施出台。当时的背景是，2007年7月中国 CPI 指数比上年同期上涨5.6%，8月上涨6.5%，9月上涨6.2%，10月上涨6.5%，11月上涨6.9%，12月上涨6.5%（全年上涨4.8%），2008年1月更是上涨了7.1%。而根据常识，CPI>3就属于通货膨胀，CPI>5就属于严重的通货膨胀。在这种背景下，政府已经宣布在2008年3月底以前，原则上不再出台新的提价政策。

这表明，虽然国际市场原油价格在不断上涨，可是中国国内成品油价格由于是由政府严格管制的，所以包括中石油在内的国内石油公司的经营业绩不得不受到重大影响。事实上，中石油公司从2007年第二季度开始，经营业绩就已经出现持续环比滑坡。像这样的超级大盘股，业绩成长性又不理想，相对于2006年每股收益不到0.78元人民币计算，如果按25倍的市盈率，A 股股价应该在20元人民币以内。

巴菲特被誉为“股神”，不可能对中石油公司的这些基本面情况不了解，但是他又不能口无遮拦，把这些理由和盘托出。所以，他唯一的办法就是在2007年下半年全部抛空中石油股票，见好就收。从这一点来看，他的这种投资行为非常容易理解，实际上这正是他在能力圈范围内做得很好的一件事，让人看到了他理性投资的一面。

【课后点评】

每位投资者都有自己的专长，利用专长了解投资对象的价值，是充分利用能力圈范围的表现。每个人的能力圈范围有大有小，但没关系，只要在能力圈范围内投资就算是理性投资，这样的投资更拥有成功的把握。

第 8 课　怎样避开投资误区

经常用镜子照照自己

投资人真正需要具备的，是对所选择的企业进行正确评估的能力。请特别注意“所选择”这个词，你并不需要成为一个通晓每一家或者许多家公司的专家，你能够评估在你能力圈范围之内的几家公司就足够了。能力圈范围的大小并不重要，重要的是你要很清楚自己的能力圈范围。

——沃伦 · 巴菲特

【巴菲特投资策略】

巴菲特认为，投资者要尽力避开投资误区，始终坚持在自己的能力圈范围内投资。投资者只有做到这一点，才能准确评估投资对象的内在价值。

从这个意义上说，经常用镜子照一照自己是很有必要的。古人说：“以铜为镜，可以正衣冠。”股票投资也是如此，投资者经常用能力圈范围来衡量一下自己，有助于避开投资误区。

每个人的能力有大有小，这是很显然的。是不是只有能力强的人才能投资股票，能力不够的人就不能投资股票呢？巴菲特认为，这种观点不对。无论能力大小，每个人都可以投资股票，关键是你必须清楚自己能力的大小，并且知道自己的能力圈范围在哪里。

那么，怎样才能做到这一点呢？巴菲特介绍说，你可以在自己了解的股票名称前面做个记号，然后画掉那些内在价值低、没有好的管理层、经不起困难考验的公司，剩下的就是你需要的公司了。也就是说，对于这些股票的了解，都在你的能力圈范围之内。

巴菲特着重指出，对于投资者来说，最重要的不是看能力圈范围大小，而是看能力圈的边界所在。如果你非常清楚自己的能力圈边界，你就会比那些虽然能力圈范围比你大5倍，但他们不知道自己的能力圈边界在哪里的投资者富有得多。

在明确了自己的能力圈边界后，不用说，你应该把自己的投资完全放在你的能力圈范围之内。也就是说，你只对自己了解的，并且具有很好的内在价值，有一个好的管理层，经过困难考验证明合格的公司进行投资，这样你才能避免犯大的错误。

这些股票都有一个共同特点，那就是业务相对简单，业绩相对稳定。如果一家企业的业务非常复杂，而且经常变化，投资者就没办法预测它未来的现金流。在上市公司中，确实有许多公司业务非常复杂，而且不断变化，但这和你没关系，你不去碰它们就是了。只要坚持避免犯重大错误，投资者只需做很少几件正确的事情，就足以取得成功。

巴菲特举了一个例子。自从1986年阿杰特 · 吉恩进入伯克希尔公司，并且负责签发所有保单后，巴菲特仔细观察发现，他从来都没有违背过签发保单的3项原则，这种认真负责的态度让巴菲特感到非常满意。

巴菲特认为，无论在什么情况下，如果能够非常严格地对自己进行纪律约束，虽然无法保证绝对不会发生损失，但至少可以避免许多不必要的愚蠢错误。保险和投资一样，要想取得成功，最关键的因素不在于做出几项非凡的英明决策，而在于避免做出愚蠢决策。

巴菲特介绍说，他的工作就是专注于自己所了解的事情，这一点非常非常重要。在任何情况下，没有谁能让他做他能力圈范围以外的投资决策。虽然不同的人所了解的行业不同，但最重要的是，要知道自己了解哪些行业，以及在什么时候、做什么样的投资决策，才在自己的能力圈范围之内。

【课后点评】

巴菲特认为，避免做出愚蠢投资决策的首要条件是，在自己的能力圈范围内行事。一个人的能力圈范围有大有小，但更重要的是，要明确自己的能力圈边界在哪里。一旦越过了能力圈边界，量变就会引发质变。

博采众长，不断学习

我自己有 85% 像格雷厄姆，有 15% 像费雪。

——沃伦 · 巴菲特

【巴菲特投资策略】

巴菲特认为，投资者要想尽力避开投资误区，就要好学不倦，提高自己。

在他看来，任何一位投资天才都不是从天上掉下来的，而是他博采众长、不断学习的结果。股市风云变幻，要想适应并战胜它，投资者就必须持续不断地学习价值投资和长期投资理念。只有这样，才能更好地避开股市陷阱，降低投资风险。

巴菲特搞投资是科班出身，大学毕业后他仍然好学不倦，一有空就去内布拉斯加州府林肯市图书馆，认真阅读各种保险业文献资料和统计资料，对整个美国的保险业业务发展了如指掌。不但如此，他还由此获得了许多美国保险业中乏人问津的具体数据，这为他后来拓展伯克希尔公司的保险业务打下了坚实的理论基础。

对巴菲特一生影响最大的是他的老师本杰明 · 格雷厄姆，巴菲特从他身上学到了许多投资理论和财务分析方面的知识。

本杰明·格雷厄姆同样也非常欣赏这位得意门生，他专门教巴菲特学习如何掌控情绪，以便在股价涨跌中更好地把握机会。事实证明，巴菲特取得投资成功的主要原因之一，就在于能很好地把握自己的情绪，始终不失理性。

对巴菲特有重大影响的还有美国著名经济学家、被誉为“成长股之父”的菲利普·费雪。有一次，巴菲特在读完菲利普·费雪的著作《普通股和不普通的利润》之后，把它奉为圭臬，想方设法打听作者住处。

巴菲特见到菲利普·费雪后，从他那里学到了最新的可行性方法，即如何判断成功的长期投资，从而获取了丰厚的利润回报。巴菲特回忆说，他刚见到菲利普·费雪时，菲利普·费雪给他的印象，与他的思想给他的印象一样深刻。

巴菲特取得巨大成功后，并没有忘记所有帮助过他的人，他把本杰明·格雷厄姆和菲利普·费雪两人称为自己的“精神父亲”。

当然，巴菲特博采众长，除了这两位恩师外，他也从不放过任何一个学习机会。他的儿媳妇玛丽·巴菲特在《巴菲特原则》一书中这样叙述道：“我们看到的巴菲特，有一部分是本杰明·格雷厄姆，他从他身上学到了以企业前景为重点的投资哲学，以及强调价格是选择投资的主要动因；有一部分是菲利普·费雪，他从这位神话般的资产管理人身上，学到的是只有最优秀的企业经营和远景，才是唯一值得投资的商业价格；有一部分是劳伦斯·彭博，他从这位20世纪30年代的思想家和作家身上，学到的是“消费独占企业”的最佳投资价值理论；有一部分是约翰·威廉姆斯，他从这位20世纪30年代的数学家和财务哲学家身上，学到的是投资价值理论；有一部分是罗德·肯尼士，他从这位英国经济学家身上，学到的是“着重组合概念”和“认真研究某个领域虽然重要，但不可失之一隅”的理论；有一部分是艾格·史密斯，他从他身上学到的是长期投资股票理论；有一部分是查理·芒格，而且这是最重要的部分，他从这位好朋友、合伙人、法学家、财务公司主持人身上，学到的是如何把精力集中在精算购买优秀企业的买价上。”

总的来说，巴菲特学习的这群对象都不属于墨守成规的人，他们有关股票投资的观点和思想前后跨度为100多年。正是这样的博采众长，铸就了今天的巴菲特。

值得一提的是，巴菲特非常好学，却又从不迷信，他并不是那种食古不化的人。以菲利普·费雪为例，他非常喜欢投资半导体和化学工业；可是巴菲特则相反，他从来就不买制药股。

巴菲特解释说，这种现象并不矛盾，可以说他们两人都对。因为对于巴菲特来说，要知道哪家制药厂生产什么药品并不难，但如果要深入了解它的企业竞争优势在哪里，他并不具备这个能力。更何况，即使他是这方面的专家，也只有深入下去，紧跟产业发展变化，才能做到胸有成竹。而菲利普·费雪就不同了，他是这方面的专家，理应投资这些股票。

巴菲特认为，每个人的知识面都十分有限，但是显而易见，丰富的知识对股市投资会有巨大帮助。如果做不到这一点，那么你就要实事求是地确定自己不知道的地方有多少，不知道的地方在哪里。你必须不断地、反复地问自己：“我了解这只股票吗？”

巴菲特是这样说的，也是这样做的。他认为，对于大多数人来说，要想避免出现大的投资错误，就必须对自己所要投资的股票和企业进行深入的了解。理性的投资是从自己熟悉的知识、运用自己熟悉的知识开始的。这听起来还颇像我们平常所喊的口号“学习、学习、再学习”呢！

【课后点评】

巴菲特认为，任何知识对投资都是有帮助的。但投资者如果能从自己熟悉的领域开始选择股票，然后不断地反问自己：“我了解这只股票吗？”在得到反复确认后再开始投资，就会拥有更多成功的把握，就能够避免犯许多错误。

不碰自己不懂的股票

在快速变化的产业中预测一个企业的长期经济前景，远远超出了我们

的能力圈边界。如果有人声称拥有对高科技产业中的公司进行经济前景预测的技巧，我们既不会嫉妒，也不会模仿他们。相反，我们只是固守于我们所能理解的行业。如果我们偏离了这些行业，我们一定是不小心走神了，而绝不是因为我们急躁不安，而用幻想代替理智。幸运的是，几乎可以100%地确定，伯克希尔公司总是有机会在我们已经画出的能力圈内做得很好。

——沃伦·巴菲特

【巴菲特投资策略】

巴菲特认为，投资者要尽力避开投资误区，不碰自己不懂的股票。

在巴菲特看来，不碰自己不懂的股票应当作为一条铁的纪律。他过去一再承认，他对高科技股，尤其是网络公司股票一窍不通，所以他几乎从来没碰过这样的股票。

2014年3月，巴菲特参加与大学生的见面会。当有人问他做过的最冒险的投资是什么时，他的回答是“从来没有”。他说，他和合伙人查理·芒格从来只投资他们熟知的领域，他认为最好的投资便是“待在自己能力和知识的范围之内”。不过，他也坦率地承认，要做到这一点，对大多数人来说都很难。因为人们总是很容易受到情绪或别人的影响，从而动摇，从而失去主张，而这正是他和查理·芒格与大多数人不一样的地方。

巴菲特在伯克希尔公司1966年年报致股东的一封信中说，当时的股市行情绝不会促使他进行能力圈范围外的投资。虽然一些科技因素对投资具有重大影响，但是因为无法理解，所以他依然不会去投资那些包含他不懂的科技因素在内的股票。他幽默地说：“我对半导体和集成电路的了解程度，就跟我对于一种叫作chrzaszcz（波兰的一种小虫子）的东西的交配习惯的了解程度一样。”同样的道理，他也不会根据市场价格波动大获其利。虽然这种投资方法在当时确实创造出了实实在在的短期收益，但由于他在认知层面上不掌握这样的技巧，这种操作方法也不符合他的性格，所以，他只好对此敬而远之。

1998年，当时的美国股市上，高科技股一片狂热。当伯克希尔公司股东大会上有人问巴菲特是否也考虑投资高科技股票时，他回答说，他很崇拜安迪·格鲁夫、比尔·盖茨，同样也希望能通过投资高科技企业，把这种崇拜转化为行动；但很不幸的是，他实在不知道微软公司和英特尔公司的股票10年后会是什么样子，所以他就不玩这种自己没有优势、优势在别人那里的“游戏”了。如果他有时间，会思考下一年度的科技发展，但他不会成为分析科技企业的专家。

巴菲特不懂高科技企业，并不能说明高科技企业不好或投资回报率不高，只是他因为“不懂”而不去投资而已。

面对那些因投资高速成长企业获得丰厚投资收益的人——孙正义投资阿里巴巴公司8000万美元，回报超过300亿美元；南非传媒巨头投资腾讯公司8年，回报率高达36倍；汽车公司特斯拉首席执行官马斯科来到中国，掀起一阵电动汽车旋风，2013年特斯拉市值上涨406%——许多人认为巴菲特的投资理念越来越保守，白白浪费了许多好机会，巴菲特却依然坚持自己一贯的投资风格。

2014年5月3日，他在伯克希尔公司股东大会开始之前接受中国中央电视台财经记者傅喻采访时说：“我不知道在5年、10年后谁将是电动车行业的领先企业，同时特斯拉的股票价格已经相当可观，所以我并不会考虑这家公司，当然我对它也没有任何的负面意见。我只是不知道答案。”

至于为什么过去投资比亚迪公司，现在却不投资这个行业里最优秀的企业特斯拉公司，巴菲特是这样解释的：“汽车行业是一个很难断定胜利者的行业，50年前通用汽车看似无法阻挡，它们在美国几乎拥有一半的市场占有率，但4年前通用公司破产了。在汽车行业，很难预言谁将是经久不衰的赢家。美国国产的汽车行业有将近2000家公司，你全部能在网上找到它们的名字，需要40页才能列完。这么多公司接下来发生了什么？在2009年的春天，这么多公司只剩下了3家，而且其中2家都在申请破产。挑选一个未来赢家，并不是一件简单的事情。”他的意思是说，无论别人怎么评价，都不会影响他的投资决策，他不懂不会装懂，不懂就不会去投资。

巴菲特的这种观点和他的搭档查理·芒格如出一辙。

查理·芒格说，他们之所以不投资高科技企业，是因为他们缺乏涉及这个领域的能力，不懂高科技公司的股票。虽然他们用于分析其他传统企业股票的方法，很可能也同样适用于分析高科技企业，他们却实在不知道该怎样去进行分析。既然如此，他们为什么要在自己没有优势，只有劣势的领域玩这种竞争游戏，而不是在自己有明显优势的领域施展才华呢？如果他们在自己的能力圈内找不到可以做的事，那就耐心等待，而不是再去扩大能力圈范围。

巴菲特不投资科技股的理由是“我不了解”。而了解巴菲特的人知道，“我不了解”是巴菲特典型的谦逊而充满智慧的回答，并不是说明他笨。

巴菲特早在1999年11月《财富》杂志上就发表文章解释说，一是科技企业寿命相对有限和竞争优势具有可防御性；二是要想提前识别这些为数不多，又能以合理价格买入的公司难度太大。前者通俗地说就是，科技企业的经济护城河相对而言不是那么牢靠，例如微软公司在20世纪90年代末构筑起来的全球垄断地位，在进入21世纪后就用处不大了。

他又举例说，汽车业在20世纪初还是一个革命性行业，曾经改变过国家产业秩序。当时美国有2000家汽车和卡车制造商；可是经过一个世纪的竞争厮杀后，现在却只剩下3家企业。他说:“你可以很容易就体会到汽车产业的重要性，却很难从它身上赚到钱。不过从另一个角度来看，有时在这种革命性的产业中更容易找出输家。”

同样的例子还有航空业。巴菲特说，这是“一个让投资人想到其美丽远景便口水直流的新兴产业，为此我特地跑去找当初所有的飞机制造商的资料。我发现在1919—1939年，大约有300家公司，但到现在可能只剩下几家还能苟延残喘。这里有最近20年宣告破产的129家航空公司的名单，大陆航空甚至聪明到名列该名单两次。截至1992年，所有航空公司的合并净利润是零。没错，它们连一毛钱也没赚过”。

巴菲特特别提醒投资者说，重要的不是评估这个产业对社会有多大的影响，也不是它的成长性，“而在于个别公司有多少竞争优势，且更重要的是，这种优势能维持多久！一种具有重重保护的产品或服务，才能真正为投资人带来甜美的果实”。[1]

巴菲特继续谦虚地说，他之所以不去碰高科技公司股票，一方面是因为自己智力和学识上有缺陷，阻碍了对事物的了解；另一方面是因为这个产业的特性令人琢磨不透，变化太快。

用他自己的话来说就是：“无法确定这些公司的业务到底是‘宠物石头’还是‘芭比娃娃’。”他即使在这方面花许多时间进行研究，到头来很可能仍然无法解决问题。既然如此，那就干脆不去碰它了。

不用说，每个人的能力圈范围和大小都不一样，所以绝不能盲目听信别人的。例如，对于金融衍生品来说，就没有几个普通投资者能搞得清，可是巴菲特在这方面却是门儿清，别人与他在这方面就不能相提并论了。

巴菲特在伯克希尔公司2009年年报致股东的一封信中说：“我们很高兴我们持有这些衍生品合同。至今我们已经从它们所提供的浮动中获利颇丰。我们希望继续通过这些合同赚取更多的投资收益。长期以来我们一直投资我和查理认为被错误定价的衍生品，正如我们尝试投资被错误定价的股票和债券一样。事实上，我们是在1998年第一次报告我们拥有这些合同。我们一直都在警告大家衍生品会给社会和相关人士带来危险，还可能是毁灭性的——当这些合同导致交易对手风险和（或）举债经营风险的时候，风险会达到顶点。在伯克希尔，这从来没有发生过，将来也不会发生。”

巴菲特的这种自信是从哪里来的呢？一方面他是金融科班出身；另一方面在于伯克希尔公司的所有金融衍生品合同，除了少数几家公司，如中美能源控股公司、通用再保险公司，其余的都是由巴菲特亲自把关的。

说到这里顺便提一句，巴菲特承认不懂高科技股，其实绝大多数投资者对此也都是似是而非，没几个人真懂，更别轻信他们自称“内行”了。

正如巴菲特所说，很难判断高科技行业的长期发展前景，投资这类股票和

1 无忌 . 为何巴菲特不投资科技股 . 腾讯网 [2014-3-27].

他一贯的投资原则是背离的。

他举例说，30年前我们能预见现在的电视机产业或电脑产业有如此的变化吗？当然不能，包括那些热衷于进入这些产业的投资者和职业经理人也不能。既然这样，那为什么他和查理·芒格又非得要做到这一点呢？

巴菲特认为，他有能力理性地预测投资可口可乐公司股票的现金流，却无法准确预期10大网络公司股票未来25年里的现金流。在这种情况下，如果去投资网络公司股票，这种投资无疑是在瞎猜、碰运气。

不过，巴菲特不碰高科技股票，并没有因此摆脱高科技浪潮席卷全球对每个人，包括他在内的巨大影响。即使他不投资高科技公司股票，高科技产业浪潮也会影响到他投资的那些传统股票。

1995年，巴菲特投资的《世界百科全书》公司，就面临着来自电脑光盘与在线内容提供商的激烈挑战。当时《世界百科全书》公司虽然仍然有盈利，可是销售收入和利润却在直线下降。这就迫使它增强在电子产品方面的销售，大幅度降低总部管理成本。可见，每一位投资者买什么样的股票完全可以由自己决定，但任何客观事物都不以人的意志为转移。扬长避短，才能增加投资成功的把握。

【课后点评】

投资者要想避开投资误区，很重要的一点是要坚持实事求是的态度，“不懂就是不懂，不要装懂”。如果你硬要在自己不熟悉、吃不准的行业投资股票，那就和赌博没什么两样。巴菲特不碰高科技股，就是因为这一点。

不买商品型企业股票

我喜欢的是那种根本不需要怎么管理就能挣很多钱的行业。它们才是我想投资的那种行业。

——沃伦·巴菲特

【巴菲特投资策略】

巴菲特认为，投资者要尽力避开投资误区，不买商品型企业的股票。

在他看来，这样的企业类型最常见的有：纺织行业、食品原料行业、钢铁行业、石油和天然气行业、造纸行业、木材行业等。

这是什么道理呢？巴菲特说，因为这些企业所生产的产品，市场竞争非常激烈，而且主要竞争因素是价格，因此容易陷入价格战。

例如，即使你相信某个品牌的汽油比另外一个品牌好，可是你在加油时，主要的选择依据还是会看哪个品牌的汽油更便宜。水泥、木材、砖瓦、小麦、玉米等产品，也是这种情况。

价格一旦作为主要竞争因素，那么产品销售的利润就会很薄。所以在这些行业中你可以看到，能够在行业中取得领导地位的企业，都是那些低成本公司。公司成本越低，价格灵活性就越大，利润就越高。

这个道理虽然简单，意义却十分重大——企业要想追求在行业中的领导地位，就必须不断进行技术革新，不断降低成本；可是技术革新本身又会增加资金投入，从而提高成本，至少会在短时间内增加成本。

这种复杂的关系，对公司管理层的个人品质和智慧提出了很高的要求。如果公司管理层这方面的能力并非出类拔萃，公司就会在激烈的竞争中败下阵来，走向衰落乃至破产。

我们常常会看到，一些企业的衰败伴随着管理层缺乏长远眼光，浪费或误用企业资源；其实反过来也可以说，管理层缺乏长远眼光，浪费或误用企业资源，容易导致企业衰败。这一点在商品型企业中表现得尤为突出。不难看出，如果你把资金投资于这样的上市公司，风险会有多大。

一般来说，从投资角度看，商品型企业未来的成长空间都不大。因为激烈的价格竞争，会使这些企业利润率很低，从而缺乏扩张能力。而且，这些企业成本的一个重要部分是工人工资。随着工资成本不断上升（这是发展趋势），以价格为主要竞争手段的企业，竞争优势就会逐渐消失。

巴菲特举例说，美国最大的纺织品企业伯灵顿工业公司就是这样。这家公司1964年的销售额是12亿美元，股价为30美元。1964—1985年累计资本支出约为30亿美元（合每股100美元），其中大部分都用在降低成本、更新设备上了。但即使这样，1985年其销售额也只有28亿美元，利润率比1964年下降许多，股价也只有34美元，比1964年略有增加。

必须指出的是，伯灵顿工业公司的管理层是这个行业中最能干的一群人。所以完全可以说，该公司业绩增长缓慢，并不是由管理层管理水平低造成的，主要原因在于这个行业利润率低且变化不定，货款回收率低，顾客缺乏品牌忠诚度，生产厂家多，生产能力过剩，收益几乎完全依赖于管理层如何有效运作企业有形资产而不是无形资产。所以巴菲特认为，投资者购买股票时有必要避开商品型企业，否则很可能只能得到一般的投资回报。而要判断某个公司是否属于商品型企业，办法也很简单，看看价格是不是其市场竞争的唯一因素就行了。

【课后点评】

巴菲特不主张购买商品型企业的股票，是因为他认为这些企业的唯一竞争优势是价格，很容易在与同行的低价互残中头破血流。实际上，这和他一贯主张的投资拥有经济商誉、现金牛、消费垄断性企业的原则是一脉相承的。

只选择低成本企业投资

我们投资部分股权的做法，唯有当我们可以用有吸引力的价格买到有吸引力的企业时才行得通；同时，也需要温和的股票市场来帮助我们实现此类投资。而市场就像上帝一样，只帮助那些自己帮助自己的人；但与上帝不一样的地方是，它不会原谅那些不知道自己在做什么的人。对投资人来说，买入价格太高，将使优秀企业未来10年业绩增长的效果化为乌有。

——沃伦·巴菲特

【巴菲特投资策略】

巴菲特认为，投资者要尽力避开投资误区，只选择低成本企业投资。投资者要尽量把资金集中投向低成本企业的股票，哪怕它不是行业领头羊。

他认为，这是因为低成本企业的获利空间更大，将来总有翻身的一天——当市场交易越来越透明、价格信息越来越开放、消费者越来越精明时，它们雄霸市场只是时间问题。投资这样的企业，不会吃亏。

巴菲特举例说，过去他曾经犯下一个错误，那就是没有购买全球最大的沃尔玛百货公司的股票。为什么？原因就在于沃尔玛公司完全符合低成本这一特征。不过，吸取了这一经验教训后，巴菲特就不会重犯这样的错误了。事实上，伯克希尔公司从1997年就已经开始投资这家全球最大的百货公司了。

巴菲特认为应该选择这样的股票，他也是这样身体力行的。在美国家具行业，成本最低的就是伯克希尔公司旗下的内布拉斯加家具店。这家公司的操作成本只占其销售价格的15%。除它以外，操作成本最低的是 Levitz 公司，它的操作成本仅占到其销售价格的40%。

这表明，一方面，在销售价格一定的情况下（多数情况下是这样，同样的商品，销售价格是不会相差很大的），内布拉斯加家具店能够比 Levitz 公司多获得25% 的毛利（要知道，这可相当于毛利率提高了85% ÷ 60%-1=42% 啊！）；另一方面，这又给内布拉斯加家具店带来了极大的降价竞争优势，使它在今后的市场竞争中更能占据有利地位，更能赢得主动权。

内布拉斯加家具店的低成本优势与 Levitz 公司相比尚且如此，与其他操作成本更高的同行相比，其投资报酬率之高就更显而易见了。在这种情况下，只要保持这种优势，假以时日，就没有什么竞争对手值得放在眼里了。

大名鼎鼎的沃尔玛百货公司也是如此。巴菲特为什么要投资沃尔玛公司呢？就是因为它的操作成本极低，同样只占其销售额的15%。可是在美国，最大的电器连锁公司，这一比例却高达25%；最大的家具连锁公司，这一比例更是达到40%。

大型零售企业的一大特点是，谁的操作成本低，谁的零售价就可以进一步降下来，从而吸引更多的顾客；而更多的顾客必然会为该企业带来更大的销量，从而使其可以进一步降低进货成本，形成良性循环。

毫无疑问，选择这样的低成本公司股票进行投资，是最理性的。

巴菲特在伯克希尔公司2015年年报致股东的一封信中举例说，伯克希尔·哈撒韦能源公司（即过去的中美能源公司），是在1999年获得艾奥瓦州公共事业代理权的。他说，1998年，该公司员工人数为3700名，电能产量是每小时1900万兆瓦；2015年年末，其员工人数减少到了3500名，电能产量却反而增加到了每小时2900万兆瓦。

巴菲特的意思是说，它的产能提高了（3700÷3500）×（2900÷1900）-1=61%。不但如此，在这17年中，该公司的运营费率却从来没有提高过，相反其同期工业成本费率却上涨了44%。更不用说，该公司的安全记录也非常棒，2015年的员工事故率只有0.79%，大大低于1998年的7%。

再来看2006年伯克希尔公司收购的美国太平洋电力公司。收购前一年，太平洋电力公司的员工人数为6750人，产能效率为每小时5260万兆瓦；可是到2015年时，其员工人数却降到了5700人，相反产能效率却提高到每小时5630万兆瓦，产能提高了9.9%。与此同时，2015年该公司的员工事故率也只有0.85%，大大低于2005年的3.4%。

巴菲特说，这样的高效率和高安全率在同行中应该说非常出色。尤其是在安全率方面，它们可以排到美国同行业的前10位。

明白了这一点，我们就可以知道，为什么美国各地都希望伯克希尔·哈撒韦能源公司能够收购它们的公共事业——因为它本身就意味着高效和安全，更不用说它还能给当地带来巨额的现金流入。

【课后点评】

选择低成本公司的股票，是避开投资误区的一条捷径。因为低成本公司在与同行竞争中会有更多主动权。它们不但能给投资者带来更多的回报，而且不容易倒闭。投资这样的股票更令人放心，更会得到“上帝”的帮助。

买物有所值，不贪便宜

> 我们的经营和投资经验最终使我们得到的结论是，所谓“咸鱼翻身”的公司最后很少有成功的。与其把时间与精力花在购买股价低廉的烂公司上，远不如以合理的价格投资好公司。
>
> ——沃伦·巴菲特

【巴菲特投资策略】

巴菲特认为，投资者要尽力避开投资误区，不贪廉价的烂货。

在他看来，具有持续竞争优势的价值投资，要求以一般的价格买入一家不一般的公司的股票，而不是以不一般的价格买入一家业绩一般的公司的股票。不绝对以股价低廉为标准来选择股票，这是避开投资误区的经验之谈。

巴菲特在伯克希尔公司1989年年报致股东的一封信中第一次总结出这一观点。1989年对于巴菲特来说，是个分水岭。在此之前，巴菲特的投资失误较多，而在此之后由于吸取了之前的教训，他无论是买入公司还是买入股票都会坚持两条原则：一是这家企业必须是一流企业；二是这家企业必须有一流的管理层。

有一次，一位职业高尔夫球手忠告他：“练习未必能使技术完善，但练习的确能使技术稳定。”巴菲特从这句话中得到启发，从此调整投资策略，开始用一般的价格买入好股票，而不是以低价格买入一般的股票。

巴菲特回忆说，他在投资生涯中犯的第一个错误，是买下伯克希尔公司控制权。虽然他非常清楚，该公司的纺织业务并没有什么发展前途，但因为它的价格实在便宜，所以他还是无法抵挡得住诱惑。

在买下该公司后的最初几年，这一决策确实让他获利颇丰，可是到1965年投资该公司后，他才发觉他的这一投资策略并不理想。在买下伯克希尔公司后不久，巴菲特通过一家多元零售公司（这家公司后来并入了伯克希尔公司），买入了霍士柴尔德·科思百货公司。

他为什么要买入这家公司呢？因为他觉得，这家公司的购买价格实在便宜，比其账面价值要低许多；更重要的是，这家公司的管理层是一流的（这是巴菲特一贯看重的）；除此以外，它还拥有账面以外的大量不动产，以及由于采用“后进先出”法所形成的大量存货备抵。

可结果怎么样呢？3年过去后，巴菲特终于以与当年买入价差不多的价格出售了该公司。他觉得，能以这样的价格脱手，已经很幸运了。

巴菲特总结说，类似这种买便宜货的愚蠢行为，在他的投资生涯中有很多。这些都是他在吸取了多次惨痛教训后，才慢慢领悟到的。

他发现，当他以非常低的价格买入一家公司的股票后，该公司都会因为经营有所改善而股价上升。而实际上，这时候便是他套利变现的好机会。因为从长期看，该公司的表现很可能会越来越糟糕。

巴菲特形容这是一种“雪茄烟蒂式”投资法——就像你在大街上捡到一个雪茄烟蒂，它短得只能让你吸上那么一口，甚至连烟都冒不出来。但由于得到这个雪茄烟蒂的代价实在太小，只要一弯腰就能得到，所以仍然会有贪便宜的人把它捡起来吸上一口。

这时候你要做的，就是充分发挥这仅有的“一口”的价值。用在股票投资上，就是要从短得不能再短的投资机会中迅速获利了结。

巴菲特说，除非你是一位清算专家，否则投资这类企业非常愚蠢。虽然它们的买入价很便宜，可是到后来它们往往一文不值。因为陷入困境的企业，通常是一个问题接一个问题。并且，买入价便宜固然是一种优势，可是却会由于以后的投资回报率过低，而把这种优势慢慢销蚀殆尽。

【课后点评】

巴菲特认为，投资股票当然要追求物有所值，但物有所值绝不是买入价格越低越好。买入价格过低，很可能表明该股票本身有问题，甚至已经病入膏肓，其今后的低回报率会慢慢销蚀掉你买入该股低价的优势。

好股票要紧紧捂在手里

我们的重点在于试图寻找到那些在通常情况下未来 10 年，或者 15 年，或者 20 年后，其经营情况可以预测的企业。

——沃伦 · 巴菲特

【巴菲特投资策略】

巴菲特认为，投资者要尽力避开投资误区，防止频繁换股。

在他看来，把好股票紧紧捂在手里，这本身就是规避投资误区的一种手段。股票投资应当作为一种长期打算，应该让时间来证明你的投资决策是正确的。这里的“时间”是一个相当长的时期，有时甚至是“永远”。

显而易见，投资者要做到这一点，就必须忽视市场上短期的股价波动，把目光放在上市公司的长远发展上。就好像骑自行车的人眼睛应该看着前方而不是脚下一样，这样才能骑得更稳。巴菲特坚信，虽然股市短期内会有波动，但从长期看，股价一定会向其内在价值回归的。

巴菲特介绍说，伯克希尔公司下属的资本城公司，当时投资35亿美元并购了美国广播公司，就证明它对这种长期投资具有足够的耐心。

要知道，这35亿美元可不是个小数字。更重要的是，收购资本城 / 美国广播公司后的几年内，并不会看到理想的效益，投资者没有长期打算可不行。

巴菲特幽默地说，就像无论多么伟大的人，总是需要时间来加以证明。他说，或许你能在一个月内让9个女人都怀孕，却无法让她们在1个月内都生出小孩来，因为这是需要过程的。

巴菲特在伯克希尔公司1986年年报致股东的一封信中提醒投资者，没有什么比牛市更令投资者感到振奋了，因为所有持股的投资者在牛市中都能获利。可是投资者也请不要忘了，股票价格是绝对不可能无限期超过其内在价值的。

对此，巴菲特的助手查理·芒格也在1990年伯克希尔公司股东大会上表示，他和巴菲特实际上是欢迎股市下跌的，因为这样一来，他们会捡到更多的便宜股票。不仅他们是这样，所有坚持长期投资理念的股票投资者实际上都应该持这种态度。可遗憾的是，有太多的投资者在股价上涨时心情愉快，在股价下跌时闷闷不乐，这实在是一件不合逻辑的事。因为对于长期投资者来说，他们的考察期限是5年、10年、20年，所以他们根本不在乎短期的价格波动。

把好股票紧紧捂在自己手里，是巴菲特的一贯做法。

以他的早期投资经历为例，他早期创办巴菲特有限公司时，一直投资旋转玩具制造业、无烟煤生产，直到1962年11月开始买入伯克希尔·哈撒韦公司的股票。当时这只股票的价格是每股7.6美元，这个价格不但低于其账面价值，而且还低于当时银行储蓄的收益率。

此后，巴菲特不断以与这个价格差不多的股价买入该股票，1965年就已经从经济上控股了伯克希尔公司，并且成为该公司的一名董事。

在收购伯克希尔公司之前，巴菲特就已经具备了这样的经济实力。他1956年开始创办巴菲特有限公司时，只有10万美元资产，据他自己计算，1962年巴菲特有限公司的净资产已经达到717.85万美元。

巴菲特取得如此成就的这次投资，可以看作是他用时间来证明其投资决策的最早尝试——从1957年至1962年，道琼斯工业指数年平均增长率为8.2%，而巴菲特有限公司的净资产年平均增长率高达26%，并且没有一年是亏损的。相反，他如果不是这样坚持长期投资，而是抢进抢出，恐怕至多只能实现其回报率的1/3。

【课后点评】

巴菲特认为，把好股票紧紧捂在自己的手里，同样是避开短期炒作误区的方法之一。要注意的是，一定要切记其前提是该股票值得你长期拥有。如果是一只烫手山芋或一只烂瓜，那当然还是越早脱手越好。

学会如何规避投资风险

“不要把所有鸡蛋放在同一个篮子里”是错误的，投资应该像马克·吐温建议的那样，“把所有鸡蛋放在同一个篮子里”，然后小心地看好它。

——沃伦·巴菲特

【巴菲特投资策略】

巴菲特认为，投资者要尽力避开投资误区，方法之一是把所有鸡蛋放在同一个篮子里，然后小心翼翼地看管它，这是很重要的一条。

在中国，“投资有风险，入市须谨慎”这个道理人人都懂，可是在实际操作时往往会被忘得一干二净。这表明，无论是衡量投资风险还是规避投资风险，每个人的观点、方法、态度都不同。

巴菲特认为，股票投资风险确实很难精确计量，但在许多情况下却可以用相对精确的计量来判断。这种判断的主要依据包括以下5个部分：

①这家上市公司是否拥有评估长期经济特性的确定性。

②这家上市公司是否拥有评估企业管理的确定性，包括公司管理层的潜能和明智使用现金流的能力。

③管理人员是否值得信赖，公司获利回报是否面向全体股东，而不是少数管理人员自己。

④公司股票的收购价格是否合理。

⑤未来税率和通货膨胀率（因为它们关系到将来取得的总体投资回报具有

多大的购买力水平）。

巴菲特承认，上述相关因素不要说普通投资者，就是专业分析师也会被搞得晕头转向，因为谁都无法从中得到任何一个精确的数据。但是，并不是说不能得到精确数据就无法衡量投资风险大小，更不能就由此认为无法规避投资风险了。正如美国一位大法官所说，虽然鉴定淫秽小说没有具体标准，可是他一眼就能判别这篇小说是否属于淫秽小说。

巴菲特认为，不同类型的上市公司所具有的投资风险不同，但有一点非常明确，那就是如果投资者能够做到集中投资，就能在降低投资风险的同时，取得较高的投资收益率。

虽然集中投资在短期内的投资收益率波动可能会很大，可是从长期来看，收益率一定会非常高。相反，如果迷信分散投资，由于分散投资方式风险居高不下，投资者最多只能取得相当于市场平均水平的投资回报率。

研究表明，从1987年至1996年这10年间，伯克希尔公司投资的主要股票品种年平均收益率高达29.4%，比同期标准普尔500指数的年平均收益率18.9%高出10.5个百分点。

取得这样高的投资业绩，与巴菲特自觉规避投资风险是分不开的。说穿了，他的方法并没有多少神秘之处，简单地说就是“集中投资＋长期投资”。

测算表明，如果巴菲特不是将主要资金投向可口可乐公司、吉列公司那样的明星企业股，而是平均分配于所投资的各种明星股，那么伯克希尔公司的年平均收益率就会降低到27.0%，下降2.4个百分点。不要小看这2.4个百分点，它意味着伯克希尔公司的年平均投资收益率相对于同期标准普尔500指数，会下降2.4%÷10.5%=22.9%。

再进一步，如果巴菲特不是集中投资这些明星企业股，而是分散投资被纳入当时股票指数的50种股票组合，每只股票都去投资2%的比重，这时候其年平均投资收益率就只剩下20.1%，与同期标准普尔500指数的年平均收益率18.9%相比，基本上没什么优势可言。

伯克希尔公司副董事长查理·芒格，当年在管理他自己的合伙公司时，也是把资金集中投向少数几只股票的。实证表明，从1962年至1975年的14年间，他的年平均复合回报率以标准差计算波动率为33%，接近于同期道琼斯工业指数平均波动率18.5%的2倍。

这样大的波动率说明什么呢？能够简单地说明投资风险巨大吗？不能。要知道，查理·芒格在这14年间取得的年平均复合回报率高达24.3%，相当于同期道琼斯工业指数年平均复合回报率6.4%的4倍！

用这样的观点来观照中国的房地产投资热，也能发现一点问题。

2014年5月3日，巴菲特在伯克希尔公司股东大会召开前接受中国中央电视台财经记者傅喻采访时说，中国投资者如果在美国投资，“我认为相比于购买美国债券，他们更好的选择是投资贸易、房地产”。

针对许多中国人大量购置海外房地产令人担忧一事，巴菲特说：“我关注公司、股票、房地产，关注这些资产未来的潜力，对比我投入的金额。如果你投资了正确的公司、正确的房地产、正确的股票，并长期持有它们，你的投资就会有很好的回报。这适用于中国，同时也适用于美国。”

当被问到一位全球投资者在中国投资、在美国投资、在其他地方投资哪个更好时，巴菲特认为：“应该投资在你认为最合适的市场。如果你认为这份投资适合你，一般来说这样的投资长期收益会更好，而不是那些基于别人建议的投资，或者在电视上听到别人建议而做的投资。”因为所谓“最适合的投资”每年都在变，你不可能跟随别人的建议变来变去，如果这样也就谈不上长期持有了。用中国话来说就是，“投资这件事，你得有自己的主意才是”。

这表明，在巴菲特看来，规避投资风险也要有自己的原则。就像都说房地产投资有泡沫，却依然有那么多人追杀进去；或者相反，一听到房地产投资有泡沫，就不敢进入，这两者都不可取。规避投资风险，最重要的是，你得懂相应领域，并且这种投资在你的能力圈范围之内，就这么简单。

【课后点评】

巴菲特认为，虽然衡量股票投资风险的难度很大，可是规避股票投资风险的方法却相对简单，那就是“集中投资＋长期投资”。在他看来，“把所有鸡蛋都放在同一个篮子里”，然后小心翼翼地看护它，更省心省力。

学记者采访掌握一手资料

投资的一切，就是做出一份调查报告。

——沃伦·巴菲特

【巴菲特投资策略】

巴菲特认为，投资者要想尽力避开投资误区，就要像记者采访一样，学会掌握第一手资料。有了建立在可靠基础上的上市公司的第一手资料，才能对其股票做出正确的判断，从而避开投资误区。

1962年，巴菲特发现戈登·沃特斯美国制造公司的股价已经不到其公司净资产的40%，这一重大发现就是巴菲特像记者采访一样掌握到的真实情况。他对《福布斯》杂志记者说，他如果不是深入挖掘，而是到这家公司去拜访，哪怕遇到戈登·沃特斯本人，也不可能得到这样的情报。

当年率先报道水门事件的《华盛顿邮报》记者之一鲍勃·伍德沃德，有一次向巴菲特请教怎样才能赚到更多的钱。巴菲特说，你可以去投资呀。可是对方说，我对投资一窍不通，那怎么办呢？

巴菲特说，其实投资一点都不难。说穿了，投资要做的一切，就是你要做一份调查报告。

然后，巴菲特就详细地告诉了他具体的操作办法：首先是设计一条详细、深入的报道思路；然后，为了写这篇报道，你就会自然而然提出许许多多的问题，你要根据这些问题去搜集素材；最后，当搜集完这些素材，你就对你的投资对象有了一个清晰而完整的了解。建立在这种基础之上的投资，基本上就不会有太大的风险。

巴菲特自己的许多投资决策，就是通过这种方式做出的。如果他对上市公司进行估测时，认为仅仅根据所得到的文字资料还不够，便会深入现场进行一些非正式调查。

巴菲特曾经想投资斯图德贝克公司，可是有点吃不准，于是前往这家公司进行实地考察。最终他了解到该公司主要生产汽车上用的屏蔽双绞线。

巴菲特去实地了解时，该公司并不愿意告诉他这种产品的生产过程，所以他无法得知这种产品的具体产量有多少，公司内在价值如何，“采访”似乎就只能到此为止了。不过这时候他已经知道，这种产品的主要原料来自联合碳化物公司，并且他已经搞清楚生产一油罐车屏蔽双绞线需要多少成本。这样，他只要知道有多少油罐车数量，就能推断出来上述一系列数据了。

接下来，巴菲特在1965年专门用了将近一个月时间，去堪萨斯城车站核实油罐车数量，并且追踪这一数据。后来，当发现油罐车发货数量增加时，他马上买入斯图德贝克公司的股票，股价当即从18美元上升到了30美元。

巴菲特的父母当年是在学校报社认识的，而巴菲特本人曾经也是《华盛顿邮报》公司的一位非常勤奋的小报童。成为投资大师后，他和许多著名媒体的高级记者都成了朋友。他曾经说过，他如果不是选择了从事商业，很可能会成为一名记者。

确实，在巴菲特的股票投资实践中，能看出他拥有一名记者在编辑、制作方面应该具有的一切天分。他对那些价值被严重低估的行业和上市公司进行研究时，总是具有非常敏锐的商业意识，并且又有记者采访时的独特眼光。

巴菲特一生引以为荣的投资《华盛顿邮报》公司案例，也是通过这种“采访”做出的决策。

1993年10月27日，他在美国哥伦比亚大学商学院发表演讲时说，1973年他是以每股4美元的价格买入《华盛顿邮报》公司股票的。这意味着什么呢？因为当时的《华盛顿邮报》公司并没有外债和内债，这就意味着从企业内在价值看，它的股价应该在20美元左右。而实际上，直到1981年，它的股价才达到这个水平。

巴菲特说，如果那时候你问任何一位商界人士，他们都会告诉你《华盛顿邮报》公司值4亿美元。如果你把这笔资产以8000万美元的价格拍卖出去（相当于当时的股价每股4美元），哪怕拍卖时间确定在凌晨2点，都会有许多人来排队竞买。更何况，经营这家公司的管理层坚强有力，而他们自己也在公司中占有相当一部分的资产份额。

经过这样一番采访和推理，巴菲特得出结论："这笔资产可以说是绝对安全的。即使是把自己的全部资产投入其中，我也不会感到担心，一点也不会担心。"

【课后点评】

从小就拥有记者情结的巴菲特认为，股票投资的前期工作就像是记者采访调查，最重要的是，要能得到扎扎实实的第一手资料，并且要具有记者的独特眼光。建立在这种基础上的投资决策，便能有效避开投资误区。

第 9 课　怎样不受别人干扰

成功的投资者会掌控情绪

你不需要成为一个火箭专家。投资并非智力游戏，一个智商为 160 的人未必能击败一个智商为 130 的人。理性才是最重要的因素。

——沃伦 · 巴菲特

【巴菲特投资策略】

巴菲特认为，股票投资要学会不受别人干扰。要想在长期投资中取得成功，智商并不是最重要的，比智商更重要的是情商。智商高不如情商高，这一点已经越来越被人重视。

巴菲特说，他周围的许多人智商都比他高，工作时间更长，工作更努力，但是他的特长是更理性，善于掌控情绪。他说，你必须能够控制住自己，不让情绪左右你的理智。保持理性，才能战胜不理性的市场。我们没有必要和别人比聪明，却有必要和别人比自制力。

许多人读书很聪明，可是走向社会后却混得不好，往往也能证明这一点。做任何事情都是这样，股票投资当然也不例外。

巴菲特的老师本杰明 · 格雷厄姆认为，对待股票价格波动的正确态度，是所有成功的股票投资者的试金石。从经验看，成功的股票投资者，往往都是那些个性稳定的人。如果你具有数学、财务、会计方面的高超能力，却无法控制自己的情绪，你仍然很难从股票投资中获益。

从这一观点出发，巴菲特认为，决定股票投资成功最重要的因素，是投资者的性格，而不是他的能力。

他说，他个人认为，目前的证券分析和50年前并没什么不同，他也根本没有再去学习股票投资的基本原则。他现在所信奉的一些股票理论，基本上还是当年向本杰明·格雷厄姆学习的那些内容。投资者需要的是一种正确的思维模式，其中大部分内容都可以从本杰明·格雷厄姆所写的《聪明的投资者》一书中学到。现在的关键是，学了这些东西后，要用心去思考那些真正下功夫就能充分了解的股票。再加上合适的性格，投资者股票投资就会越做越好。

巴菲特在给《聪明的投资者》一书第四版所写的前言中特别提到，股票投资要取得成功，投资者必须学会控制情绪。如果读者能够遵循本杰明·格雷厄姆倡导的投资原则，尤其是该书第8章、第20章的宝贵建议，就能从别人的愚蠢行为中赚钱，否则自己就可能会做蠢事，让别人赚钱。

1970年年初，面对美国股市踉踉跄跄下跌的趋势，巴菲特的内心反而十分平静。在华尔街那些知名企业的股价随之一个个猛跌、股市一片混乱之际，巴菲特天生的猎人本性却复苏了。

他经过认真调查和筛选，把关注的目光投向报刊业。他果断出击，从1973年中期开始悄悄地买入《华盛顿邮报》公司的股票。因为经过计算，他发现当时该股票的买入价还不到其内在价值的1/4，这注定是一笔获利丰厚的买卖。而这时候的其他投资者，却基本上因为受到情绪波动的影响，早就忘记了这一点。

后来，巴菲特收购的股票越来越多，使得《华盛顿邮报》公司董事长凯瑟琳·格雷厄姆坐立不安，因为她实在不知道是谁在大量收购她的股票。

1974年，当她终于得知那个神秘人物是巴菲特时，她恳请巴菲特手下留情，不要再买她的股票了，因为它是她父亲传下来的基业。巴菲特答应了她的要求，但交换条件是要在《华盛顿邮报》公司董事会里有个位子。

就这样，巴菲特和凯瑟琳·格雷厄姆成了很好的合作伙伴。巴菲特的介入，使《华盛顿邮报》公司利润大增，年均利润复合增长率高达30%。巴菲特当初收购《华盛顿邮报》公司的投资为0.106亿美元，10年后就升值至2亿美元。

后来，除了1985年根据持股比例在《华盛顿邮报》公司股票回购时卖给对方的股份外，伯克希尔公司一直持有当初购入的这些股票。这些股票的市值加上出售给《华盛顿邮报》公司的股份所得到的收入，很快就高达22.1亿美元。

请想一想，这笔投资的回报有多大吧？ 22.1亿美元，其中成本是0.1亿美元，投资收益是22亿美元，足足上涨了220倍！

在这个案例中，巴菲特收购《华盛顿邮报》公司与其说他目光敏锐，找到了这样一个很好的投资机会；还不如说他善于掌控自己的情绪，在股市狂跌中能镇定自若，这才发现了一只潜力股。

如果他也像其他投资者那样不敢进入股市，总是一再地等等看，就很难以较低价位取得10年内20倍的投资回报了。

巴菲特的合作伙伴查理·芒格，有一次在美国斯坦福大学法学院演讲时透露，在很早以前，他和巴菲特在明白拥有某种性格能够使自己取得更大成功时，就开始努力强化这种性格了。

由此可见，不断学习，并强化训练，学会掌控自己的情绪，是取得股票投资的一大法宝。

散户投资者能够掌控情绪的应有之义，就是摒弃使用杠杆操作。

巴菲特在伯克希尔公司2010年年报致股东的一封信中这样说道："毫无疑问，有些人通过借钱投资成为巨富，但此类操作同样可能会使你一贫如洗。杠杆操作成功的时候，收益会成倍放大，配偶觉得你很聪明，邻居也对你艳羡不已。但它会使人上瘾，一旦你从中获益，就很难回到谨慎行事的老路上去了。我们在三年级时就学过，不管多大的数字，一旦乘以0都会化为乌有。历史表明，无论投资者多么聪明，金融杠杆都很可能给你带来'0'。"

关于这一点，不但对投资者个人来说是这样，对你所投资的企业来说也是如此。

巴菲特说:"许多负债累累的公司认为债务到期时可以靠继续融资来解决问题,这种假定通常是正常的。可一旦企业本身或全球信用出现危机,到期债务就必须如约清偿,届时只有现金靠得住。信贷就像氧气,供应充沛时,人们不会加以注意;而一旦氧气或信贷紧缺,那就成了头等危机。即使短暂的信贷危机,也可能使企业崩溃。事实上,2008年9月一夜之间席卷多个经济部门的信贷危机,就使整个美国都濒临崩溃。"

所以巴菲特表示,投资者把毕生积蓄的很大一部分用来购买伯克希尔公司的股票,他绝不会从事任何可能会给伯克希尔公司带来风险的活动。如果为了追求额外高出的那么一点利润就使股东面临风险,那将是不负责任的。在任何情况下,伯克希尔公司都会最少维持100亿美元的现金储备,而实际上公司通常会持有至少200亿美元的现金储备,主要形式是美国国债,而不是其他利率略高几个基点的短期证券。

这样做的目的,就是既要有足够的现金应对风险,又可以随时出击抄底股市。为此,他宁愿放弃一些本来能获得很高投资回报率的投资。

巴菲特在这里所提的"杠杆操作",就是中国投资者所熟知的融资融券。2015年,中国股市暴涨暴跌,许多投资者因为融资融券而导致倾家荡产,可以说从这方面吸取到了惨痛的教训。归根到底,这些投资者在巴菲特眼里就是那些没有学会掌控自己情绪的人。

【课后点评】

"性格决定命运",这句老话在这里再次得到了证明。巴菲特的成功与其善于掌控自己的情绪是分不开的,这也正是他的老师本杰明·格雷厄姆当年对他进行刻意训练的结果。情绪像股市那样会剧烈波动的人,实际上不适合炒股。

实地走访胜过任何谣传

成功的投资生涯不需要天才般的智商、非比寻常的经济眼光，或是内幕消息，所要的只是在做投资决策时的正确思维模式，以及有能力避免情绪破坏该模式。

——沃伦·巴菲特

【巴菲特投资策略】

巴菲特认为，股票投资要学会不受别人干扰。而要想在股市中避免受各种消息干扰，就要了解目标公司的真实情况。要做到这一点，最重要的是阅读目标公司的财务年报。如果可能的话，要对这家公司进行实地走访，这比任何内幕消息、谣传可靠得多。

他说，股市中充斥着各种谣言，这是必然的。那怎样来判断谣言的真假呢？巴菲特的做法是，通过实地考察，对谣传的真假得出自己的结论。

巴菲特在伯克希尔公司2014年年报致股东的一封信中说："我在生意上的经验对我的投资有所帮助，而我的投资经验反过来又能让我成为更好的生意人。两者的经验是互通的，但有些真理只能通过实践才能彻底领悟。"

他幽默地说，大家如果不信，可以看看弗雷德·施韦德所著的《客户的游艇在哪儿》。书中有一幅彼得·阿诺的漫画，上面画的是懵懂的亚当看着好奇的夏娃，边上的文字说明是"有些事情无论通过文字还是图片都无法让一位处女彻底明白"。如果你还没有读过这本书，外面的会场上就有得卖，该书的智慧和幽默堪称无价之宝。

1963年，美国运通卡的拥有人数高达1000万人，而这时候它在市场上流通的时间还只有短短5年。大家忽然感觉，《时代周刊》杂志所宣告的那种"无现金的社会"似乎真的已经来了。

巴菲特把这一切看在眼里，他认为美国运通公司的股票与以往任何股票都不同。因为它没有工厂，没有任何固定资产，最值钱的是它的招牌。

有一次，美国运通公司在新泽西巴约纳的一家微不足道的仓库，接收了联合原油精炼公司送来的一批色拉油。仓库给联合原油精炼公司开出了收货凭证，联合原油精炼公司则用此收货凭证做抵押贷了一笔款。

没想到，没过多久联合原油精炼公司就破产了。很自然地，债权人要用这张收货凭证来处理抵押品。令人意外的是，1963年11月，美国运通公司打开这批色拉油才发现，其中只有少量的菜油，大部分灌装的是海水。因此，美国运通公司蒙受了巨大的损失，损失额度估计在1.5亿美元，该仓库为此不得不宣告破产。

按理说，这桩欺骗交易应该由联合原油精炼公司来承担责任，但是它已经破产了。而现在仓库也破产了，美国运通公司总部是不是要对此承担责任还有待认定。这时候，一贯重视社会责任的美国运通公司首席执行官霍华德·克拉克勇敢地挑起了担子，主动承担了有法律依据和没有法律依据的各种索赔，美国运通公司的潜在损失十分巨大，总部也已经到了资不抵债的危险境地。

消息传出后，美国运通公司股价迅速下跌，1963年11月22日的股价从60美元下跌到了56.5美元。当天正值美国总统约翰·肯尼迪遇刺，当股市重新开盘后，美国运通公司的股价继续下跌到了49.5美元，各种谣言沸沸扬扬。

面对谣言，巴菲特决定去实地考察一下。他首先来到奥马哈市罗斯牛排屋，在收款机旁一边和店主闲聊，一边观察。他发现，罗斯牛排屋的顾客们仍然在用美国运通卡来支付餐费，他由此推断其他商店也会如此。

接下来，他又来到银行和旅行社，同样看到人们在用美国运通旅行支票结账。后来，他又拜访了出售美国运通汇票的超市和药店，并且和美国运通公司的竞争对手进行了交谈。

经过这一系列实地考察，巴菲特得出两条重要结论：一是美国运通公司并不像大家所说的那样“即将倒闭了”；二是美国运通公司的招牌仍然是全球畅通无阻的标志之一，无论色拉油事件如何发展，它的顾客并没有因此流失多少。

巴菲特想，他的老师本杰明·格雷厄姆一贯主张要以“来自统计数据的简单而明确的数字论证”为基础，而美国运通公司根本没有这些数据，因为它没有运营资金、厂房和设备，所以它的资产负债表上根本看不到这些数字。

但不可否认的是，美国运通公司拥有旅行支票市场80% 的份额，并且在付费卡上拥有主要股份。这表明，这块招牌本身就意味着独占市场的权力。而他的耳闻目睹，再次证实了它是一只值得投资的股票。

1964年年初，当美国运通公司股价跌至35美元时，大家纷纷认为它还要继续下跌，巴菲特却开始大量买入该股票，他把自己1/4的资产全部投入这只股票上。

在别人看来，这无疑是一场赌博。一旦赌输，巴菲特过去辛辛苦苦积累起来的财富和声誉将付之东流。可是在一贯不愿意承担投资风险的巴菲特看来，这根本不是赌博，因为他相信自己经过实地考察后的判断。

美国运通公司首席执行官霍华德·克拉克为仓库债权人承担6000万美元的损失后，遭到了股东们的起诉，他们指责他把公司资产“浪费”在一种似是而非的道德义务上。在这关键时刻，巴菲特主动找到了霍华德·克拉克，称自己是一位“好股东”。霍华德·克拉克的律师在得知巴菲特在买他们的股票时，问巴菲特是否愿意上法庭支持霍华德·克拉克，巴菲特愉快地答应了这一请求。

巴菲特在法庭上对美国运通公司的股东们说，大家应该感谢霍华德·克拉克，而不是指责他。之所以这样说，是因为他正在努力消除色拉油事件对美国运通公司造成的不良影响。大家不妨把美国运通公司承担的6000万美元损失，看作是应该发给大家的红利在邮寄途中丢失了。

巴菲特基于实地调查得出的结论是可靠的。美国运通公司在渡过这一难关后，为包括巴菲特在内的股东们带来了丰厚的回报。

【课后点评】

俗话说，“百闻不如一见”。色拉油事件发生后，巴菲特并没有轻信市场谣传，而是实地考察了美国运通公司的竞争优势，然后耐心地等待股价下跌，在关键时刻抄底美国运通公司股票，最终取得了丰厚的回报。

认准了就要大胆去做

胆大心细，这是做成任何一件事情的法宝，投资当然也不例外。我们不要想着去预测或控制投资的结果。实际上，人的贪欲、恐惧和愚蠢是可以预测的，但其后果不堪设想，更难以预测。

——沃伦·巴菲特

【巴菲特投资策略】

巴菲特认为，股票投资要学会不受别人干扰。只要是自己认准了的事，就要大胆地去做，不要总是在那里想着如何进行预测或控制投资结果。如果总要参考别人的意见，然后犹豫不决，就会失去许多良机。

巴菲特在伯克希尔公司2011年年报致股东的一封信中说，一家健康的保险公司在业务运营上需要遵守4条铁律，总体来看，其中有3条是很容易做到的，第四条则很难达到，那就是“如果不能收取适当的保费收入，宁愿选择离场”。

看起来这显而易见，因为没有效益的业务对企业来说毫无意义。但遗憾的是，因为“其他人都在这么干，所以我们也必须这么干”在所有行业中比比皆是，保险行业尤其如此。而实际上，这种随大流是因为这些公司的经营管理者不具备独立思考的习惯，所以他们的公司注定成不了优秀的公司。

巴菲特举例说，就像一个人开车回家，半路上突然接到妻子打来的电话，提醒他开车一定要小心，因为她刚才听广播里说，高速公路上有一辆车在逆向行驶。这位丈夫听后回答说：“宝贝，他们根本没有看清真相的另一半，不只是一辆车，而是有上百辆车在错误地反方向行驶。”

巴菲特举这个例子是想说明，在股票投资上同样有太多的人在“错误地逆向行驶”。这些人很危险，弄不好就会车毁人亡，可是他们却偏偏不自知。为什么？因为他们缺乏独立思考的习惯，只知道随大流。而巴菲特显然不是这样的。

1950年秋季，巴菲特进入美国哥伦比亚大学读书时，特别崇拜他的老师本杰明·格雷厄姆，对他产生了浓厚的兴趣。他很想知道，本杰明·格雷厄姆究竟是怎样的一个人。有一次，当他得知本杰明・格雷厄姆在政府雇员保险公司担任董事长后，便在1950年12月利用周末，时间，特地去华盛顿特区拜访这家保险公司。

没想到，当天因为是周末，没人上班，所以巴菲特吃了个闭门羹。想着大老远跑来就这样回去不太死心，于是他拼命敲门。过了好久，来了位保安，打听清楚情况后，把他引见给了当天在楼上值班的总裁助理洛里默・戴维森，两人一共交谈了4个多小时。从此，巴菲特对保险业务的操作过程以及政府雇员保险公司有了一个全面的了解。

回去后巴菲特就写了一篇分析报告，题为《我最看好的股票》(*The Security I Like Best*)。当然，该股票就是指政府雇员保险公司股票了。他通过摆数据、讲道理，最终得出结论，该公司“绝对是一家合格的成长型企业”。数据表明，1949年美国135家财产保险公司的平均利润率只有6.7%，1950年更是只有3%，可是政府雇员保险公司的这两个数据却分别高达27.5%和18%，并且在预计1951年上半年整个行业出现亏损的背景下，该公司的利润率仍然达到了9%以上。

可是，当时政府雇员保险公司并没有知名度，更没有多少人持有该股票。当1951年6月硕士毕业后，巴菲特回到家乡，在父亲开的经纪公司里担任股票经纪人。这时他开始起劲地向客户推荐该股票。可任凭他怎么说，别人都将信将疑。

无奈之下，巴菲特为了消除大家的疑虑，只好自己掏出1万美元来购买该股票。这1万美元约占他当时所有资金的2/3，可谓是“重仓持有”了。

但人们对他的这一举措并不理解，更谈不上认同了。一些保险代理商甚至向他父亲揭发说，他在推销一家“无人理睬”的保险公司的股票。

但巴菲特的性格是，只要自己认准了，就不轻易服输；况且，他对政府雇员保险公司已经做过实地考察，他相信自己的判断是正确的。这一性格特点，在他后来的投资生涯中发挥了巨大的作用。

他一方面继续向客户推荐这只股票；另一方面，又以3倍于收益的价格，爱屋及乌地购买了堪萨斯城人寿保险公司的股票，后来还干脆买下了国民保障公司的控股权。

通过购买这些保险公司的股票，巴菲特进一步了解到了保险公司是怎样运作、怎样赚钱的。这种由点到面的深入了解，反过来又大大增强了他购买政府雇员保险公司股票的信心。

后来，无论政府雇员保险公司的财务状况多么糟糕，巴菲特一直认为它是一只好股票，所以只管买进，从不卖出。就这样，巴菲特不但在这只股票的普通股上继续追加投资410万美元，而且还在该股的可转换优先股上投资了1940万美元。巴菲特合计在政府雇员保险公司这只股票上投入资金4700万美元，股数720万股，持有该公司33%的股份。从此，该股票也成为巴菲特持股量最大的股票。

仅仅到1980年，巴菲特在政府雇员保险公司股票上的投资市值就达到1.05亿美元，增值123.4%。而这一切，就是巴菲特认准了就大胆去做的最好证明。

【课后点评】

俗话说“胆大心细”，股市投资也是如此。股市中有太多的机会稍纵即逝，需要投资者当机立断，不能犹豫不决。当然，能够果断做出这种决策的前提，应该是你对该股票有充分了解，并且最好有实地考察后的第一手结论。

充分相信自己的直觉

自己的直觉，是自己对即将购买的股票和企业的第一感觉。这种感觉是建立在对企业充分了解之上的。但是，这种感觉很容易受到所谓的股市行情的干扰。特别是那些对股票投资不熟悉的投资者，往往会受到这种干扰，从而改变原本正确的投资决定，使结果适得其反。我对自己的直觉特别有信心，我几乎所有的投资决定都来自自己的直觉，这一点也不夸张。

——沃伦·巴菲特

【巴菲特投资策略】

巴菲特认为，股票投资要学会不受别人干扰，充分相信自己的直觉。在他看来，人的直觉往往十分准确，对于股票投资者来说，这一点同样非常重要，至少他自己能够对此加以证实。

有人曾经就直觉问题向他请教。他坦言，他的投资决策中有相当一部分是凭直觉拍板的。只要直觉告诉他这方面有投资价值，他就会大胆地去进行投资。

这听起来好像有些不可思议。因为在一般人眼里，凭直觉投资往往意味着草率、盲目，像巴菲特这样的投资大师也会这样“草率”“盲目”吗？其实不然。因为直觉不是幻觉，不是空穴来风，尤其是建立在理性思维基础上的直觉，就更值得信赖。

就巴菲特而言，他对某只股票越了解，越掌握情况，他由此产生的直觉就越符合客观实际和未来趋势，这一点非常符合价值投资法则。

也就是说，当巴菲特凭直觉感到一家企业的经营状况令人满意，某股票值得投资时，他才不去关心当前股市行情和所谓点位高低呢！

因为如果直觉告诉他，这只股票具有很高的内在价值，值得投资，这时候还有什么必要去关心股指高低呢？

巴菲特认为，一家企业只要善于运用公司资本，并且保留相关盈余用来增加公司净值；那么从长期角度来看，其股价就一定会回归到与其内在价值相符的价位。他在伯克希尔公司的投资上，就是这样做的。

众所周知，由于巴菲特持有伯克希尔公司的大量股票，并且控股该公司，所以从某种意义上说，巴菲特就是伯克希尔公司，伯克希尔公司就是巴菲特。

巴菲特自己也是这样认为的。他说，伯克希尔公司是他的一块“画布”。1985年10月10日，他在接受《女装日报》记者采访时说：“我对我的工作非常满意。每天早晨去上班时，我好像是前往西斯廷教堂去画画。”

每当伯克希尔公司赢利时，巴菲特总是喜欢购买其他经营良好的企业的部分股份或全部股份。当伯克希尔公司净值增加时，股市上对伯克希尔公司股票的评价也会上升，其股价也随之上涨。例如，伯克希尔公司1981年每股净值是527美元，当时的股价为525美元，可谓极其相当了；而到了1997年，每股净值为2万美元，股价也随之增长到了3.7万美元，就是这样造成的。

1969年，美国股市爆热，巴菲特根据他向本杰明·格雷厄姆学到的投资理论，结合当时股市实际，凭直觉感到这样的股市太疯狂了，接下来一定会潜藏巨大的风险。他左看右看，觉得股市中已经没什么好的投资机会了，于是卖出了所有的股票，把13年来的投资收益全部分配给了投资者，他的家乡一下子就产生了50多个百万富翁。

巴菲特解散巴菲特有限公司的结果怎么样呢？事实再次证实，巴菲特的直觉是对的。1969年6月，美国股市大跌，渐渐演变成了股灾。到1970年5月，几乎所有股票都比上年年初下跌了一半以上！

在巴菲特的直觉中，“黄金没什么大用”，所以他坚持不投资黄金。

2009年，有人问巴菲特，5年后的黄金价格如何以及是否值得投资？巴菲特说：“我不知道那时黄金价值几何，但是我可以告诉你一件事，那就是在这期间，黄金没有什么实际用途，它只会静静地待在那儿。”他进一步解释说，可口可乐会赚钱，富国银行也能赚很多钱，“养一只会下蛋的鹅，要比养一只只会坐在那里消耗保险费和存储费等费用的鹅要好得多。”

回过头来看，巴菲特的直觉基本上都是正确的。2009年黄金价格在每盎司900美元，到2013年年末累计上涨约40%；而同期可口可乐的股价上涨了100%，富国银行的股价上涨了200%，这还不包括股息分红在内，也不需要巴菲特所说的黄金持有成本（即保险费和存储费）。2016年5月，黄金价格虽然一度触及一年来的最高点1300美元，但即使如此，在过去的7年间它也只累计上涨了约40%，年复合增长率仅为5%。

巴菲特认为黄金没什么用处，是指现代的黄金很难判断其内在价值如何，它主要是作为投资品存在的。他说，所谓黄金，就是从非洲或其他地方的地底下挖出来，然后把它熔化，再挖一个洞把它埋起来，花钱雇人看着，它没什么实际用途。他幽默地说：“如果火星上的人看到这一幕，他们一定会挠头想这到底是为什么。”

所以说，黄金市场实际上担当不起人们寄予过高期望的避险资产身份，人们一哄而抢，同样也会一哄而抛，这主要取决于投资者的投机心理预期。对此，英国经济学家约翰·凯恩斯也持有同样的观点：“也许，只有上帝才知道黄金价格的走势。”[1]这里，实际上反映了巴菲特的良好直觉，不会受别人起哄的影响。

【课后点评】

直觉这玩意儿很奇妙，看起来完全是唯心主义，所以直觉灵不灵确实不能一概而论。在这里，更关键的是要看投资者对宏观经济是否有理性的把握。过于关心短期股市行情，就会导致直觉失灵；或者直觉被淹没，根本没感觉。

一旦买进就决不后悔

在年景有好有差的一段时期，如果好的年景就表现出极大的热情，而差的年景就非常沮丧，是不会有收获的。就像打高尔夫球一样，重要的是以低于标准杆数的成绩去打赢某个球道。

——沃伦·巴菲特

【巴菲特投资策略】

巴菲特认为，股票投资要学会不受别人干扰，要特别避免买进某只股票后就懊悔不已的做法。这不但会影响投资情绪，还可能造成与投资者正确决策截然相反的投资结果。道理很简单，“塞翁失马，焉知非福？”

他说，优秀的投资业绩，不能期望用相对稳定的业绩优势去证明。在股票市场价格上升或下跌的情况下，你只能衡量取得的投资业绩能否高于市场平均

1 刘洪．巴菲特为何不喜欢黄金．经济参考报，2013-11-27.

水平，而不能保证每次都能达到最高水平。

伯克希尔公司曾经因为投资吉列公司可转换优先股取得了巨大成功，这是有目共睹的。可是多年之后回过头来想一想，实际上这一投资策略过于谨慎了。巴菲特在伯克希尔公司1995年年报致股东的一封信中，称之为“一大错误”——他认为，当时的正确做法应当是买入普通股，而不是买入可转换优先股。如果是前者，伯克希尔公司差不多可以多赚6亿美元。

巴菲特话虽这么说，却并没有为此感到后悔。他说，伯克希尔公司所持有的优先股中，表现最好的就是吉列公司，他一开始就认为吉列公司是一家超一流的优秀企业。他认为可以原谅的是，这种投资“错误”并没有反映在伯克希尔公司的财务报表上。也就是说，巴菲特看财务报告时并没有看花眼。

具体地说，巴菲特1989年投资6亿美元购买的吉列公司可转换优先股，经过拆分调整后，转换成了4800万股吉列公司普通股。如果当时不这样做，而是直接用这6亿美元购买该公司的6000万股普通股，情况就可能完全不一样了。因为当时吉列公司的股价是10.5美元，巴菲特通过附有许多限制条款的大型私募，完全有把握至少取得5%的折扣，使买入成本降到每股10美元以内，从而取得6000万股的股票。

巴菲特说，如果当时他不是购买可转换优先股，而是购买普通股，吉列公司管理层同样会很高兴。可惜，他当时并没有“聪明”到这一步。

在购买了吉列公司可转换优先股后的2年内，由于这只股票表现优秀，伯克希尔公司取得了一些额外的优先股股息收入（如果购买普通股，则不能享有这笔收入），从而使吉列公司迅速赎回了伯克希尔公司所持有的可转换优先股。可是，如果当时伯克希尔公司购买的是普通股，吉列公司就不可能赎回股票，截至1995年年末，伯克希尔公司可以多赚6.25亿美元。即使从中扣除7000万美元的可转换优先股股息，伯克希尔公司也能多赚5.55亿美元！

2007年10月，巴菲特在接受中国《21世纪经济报道》记者采访时承认，当时他已经抛售了所持有的所有中石油H股，可是其股价还在不断上涨。从这一点上看，他同样是犯了“一个错误”。

他表示，这项中石油股票投资，到此时已经结束了。不过，如果今后中石油的股价大幅度下跌，他依然会考虑重新买入。

这表明，巴菲特虽然是"股神"，但同样也有普通散户的情怀。他承认，他一直在以一个"学生"的态度学习。尤其是面对中国股市当时非常强劲的发展势头，他也不知道怎样来评判这个市场的发展，而只能笼统地对中国投资者提出一条建议，那就是，无论什么时候，你都一定要以谨慎的态度来购买股票。

他说，想通过股票买卖赚钱，这种心情可以理解，但买股票真正应该看清的是它的潜在价值是不是比买入价格高。巴菲特说，2003年他买入中石油H股时，中石油的市价为370亿美元，他之所以买这只股票，就是因为当时它的潜在价值要远远高于股价。一旦买进就决不后悔，这听起来多少有一点像中国人常说的"只输时间，不输空间"的意思。

巴菲特在伯克希尔公司2012年年报致股东的一封信中说，股票的命运是和企业的业绩表现绑定在一起的，股市在所难免地会出现周期性下跌，但投资者和企业经理人处在对他们非常有利的赌博游戏中。

他举例说，在20世纪的100年里，道琼斯工业指数从66点上涨到了11497点，涨幅高达173.2倍，可谓十分惊人。要知道，这一业绩还是在美国在此期间经历了4次代价惨重的战争、1次经济大萧条、许多次经济衰退，并且投资者已经收到相当多的现金分红的背景下实现的。

他的意思是说，如果你当初购买股票时的判断是正确的，那么假以时日，你不但可以解套，而且能够获利。

巴菲特语重心长地说："因为股票投资这个赌博游戏局势对我们如此有利，我和查理相信，试图根据塔罗牌的牌型变化（股价走势技术分析）、所谓的'专家'预测、企业经营活动的起起伏伏，在股市上频繁买进卖出，是一个极大的错误。退出这个游戏的风险，远远高于待在游戏里面的风险。"

接下来，他又以自己的人生经历为例说，1942年他买入人生中第一只股票，当时美国在太平洋战争中遭受了重大损失，报纸上每天的头条新闻都是告诉大家美国遇到了怎样的困难和挫折。但即使如此，他认识的每一个美国人都依然坚信美国必将获得全胜。从1941年到2012年，这61年中，美国的人均GDP在扣除物价上涨因素后增长了4倍。可以说，在这61年中，美国人的每一个明天都是不确定的，但有一点非常确定，那就是国民财富一定会增长、增长、再增长。

他的意思是说，投资者完全没有必要总是对未来感到沮丧，只要买入的股票是正确的，那就坚定持有好了。

【课后点评】

巴菲特认为，一旦买入你看准了的股票，就不要轻易出手。股票投资赚多赚少、是赚是赔是很正常的，要以平常心来对待。如果赚钱多就热情高涨，赚钱少就神情沮丧，买了股票后经常后悔，这种投资心态最容易出昏招。

尽可能选择长期投资

如果我们有坚定的长期投资期望，那么短期的价格波动对我们来说就毫无意义，除非它们能够让我们有机会以更便宜的价格增持股份。

——沃伦·巴菲特

【巴菲特投资策略】

巴菲特认为，股票投资要学会不受别人干扰，尽可能进行长期投资。就像你选择了定期存款，就不会去理会银行利率的暂时调整一样。

作为一家投资基金公司，巴菲特当然希望伯克希尔公司的股东们能把自己看作是他们的长期合伙人。也就是说，他希望这些股东不要认为自己拥有的仅仅是这家公司的股票，一旦有风吹草动就赶紧抛售；而是能理解并支持伯克希尔公司的长期投资策略，帮助他实现长期投资可口可乐公司、吉列公司、《华盛顿邮报》公司、政府雇员保险公司等股票的愿望。

巴菲特在伯克希尔公司2008年年报致股东的一封信中再次表示，伯克希尔公司长期以来的公开目标是成为“最佳买家”，尤其偏爱收购那些由家族创立和拥有的产业，并且承诺避免杠杆收购，给予经营者极大的自主权，与被收购企业同甘共苦。他不无揶揄地说，伯克希尔公司的大多数竞争对手都不愿意走这条路，对它们来说收购企业“就像买卖萝卜、白菜，合约墨迹未干，收购者已经在考虑退出策略，寻找下家了。因此，当我们碰到那些真正关心自己生意未来的出售者时，我们拥有压倒性的优势”。

巴菲特说，伯克希尔公司虽然形式上是一家股份公司，但从态度上看，它却是合伙人企业。这就是说，虽然巴菲特对这家公司拥有控股权，但是他和查理·芒格从来没有把公司看作自己的私有财产，而是把它看作所有合伙人共同拥有的公司，是一个为所有股东赚钱的工具。

事实表明，伯克希尔公司绝大多数的股东都能很好地理解并做到这一点。他们确实把自己看作公司的所有者，把公司看作自己家里所拥有的一处农场，无论收成好坏，都会长期经营下去。

对此可以做出证明的是，除了巴菲特所拥有的股票，伯克希尔公司股票的年换手率，仅仅是美国其他大型上市公司股票换手率的一个零头。这表明，绝大多数股东都是以长期投资的态度来对待伯克希尔公司的。

伯克希尔公司绝大多数股东的这种长期投资态度，铸就了公司本身的长期投资理念。所以，巴菲特用来衡量伯克希尔公司经营业绩的标准，就有条件像衡量可口可乐公司、吉列公司等长期投资股票的经营业绩一样，不以其在股票市场上的价格涨跌幅度为依据。

他举例说，如果这两家公司今后几年内在股票市场上根本没有交易，或者股票价格在不断下跌，他也觉得无所谓。因为他压根儿就不关心它们的股价变动，而只关心其内在价值是否在不断增长。

1989年，伯克希尔公司持有的几只主要股票价格暴涨，巴菲特由此更加清醒地认识到，伯克希尔公司能够为全体股东创造投资盈利，今后主要应当依靠所投资公司内在价值的不断增长了，因为当时股价已经提前透支了今后几年的水平。他相信，当股票市场认识到这些上市公司的内在价值后，对其股票价格进行重新修正，是早晚的事。

中国投资者也许会觉得奇怪，既然伯克希尔公司所拥有的几只主要股票价格大幅度上涨，那为什么还不赶快抛售，获利了结呢？这不是最好的结果吗？如果今后股价跌下来了，再买回来不就行了吗？

巴菲特承认，伯克希尔公司所拥有的几只主要股票价格上涨后，确实意味着将来它们不会再像过去那样快速增加内在价值了；可是反过来，这又从另一个角度证明伯克希尔公司已经兑现了过去对“市场修正”的奖赏，更应该对未来充满信心才是！

所以，巴菲特的态度是，伯克希尔公司将继续持有大多数主要股票，无论这些股票的价格相对于其内在价值来说是过高了还是过低了，他们都会“至死也不分开”。他以这种态度来激励伯克希尔公司的所有股东，而他能给所有股东的是丰厚的投资业绩回报。

而实际上，有人认为，巴菲特的这种长期投资是与杠杆运用紧密结合在一起的。具体地说就是，巴菲特的成功关键由3部分组成：一是大量投资蓝筹股；二是长期投资；三就是使用杠杆。

对于绝大多数投资者来说，第二点和第三点不能兼得，否则股价波动稍大就会血本无归。可是，巴菲特就能做到这一点。因为伯克希尔公司拥有多家保险公司，有高达数百亿美元的保险浮存金变相融资为巴菲特所用。巴菲特从来不避讳这一点，并且每年都要在致股东的一封信中阐述浮存金的好处。而据估计，保险浮存金给巴菲特提供的杠杆约为1.6倍。

问题还不是这么简单，因为每家保险公司都有浮存金，但伯克希尔公司的浮存金不仅没有使用成本，甚至有时候还是负成本，这就在有力撬动巴菲特的股市获利时起到了相当大的杠杆作用。

那为什么其他保险公司的浮存金有成本，而伯克希尔公司的浮存金会是负成本呢？那是因为巴菲特多年来就强调所有保险公司要注重成本控制，而不是追求保费规模，从而把承保亏损压到了最低。

据测算，伯克希尔公司旗下的保险公司几十年来的浮存金成本约为2.2%，比同期美国国债成本还要低3个百分点。而保险业务的可持续发展，使其能够挤出数百亿美元的浮存金供巴菲特用在股市投资和收购企业上，这是其他公司，包括其他保险公司无法取得巴菲特这般投资业绩的核心所在。

正因为拥有如此强大的经济实力，所以在2009年全球金融危机最高潮时，巴菲特能够拿出上百亿美元来注资高盛集团，与美国联邦储备委员会一起向市场提供最关键的流动性资金和信心支持。

【课后点评】

对于散户投资者来说，如果你要与人合作炒股，当然就需要拥有观点一致、志同道合的合作者；如果你是单独投资，取得家人的支持和理解同样至关重要。唯有如此，股票投资才能做得长，才可能坚持长期持股。

买的是股票，投资的是企业

> 希望你不要认为自己拥有的股票仅仅是一张价格每天都在变动的凭证，而且一旦某种经济事件或政治事件使你紧张不安，它就会成为你抛售的候选对象；相反，我希望你将自己想象成公司的所有者之一。
>
> ——沃伦·巴菲特

【巴菲特投资策略】

巴菲特认为，股票投资要学会不受别人干扰，把买股票看作是拥有了这家企业的一部分。如果投资者具有这样的心态，自然就会对股市中流传的各种信息干扰淡然处之了。

他认为，要做到这一点，投资者就必须了解所投资企业的业务情况和运行状况，而不是在什么都不了解的情况下贸然买入其股票。

巴菲特认为，如果投资者觉得自己仅仅拥有这只股票而不是企业，就不会去关心这家企业的经营状况，而只会关心其股价的上下波动；并且会错误地以为，关心股价波动比关心企业财务报表更重要。大家都这样想，企业的内在价值就会缺少外部的关心和监督，最终不利于企业内在价值的提高。

正是基于这种考虑，如果某家上市公司的生产、经营、管理让巴菲特没信心，他是绝对不会买入这只股票的。

巴菲特在伯克希尔公司1965年年报致股东的一封信中说："（当年巴菲特有限公司控股了伯克希尔公司）拥有伯克希尔公司是令人高兴的。毫无疑问的是纺织行业的惨淡前景并不会改变，但是幸运的是我们拥有肯·蔡斯，他在以一流的水平运营该企业，同时我们也拥有一些业内最好的销售人员。虽然在一个竞争激烈的行业中，伯克希尔的赢利能力不能跟施乐、费尔柴尔德相机或者国家视频公司相比，但是拥有它仍然是令人愉悦的。"

为什么呢？巴菲特解释说："由于取得了控制权，我们对伯克希尔的投资，对于审计人员而言已经不再是市场证券，而是我们实际拥有的生意。即便伯克希尔的股价上升了5美元，我们也不会因此有所获益（因为我们并不准备在市场上出售该股票）。同样，若是伯克希尔的股价下降了5美元，我也不会认为我们遭受了任何损失。基于我对某公司的资产、赢利能力、行业境况、竞争地位等因素的认知，我总是倾向于在此基础上给予一个保守的估价。但是我们不会根据该估价来卖出我们所持有的资产。"

巴菲特在这里已经说得再清楚不过了。当他拥有一家企业的控股权之后，他就会把这家企业当作自己的企业来看待。这时候，它的股价高低就不重要了，因为无论股价涨跌，他都不会买进卖出。关键是，要看到它的内在价值明确增长的预期，有这就够了。

不用说，巴菲特一旦买进某只股票，就会真正地把它当作自己的企业来看待。而普通投资者却做不到这一点，因为几乎没有投资者能买下某家公司的控股权；或者这些投资者因为不愿意长期投资而只愿意投机，即使有这个能力也不愿意这样做。

也许有人会问，巴菲特会不会像普通散户那样从二级市场上零星购买股票呢？当然会。

巴菲特在伯克希尔公司1965年年报致股东的一封信中说，伯克希尔公司在股市上投资“内在价值相对被低估的普通股”，整个资产组合中的比例开始显得越来越重要，原因是收购、控股、套利机会无法经常获得。

他说：“坦率地说，我个人认为这类投资相较于前3类投资而言显得更加轻灵，而我并不是一个特别轻灵的人。所以，我认为这一类的投资所取得的成果相对而言并不坚实，同时对未来的贡献也没有太显著的意义。”但他话锋一转又说，伯克希尔公司1965年在这类投资中取得的业绩非常不错，“部分原因是执行了上一年我在信里所讨论的降低风险并潜在地放大收益的观念”。也就是说，伯克希尔公司购买的这些股票的买入价格较低，从而降低了投资风险，扩大了未来的赢利空间。

他特别提到，当年伯克希尔公司的这类投资主要集中于三大项目上，其中之一成了历史上最失败的投资案例。也就是说，当年伯克希尔公司主要投资了3只股票，其中两只取得了巨大的成功，另外一只亏得很惨。

容易看出，在历来被看作长期投资、价值投资典范的巴菲特，实际上也并不排斥在二级市场上购买股票，他只是觉得通过这种方式获利不太可靠而已。这与读者心目中传统的巴菲特形象有所不同。

巴菲特在伯克希尔公司2009年年报致股东的一封信中提到，在全球金融危机冲击下，当年出现最大问题的是奈特捷航空公司。在过去11年中，奈特捷航空公司已经发展成为全行业最优秀的企业，它所拥有的飞机总价值超过其他三大竞争对手飞机价值的总和。但在金融危机的冲击下，虽然它在该行业中的支配地位没有动摇，可是它在管理运营上却出现了问题，累计税前亏损达到1.57亿美元，累计债务还从过去的1.02亿美元飞速扩大到2009年4月的19亿美元。如果不是由伯克希尔公司出面对其债务进行担保，奈特捷航空公司恐怕早就倒闭了。

在这种情况下，2009年8月，巴菲特果断调派中美能源公司首席执行官戴维·索科尔出任奈特捷航空公司首席执行官。经过一系列大刀阔斧的改革，在当年惊人地亏损了7.11亿美元后，该公司终于实现了稳定的赢利运营，债务规模也从19亿美元下降至2009年年末的14亿美元。

更为重要的是，戴维·索科尔的一系列改革，并没有降低该公司在安全和服务方面的原有标准。巴菲特说，他和家人以及伯克希尔公司的许多主管和总裁，出行都会乘坐奈特捷航空公司的航班，并且乘坐的是普通航班，支付普通价格，享受普通服务，因为它的安全性完全可以放心。

巴菲特非常欣赏他的老师本杰明·格雷厄姆所说的一句话，“当投资是以最靠近企业的方式来进行的时候，他（投资者）就是最明智的”。巴菲特认为，“这是关于证券投资最重要的一句话”。

有一次，巴菲特看到某家上市公司的股价非常便宜，再一看原来是一家亏损企业。他经过认真研究、分析后发现，这家公司虽然整体上是亏损的，可是公司的三大主营业务却依然经营得相当好。

巴菲特认为，这实际上就表明这家公司的“本质”并没有变坏，目前出现的亏损只是暂时的、局部的，这样的公司是有救的。

于是他果断出手，大量买入这只股价已经跌得不像样的股票。后来果然如他所料，没过一年这家企业就完全恢复正常了，股价也随之暴涨。

其他投资者纷纷打听巴菲特有什么神机妙算的本领，居然能在股价最低时捡到一大堆便宜货？哪知道，巴菲特也是个常人，他只不过是像他的老师本杰明·格雷厄姆所说的那样，更“靠近企业”一些罢了。

这就是巴菲特经常说的投资股票要考虑安全边际的概念。毫无疑问，这个概念是针对上市公司，而不是针对股票市场而言的。

有一次在伯克希尔公司股东大会上，有人问巴菲特，他是怎样判断合适的安全边际的？他回答，无论股票市场走势如何，他都喜欢那些有确定性的投资；如果觉得某项投资有太多的不确定性，他就不会去搏它的回报。

举个例子来说，如果让他投资喜斯糖果公司和可口可乐公司的股票，他就认为不需要考虑留有多大的安全边际。因为他相信这样的股票投资不会有问题，无论股市将来如何发展，都是如此。就好像看到一个胖子进门了，无论他的重量是350磅还是325磅，都没有太大的区别，你只要知道他是个胖子就行了。

巴菲特说："你想一想，如果一样东西本来值1美元，现在它的价格跌到只剩原价的1/4或者只值40美分了，而且你又能以这个价钱买到它，那你还会有多大的投资风险呢？这时候，你还有什么必要去参考别人的意见呢？

他说，这种投资机会虽然不常有，但确实会有，关键是你要能抓得住，并把它当作自己的企业一样去关心、爱护、帮助、监督。

这时候，查理·芒格补充说，安全边际说到底就是要使你得到的价值超过你付出的，这种价值存在的方式是多种多样的。

【课后点评】

巴菲特认为，你只有把自己所买的股票看作是投资企业，才会全心全意、真心真意地去了解并关心这家企业。这时候的你会更关心它的内在价值，而不是股市上的消息传播。换句话说，买股票是为了投资而不是投机。

看准目标，咬定青山不放松

> 投资股票很简单。你所要做的，就是要以低于其内在价值的价格买入一家大企业的股票，同时确信这家企业拥有最正直和最能干的管理层。然后，你永远持有这些股票就可以了。
>
> ——沃伦·巴菲特

【巴菲特投资策略】

巴菲特认为，股票投资要学会不受别人干扰。要么按兵不动，要么看准机会就大胆出击，"咬定青山不放松"，直到"永远"。

"咬定青山不放松"，体现在巴菲特投资的股票数量并不多，他习惯于在少数几只自己熟悉的股票上长期持股不动，或者来回反复地持续做下去。由于股票数量少，所以容易掌握其内在价值，了解股性特征，熟悉股价变化发展轨迹。而要做到这一点，实际上与个人性格有关。

巴菲特在伯克希尔公司2008年年报致股东的一封信中提到，他一贯自信的原因有两点，其中之一就是旗下公司的管理层“会始终以一流的水准来管理交由他们管理的生意，他们根本不知道如何把事情做差”。有一帮得力干将冲锋在前，巴菲特当然就可以在后面悠然自得了。

事实上，巴菲特总是将集中投资的股票数量限定在10只以内。《福布斯》杂志的一位专栏记者研究表明，如果你在巴菲特的所有投资中剔除掉最好的15只股票，那么他的长期投资表现也不过如此。

巴菲特认为，股票市场是由两种成分组成的：一种投资者以长期投资、理性投资为主，他们相信股价总有一天会反映企业的内在价值的。另一种投资者，确切地说应该是投机者，他们把买卖股票当作赌博游戏，看不到股票的真正价值；与此同时，股票的真正价值也会因为他们的这种频繁进出而显示不出来。

很显然，巴菲特属于前者。不过他承认，虽然股市中投机者比重很大，股票的真正价值会因为投机者的存在而受到影响；不过好处也是显而易见的，那就是理性投资者更容易从这种投机市场中捕捉到买卖时机。

巴菲特“咬定青山不放松”的典型的操作手法，体现在对吉列公司股票的投资上。伯克希尔公司从1989年起开始投资吉列公司，一下子拿出6亿美元购买了该公司近9900万股股票，帮助吉列公司抵挡了投机者的恶意收购。

从此以后他就持股不动，即使20世纪90年代末吉列公司股价大跌，引发其他大股东连续抛售，巴菲特仍然不为所动。凭什么？凭的就是他对吉列公司的内在价值深信不疑，从而抗拒了各种干扰和诱惑。

巴菲特半真半假地说，即使在股价暴跌的这一阶段，他每天晚上睡觉也还是睡得很香。因为他知道，第二天一早醒来，全球一定会有25亿男人要刮胡子。他的产品拥有这样广阔的市场，他还担心什么呢？

尤其是接下来吉列公司在1992年向市场推出了女用敏感型脱毛刀片，2000年又推出了名叫“维纳斯”的女用三刀片，巴菲特就更高兴了。

他开玩笑说，“维纳斯”推出后，每天他躺在床上想的就不再是男人的脸，而是女人的大腿了——男人刮胡须只需用1块刀片，而女人用的“维纳斯”却需要3块刀片。可是这样想了没多久，他又改想男人的脸了。他幽默地说，总想着女人的大腿，夜里不容易睡着觉。[1]

坚持长期持股不动，巴菲特终于得到了丰厚的回报。16年后，吉列公司因为被宝洁公司并购而股价大涨，伯克希尔公司持有的吉列公司股票市值超过51亿美元——简单算算就知道，从6亿美元增值到51亿美元，年平均复合收益率高达14.3%。这与同期标准普尔500指数相比，年平均复合收益率要高出1倍多——如果1989年他把这6亿美元投资于标准普尔500指数基金，这51亿美元的收益现在就变成了22亿美元，还不到前者的一半。

巴菲特曾经开玩笑说，他的这种“咬定青山不放松”的投资策略，即使美国联邦储备委员会主席艾伦·格林斯潘悄悄在他耳旁说即将降低利率或提高利率，他也不会因此而改变。

对比巴菲特，再看看中国股市，投资者最喜欢的就是四处打探消息。无论消息来源是真是假，他们都异常敏感，一有风吹草动就立刻蜂拥而入、蜂拥而出。许多投资者甚至完全是根据这种真假莫辨的消息来决定自己是买入股票还是卖出股票的。

这种“蝴蝶效应”导致的结果，就是股市中常见的股价暴跌或暴涨，连累其他不理性的投资者；同时也连累那些理性的投资者，他们好好的投资心态，硬是这样被破坏了。

值得一提的是，股票投资要做到“咬定青山不放松”，就势必会涉及如何看待现金分红的问题。

巴菲特在伯克希尔公司2012年年报致股东的一封信中说，许多股东，包括他的一些好友，都希望伯克希尔公司能够进行现金分红。尤其令他们不解的是，伯克希尔公司喜欢从大多数投资对象那里收取现金分红，却不愿意给自己的股

1 ［美］基尔帕特里克著.投资圣经：巴菲特的真实故事.何玉柱等译.北京：机械工业出版社，2007：282.

东支付任何现金分红。

他解释说，要回答这个问题，关键是看现金分红对股东什么时候有意义，什么时候没有意义。他说，伯克希尔公司拥有大量的剩余现金却不分红，是因为这些资金具有以下三大用途：

一是要看“这些资金能不能被明智地配置到我们现有的各种各样的业务之上。2012年，我们的固定资产投资和补强型收购总额121亿美元，创造了历史纪录。这表明，在现有业务上进行投资，是伯克希尔公司资本配置的一块肥沃土地。而且我们具有一大优势，由于我们下属公司的众多业务涉及很多经济领域，所以我们能够享有的投资选择范围远远要比大多数公司宽广。在决定投资什么业务的时候，我们能够选择浇灌鲜花而跳过杂草”。

二是要考虑寻找收购与现有业务不相关的企业。他说：“我们收购企业的业绩记录，总体来说令人满意。也就是说，我们过去把资金用于收购企业，与把这些资金用于回购股份或者现金分红相比，前者让我们的股东的财富增加得更多。”他说，虽然过去的业绩并不代表将来，但通过收购企业为伯克希尔公司显著提高内在价值的可能性依然存在。

三是回购股份，即在股票价格相对保守的时候回购股份，这是一种非常明智的利用资金的可靠方法，就好比用80美分或者更低的价格购买价值1美元的股票几乎永远不可能出错一样。如果遇到特别优秀的股票，还可以突破原来不超过股价110%的上限。2011年12月，他从市场上回购一大批股票时，又把股票价格上限提到了120%。

接下来才轮到现金分红。

为了更好地说明问题，巴菲特举例说，如果我和你是一家公司的两个股东，每人拥有50%的股权。该公司的账面净值是200万美元，按照有形资产净值计算，年投资收益率是12%。也就是说，该公司每年的净利润是24万美元；并且，有理由预期用盈利再投资依然能获得12%的年投资收益率。而这时候，有外部投资者愿意按净资产的125%收购该公司。换句话说就是，现在我们两人所持股份的价值是每人125万美元。

这时候，该公司能不能把每年的盈利拿出1/3（即8万美元）用于现金分红，拿出2/3（即16万美元）用于再投资呢？许多人认为这是一个理想的方案。

如果每年都这样做，你第一年会拿到4万美元的分红，以后每年收到的分红和持有的股票价值都会达到8%（即12%的净资产收益率，减去1/3即4%的现金分红的比例）。10年后该公司的净资产将会达到431.7850万美元（年复合增长率8%），而你在接下来的那一年，即第11年，收到的现金分红是8.6357万美元，我们两人的股票价值则均为269.8656万美元。

换个角度看，如果在此期间不分红，而是每年出售3.2%的股票来换取现金收入（按净资产125%的价格卖出，正好相当于4%的现金分红），情况会怎么样呢？10年之后，该公司的净资产将会增加到621.1686万美元（年复合增长率12%）。10年后我们两人的持股比例为72.24%，即每人36.12%，每人拥有该公司净资产的账面价值为224.3540万美元，股票市值为280.4425万美元（账面价值的125%）。

容易看出，两种方法对比下来，后者的收入要比前者高出约4%。而实际上，这个4%正好是每年现金分红所分掉的部分。

也就是说，如果只卖股票不分红，比你每年不卖股票而分红所获得的现金收入要高，持股价值也更高，可是照样有同样的钱（4%）可供你花。

说来说去，巴菲特的观点简单明了，那就是伯克希尔公司股东“永远分不到钱”，因为这些钱分给股东不如放在他手里用来周转的回报率高。如果你要花钱，可以参照上面的方法卖掉部分股票。只是为难的是，伯克希尔公司的股价太高，许多散户投资者往往只拥有1股，所以无法分割4%予以卖出。而这样一来，正中巴菲特的意，因为他更喜欢股东长期持股。

当然，不分红还有一大好处，那就是现金分红在美国要缴所得税。如果你分红后再买伯克希尔公司股票，还要徒增25%的溢价成本，这又何苦呢！

确实，巴菲特自己就是这样做的。他介绍说，在2005—2012年的7年里，他每年都减持伯克希尔公司4.25%的股份，连续7年共减持7.12亿股B类股票，还剩下5.29亿股股票。虽然股票数量大大减少了，可是其账面价值实际上却是大幅度增加的。2005年，其账面价值是282亿美元，2012年则增加到402亿美元，增长了42.55%。

【课后点评】

巴菲特认为，当你买入非常有投资价值的股票后要坚持“永远”持股。无论股市中传播什么样的好消息和坏消息，也无论股价如何涨跌，你都要坚持“任尔东西南北风”“咬定青山不放松”。日积月累，你得到的回报会更高。

突破前人，而不是死搬教条

在发现我们喜欢的股票之前，我们会一直等待。我们喜欢在把握十足的情况下采取行动，这就是我们的投资风格。

——沃伦·巴菲特

【巴菲特投资策略】

巴菲特认为，股票投资要学会不受别人干扰，包括突破各种教条。

在他看来，股票投资要克服各种教条很不容易，为此要学会怎样突破前人，不断修炼内功。考察巴菲特的成功历史，就能发现，他的成功得益于在继承前人经验的基础上不断总结，不断突破自我，而不是死搬教条。

巴菲特硕士毕业后刚刚进入投资领域时，也像其他人一样，书生气十足。例如，他严格按照老师本杰明·格雷厄姆的投资理论进行操作，一心一意寻找出售价格低于净资产的公司。他先后购买了无烟煤公司、地方铁路公司的股票。可是他很快发现，这种做法很成问题。

为什么这么说呢？因为他购买的这些股票，虽然价格低于净资产，眼下来看确实没什么投资风险；可是正应了那句老话“便宜没好货”——它们虽然没有价格风险，但是风险会从其他地方冒出来。

道理很简单，这些公司的股票之所以价格低廉，主要原因在于这些公司业务不景气。所以其投资者必须直接面对的新问题是，如果这些公司业务将来有好转，股价当然就会随之上升；可是如果这些公司的业务继续恶化，股价就会变得更加低廉。

更重要的是，即使将来它们的业务好转了，投资者要想以一个比较好的价格脱手，市场上也必须得有人扮演流通者的角色才行。也就是说，要有人来买这些股票才行。

巴菲特举例说，如果一家公司的净资产为1000万美元，而你现在能以800万美元的价格买到手，这当然是件好事。可是，如果这家企业的营运状况很不好，那么你想把这家企业卖出去，就可能怎么也卖不掉。在这种情况下，你仍然无法从购进价格和净资产价值的差额中获得可观利润。即使你最终卖出去了，可是由于拖延了太长的时间，也会使你的投资收益得不偿失，最终低于社会平均水平。

更不用说，这家企业在你手中捂着的时候，同样有可能重蹈它过去的覆辙，经济状况越来越糟，最终大大贬值。你买下来的时候，该公司净资产值为1000万美元，难保以后它就不会跌到800万美元以下。用股票行话来说，就是跌到“肉”里去。

巴菲特在碰了几次壁之后，在这一点上很快就不再迷信老师了。他在农业机械制造业（如丹普斯特米尔公司）、百货公司（如赫区柴德 · 肯恩公司）、新英格兰纺织业（如伯克希尔 · 哈撒韦公司）等股票上都栽了跟头。吸取教训后，他决定不再严格按照本杰明 · 格雷厄姆的投资策略操作，而要脱胎换骨了。

巴菲特的这种脱胎换骨的过程异常痛苦，所以很迟缓，因为他太崇拜老师本杰明 · 格雷厄姆了。直到今天，巴菲特仍然非常崇拜他，认为自己从他那里学到的东西终生受用，尤其是他的安全边际理论。

1984年，巴菲特在美国哥伦比亚大学为纪念《证券分析》一书出版50周年所举行的庆祝大会上，高度赞赏许多成功的投资者把本杰明 · 格雷厄姆看作是公认的精神领袖。其实，这更确切地反映了巴菲特的内心世界。不是吗？巴菲特才是全球最伟大的投资者!

他说，本杰明·格雷厄姆提出了安全边际理论，而本杰明·格雷厄姆的每个学生基于这个理论，都各自发展出了不同的方法，来寻找上市公司的实质价值和有价证券价格之间的差价。

你看巴菲特在这里说得多好，他既肯定了老师的安全边际理论，又肯定了包括自己在内的所有学生脱离老师运用具体操作方法的做法。

据巴菲特回忆，他最后一次运用本杰明·格雷厄姆的数量法轻而易举地赚到投资利润是在1973—1974年。

巴菲特正是在前人权威理论的基础上，有效继承和进一步创新，才逐步形成了自己的投资理念和智慧。他引用著名经济学家约翰·凯恩斯的话来解释他的两难处境:“困难并不存在于那些新的主意，而是来自跳出旧的圈套。”

这方面典型的是，巴菲特曾经说自己绝对不碰不懂的股票，如以网络股为代表的高科技股，他甚至还对这类投资者予以嘲讽。因为他当初正是由于没有去碰网络股，才躲过了网络股泡沫破灭的灾难。可是他后来也意识到，他正是因为对网络股一窍不通，不去投资，才在躲避了网络股股价暴跌引发的灾难的同时，也失去了网络股股价飙升所带来的巨大的投资收益。

难能可贵的是，他很快就意识到了这方面的问题。因为在以高科技为主导的美国股市牛市中，他长期持有的蓝筹股如通用电气公司、宝洁公司等的投资收益要远远落后于科技股。于是，他终于勇敢地克服恐惧症，投资起高科技股来了。他原来不是说不懂吗？没关系，与时俱进去学就是了。

后来，在美国证券交易监督委员会的一再要求下，伯克希尔公司公布了1999年的最新投资组合。这时候人们才发现，原来其组合中高科技网络股已经赫然在列了，如投资1690万美元的互联网软件公司微软公司、投资7780万美元的美国第三大有线电视网络公司考克斯等。

或许这就能说明，虽然网络股、高科技股泡沫暂时破灭了，可在巴菲特看来，网络经济时代潮流不可逆转。破灭的只是高科技股投机，而他要做的则是着眼于长远的高科技股投资。并且，由于他“不懂”高科技股，所以他在这两只股票上的投入总共还不到1亿美元，带有练手的性质。

截至2016年5月，如果不包括生产航天工业配件的美国精密铸件公司和汽车工业（这些都属于高端制造业）的话，巴菲特手中拥有的高科技股只有两只，分别是2016年第一季度买入的近20万股IBM公司股票，以及同时买入的981.17万股苹果公司股票。虽然2016年5月16日伯克希尔公司在一季度季报中披露这一信息后苹果公司的股价当天上涨了3.7%，但伯克希尔公司持股市值与一季度末的10.69亿美元相比，仍然缩水了1.48亿美元。换句话说就是，巴菲特买入该股票后就被套了。

过去基本上不碰高科技股，并且2013年还公开表示不会买苹果公司股票的巴菲特，为什么在短短两年后就食言了呢？外界一般认为，原因主要在于苹果公司股价便宜，现金流充裕。苹果公司虽然属于高科技企业，但同时也是巴菲特喜爱的那种消费型企业。要知道，它可是全球最成功的以消费者为导向的企业。除了市盈率低，股价暴跌后已经进入安全区域，另外它还拥有巴菲特一贯看好的稳定的现金流，即它当时拥有2300亿美元的现金和等价物，以及每年500亿美元的纯利润。

当然，还有另外一种很大的可能，那就是巴菲特本人对这两项投资并不知情，而是伯克希尔公司两位年轻的投资经理托德·康布斯、泰德·韦尔切勒所为。巴菲特曾经多次表示，所有季报中提到的小额股票投资都出自他挑选的这两名潜在接班人之手。事实上，这两人的投资风格与巴菲特并不一致，他们经常会投资巴菲特不买的股票，如达维塔（DaVita）保健公司、通用汽车公司（GM）、威瑞信（Verisign）公司等。但巴菲特从不干预他们，因为他要信守诺言，给他们充分的自主权。

在这其中，巴菲特当然也有放心让他们练练手，找到一条突破自己之路的考虑在内。截至2016年上半年，这两位潜在接班人每人管理的资产规模均为90亿美元，与巴菲特管理的1290亿美元相比，还不到后者零头。

巴菲特在伯克希尔公司2015年年报致股东的一封信中说，2011年、2012年

“雇用这两个人是我最棒的决定”。[1]

【课后点评】

投资界的本杰明 · 格雷厄姆，相当于物理学界的爱因斯坦、生物学界的达尔文。巴菲特之所以能在投资业绩上超越老师，主要在于他的一系列突破，其中最主要的突破是把投资核心从价格转移到内在价值上来。

1 周佳 . 巴菲特“垂帘听政”买“苹果”. 第一财经日报，2016-5-19.

第 10 课　什么时候卖出股票

当价值增值能力直线下降时

投资就像打棒球一样，想要得分，大家必须将注意力集中到球场上，而不是紧盯着计分板。

——沃伦 · 巴菲特

【巴菲特投资策略】

巴菲特认为，抛售股票的理由之一在于其价值增值能力下降。

在他看来，这应当作为卖出股票的主要依据，甚至是唯一依据，而不是像其他投资者那样，是因为股价上涨或下跌。他的理由是，从长期看，股价取决于公司未来的获利能力；而从短期看，这两者之间没有必然关系。

他举例说，伯克希尔公司卖出股票的活跃程度，就像一名旅行者被困在一个又小又偏僻又闭塞的无名小镇（Podunk）上。他住的房间里没有电视，所以他不得不准备度过一个非常无聊的晚上。可是他突然发现桌子上有本书，书名叫《在 Podunk 可以做的事》，于是他精神为之一振。可是当他打开这本书一看，其中只有一句话，上面写着："你正在做的这件事。"

巴菲特举这个例子是想说明，只有当他对一只股票感到实在无聊时，才可能去检索投资组合，考虑是否从中卖出几只。

几乎所有投资者都认为，买卖股票的主要依据是股价涨跌，只有巴菲特把股票内在价值的增值能力是否下降作为卖出股票的主要依据。

他说，伯克希尔公司买卖股票的投资决策，完全取决于这个时期某只股票的经营业绩，而不是其此时的价格高低。他认为，把目光停留在关注股票的价格而不是公司的内在价值上，这种做法非常愚蠢。

2016年4月30日，巴菲特在伯克希尔公司股东大会上说，伯克希尔公司之所以要在2015年卖掉德国最大的再保险公司，是因为他觉得未来10年的再保险业务与过去10年可能差不多。他的意思是说，欧洲短期债券已经进入负利率时代，这必定会影响到该保险公司，从而很难再看到它的成长性。而这与该公司的经营模式和管理层水平无关。只不过伯克希尔公司拥有充足的现金，所以虽然遇到了10年前大家都未料到的负利率，但钱还是一定要赚的。

那么，巴菲特又是怎样来衡量上市公司内在价值增值能力的呢？他说，最好的办法是看“透明盈利”（Look－Through Earnings）。

他认为，透明盈利的计算公式是①＋②－③。其中：①是财务年报中反映的赢利水平；②是主要投资公司的留存收益（按照会计准则规定，这部分收益并没有反映在上市公司财务年报的赢利水平中）；③是上述留存收益如果要加以分配应该缴纳多少税金。

巴菲特认为，投资者如果非常关注每只股票的透明盈利，将会从中得到很大的好处。他的经验表明，投资者一般在买入股票10年左右，会获得最高的预期透明盈利。他认为，既然这样，投资者就没有什么必要去关注短期内的股价变动，更没有必要频繁进行股票交易了。

说得更具体一点就是，巴菲特认为，只要你拥有的这些股票从长期来看价值增值能力能保持，甚至能超越整个产业的平均水平；那么这些股票的赢利能力即使在短期内发生了暂时性变化，你也不用过于担心，你完全可以继续持有。

不过，如果这些股票的赢利能力在短期内发生了根本性变化，那你就应当毫不犹豫地和它说拜拜了。

还是那句话，这里所说的赢利能力高低，与股价涨跌之间并不存在必然联系。也就是说，不能认为股价上涨了，公司的赢利能力就增强了；相反，也不能认为股价下跌了，公司的赢利能力就下降了。

有3个实例能很好地证明巴菲特是如何对此进行判断的。

一是巴菲特曾经声称永远不会出售的资本城 / 美国广播公司股票，由于该公司经营发生了重大变化，巴菲特认为其长期竞争优势已经大大减弱，甚至消失，所以不得不忍痛割爱。原来，在迪士尼公司收购这家公司后，这家公司的巨大规模拖累了迪士尼公司发展的后腿，巴菲特不得不从1998年开始减持该股票。到1999年他就几乎卖完了所持有的迪士尼公司股票。

二是巴菲特拥有的可口可乐公司，这个时期的赢利水平也在持续下降。具体地说，这只股票的资产回报率1997年高达56.6%，1998年就下降到了42%，1999年更是下跌到35%。可是巴菲特仍然坚信，这只股票强大的竞争优势并没有失去，可口可乐公司完全可以继续稳定地经营下去，将来重新给予股东以丰厚的回报。为此，他并没有卖出可口可乐公司股票，而只是提议董事会撤换其首席执行官。果然没过多久，可口可乐公司就重振雄风了。

三是2012年年末伯克希尔公司拥有4.15亿股英国乐购公司的股票，投资成本为23亿美元，与其股票市值差不多。到了2013年，巴菲特由于对当时其公司管理层略感失望，所以抛售了1.14亿股，获得了0.43亿美元的盈利。到了2014年，该公司爆发了财务丑闻，公司市值大大缩水，未来价值增值能力直线下降。于是伯克希尔公司当机立断，决定全部割肉，最终造成4.44亿美元的税后亏损，这也是伯克希尔公司历史上六大亏损中的第四大亏损。

分析上述巴菲特抛售股票的原因，主要有两点：一是该股票因财务丑闻已经看不到未来的内在价值增长动力；二是巴菲特对自己名声的看重，他痛心疾首地说："我们负担得起亏损，甚至是严重的亏损，然而我们负担不起声誉的受损，哪怕只是丝毫的损伤。"[1]

1　立悟．巴菲特痛陈平生最大投资失败：人懒财必空．新浪网[2015-3-5].

【课后点评】

巴菲特认为，投资者卖出股票的主要依据，应当是其价值增值能力下降到令人无法容忍的地步，这和农民卖掉不再下蛋的母鸡是一个道理。所要记住的是，价值增值能力的上升和下跌与股价涨跌之间没有必然联系。

当不符合“七成五”法则时

我们所做的事情，不超过任何人的能力范围。

——沃伦·巴菲特

【巴菲特投资策略】

巴菲特认为，抛售股票的理由之一在于所投股票不再符合“七成五”法则。

他一贯主张，成功的股票投资方法很简单，并不需要用到什么高深的理论。他说：“我们所做的事情，不超过任何人的能力范围”。“多做额外的工作，不一定就能得到与别人不同的结果。”

巴菲特说，在美国股市上，20世纪80年代以来，许多投资方法，如小资本化、大资本化、成长法、价值法、动态法、主题法、产业循环法等，都曾经起到过一定的作用，但有时候什么方法都不管用。

为什么呢？问题的关键在于，股市中任何一种有效的投资方法，一旦被投资者所掌握，他们就会因为这些似是而非的理论丧失自己的判断和分析能力。这样，亏损就是必然的了。更不用说，既然是一种被实践证明了的能够赚钱的理论，又怎么可能被公之于众，“教会徒弟，饿煞师傅”呢？

在一次大型聚会上，巴菲特环顾了一下四周，一看估计有80个人，于是对大家说，在座的人当中至少有2个人的生日是同一天。大家对他的这一断言表示怀疑，他没有经过调查，怎么就能下此结论呢？

巴菲特确实没有经过调查，事实上也不可能去调查。在这里，他运用的只是概率知识。根据概率原理，80个人的生日分布在一年365天中，2人以上生日是同一天的概率高达75%。也就是说，巴菲特的这一说法成立的可能性高达75%，不成立的可能性只有25%。

巴菲特把这一法则总结为“七成五”法则。在他一生的投资生涯中，这一法则被运用到了非常娴熟的地步。

把该法则运用在股票投资中，关键是要掌握两点：一是仔细研究你在整个股票市场中处于什么地位。如果你的股票盈利能超过75% 的人，居于前面25% 的人之中，那么你就能保持常胜不败。二是无论是投资股票还是争取获利，都不要满打满算，而要考虑到只要具备75% 的把握就值得去做，一旦失去75% 的把握就要敢于止损。

对于短线投资者来说，只要短线炒作中有75% 的成功把握，就能保证稳赚不赔。例如在4次投资机会中，3赚1赔，就没有什么可怕的。这里的关键是要掌握合适的尺度，懂得怎样扩大收益、减少亏损。

同样是3赚1赔，如果每一次都赚10%，亏也是10%，这样总起来还有10%+10%+10%-10%=20% 的盈利。但如果前面3次赚钱的机会，每当有一点蝇头小利（例如5%）你就抛掉了；而后面的1次割肉机会，亏损额超过15%，你才卖出，这样总起来看你就是亏损的。想一想，我国股市中这样的投资者是不是太多了？

有一次，一群投资者向巴菲特请教如何投资股票。巴菲特说：“股票是一项有巨大风险的投资，如果你们愿意，我给你们做两个测试，你们就明白了。”

说完，他拿出两张纸进行第一个测试。他在第一张纸上写上“选项 A：有75% 的概率能得到1000美元，同时有25% 的概率什么也得不到”；在第二张纸上，他写的是“选项 B：确定能得到700美元”。

巴菲特拿着这两张纸问大家，你们是愿意选择 A 还是愿意选择 B？大家商量来商量去，最后一致同意选择 B，理由是选 A 有25% 的可能一分钱也得不到，不如选 B 更稳当，只赚不赔。

巴菲特一声不吭，然后又拿出两张纸让大家进行第二个测试。他在两张纸上分别写上“选项A：75%的概率付出1000美元，但有25%的概率什么也不用付出”，“选项B：确定付出700美元”，然后问大家如何选择。这时候大家一致决定选择A，因为选项B要确定付出700美元，而选项A则有25%的概率不用付出，这样风险就会小一些。

做完这两个测试后，巴菲特说：“现在我可以告诉你们，你们为什么不能在股市上赚大钱了，因为你们都讨厌风险。这种心理使你们在赢钱的时候只能赢钱小钱，而在亏钱的时候亏的却是大钱。”

巴菲特的意思是说，不想承担风险，却又想取得成功，天下哪里会有这样的好事？这是连他也做不到的。[1]

容易看出，巴菲特的股票投资策略确实非常简单。当股市上有那么多人鼓吹各种各样的股票理论时，巴菲特悄悄地就赚了几百亿美元。他采用的操作方法简单而实在，更重要的是他似乎很少有失算的时候。

【课后点评】

各种股票理论可能都有效，然而都有限。不要说不可能有一种什么理论能够“放之四海而皆准”，即使有，也绝不会被公之于众。要知道，越有效的东西越简单。股票投资用不着高深的理论，最需要的恰恰是常识。

当无法继续收取“过桥费”时

我只关注永久不变的东西，我认为网络不会改变人们嚼口香糖的方式。

——沃伦·巴菲特

1　郝金红．巴菲特的测试．乐读网[2015-10-15].

【巴菲特投资策略】

巴菲特认为，抛售股票的理由之一在于所投股票无法继续收取“过桥费”。

在他看来，买股票应当优先考虑那些可以收取“过桥费”的公司。有“过桥费”可是业绩优良的上市公司的一大特征。当这类公司无法继续收取“过桥费”时，就可能到考虑卖出该股票的时候了。

巴菲特介绍说，怎样来理解“过桥费”呢？他认为，抽象地说，如果消费者都想购买某一品牌独特的商品，经销商为了满足消费者的需要，就必须经销这种商品，并保持一定量的库存。而要做到这一点，经销商又必须通过各种渠道向生产商进货。

在这里，生产商就是这样的“桥”。大大小小的经销商，包括中间商，向厂家进货，为厂家贡献利润。哪怕该品牌商品的销售价格比其他品牌商品高，经销商也必须进此货，在这个过程中经销商不得不付出的费用就是“过桥费”。

巴菲特认为，可以收取“过桥费”的公司通常具有以下3个特征：

首先，生产的产品使用率高，却不耐用，品牌家喻户晓。

为了满足消费者需要，吸引消费者，对于这样的产品，每个经销商都要维持基本的库存量，所以总的来说，这类产品的市场需求量很大。如果不这样做，经销商就会失去消费者，就会没有生意。

现在的问题是，如果这种产品有多种品牌，经销商就会货比三家，拼命寻找进价较低的那个品牌，以获取更大的利润。如果只有一种品牌，那经销商就没有选择的余地，什么样的价格决策都只能由生产厂家说了算，这样生产企业的利润就有了可靠的保证。

这方面最典型的就是可口可乐公司。大大小小的经销商都必须采购可口可乐，并且要保持一定的库存量。而市场上虽然有多种多样的可乐饮料，它们却都无法代替可口可乐。这就使可口可乐的销售量和销售价格都能得到切实保证，能够使可口可乐公司获得很高的利润率。这样的产品，其市场竞争虽然激烈，但激烈的竞争主要表现在销售商之间的相互削价上，根本无法动摇生产商所控制的批发价的高低。

不难看出，由于这种产品的消费量大，又很不耐用，所以能够保证生产企业的预期利润滚滚而来。投资这样的股票，投资者就能从中坐收渔利。

其次，传播媒体在不断说服消费者购买的同时，能够提供重复性服务。

在巴菲特的概念中，电视、报纸、网站等传播媒体是非常典型的收取“过桥费”的公司。由于它们为生产商做广告，生产商通过广告来说服消费者购买其产品，生产商的这种需求是源源不断的，这就使得传播媒体能够不断向它们提供重复性服务。传播媒体收取的这种源源不断的广告费，就是名副其实的“过桥费”。

生产商能否离开传播媒体这座“桥”呢？不能。否则生产商就无法让消费者知道并选择它们的产品，就无法和竞争者展开竞争了。所以，它们哪怕再不情愿，也不得不支付这种“过桥费”。

这方面比较典型的是《布法罗晚报》。一般来说，在一个大小适中的城市里，都会有一份而且只有一份当地报纸。这就使这家报社的获利率很高，因为它是大小商家都要经过的唯一的一座“桥”。如果再增加一座“桥”，两家媒体的收益马上就会降到一般水平。《布法罗晚报》就是这样。可是，只要另一家竞争者退出，剩下的这座“桥”就再次占据垄断地位，“过桥费”就又会滚滚而来。巴菲特当年集中投资资本城 / 美国广播公司，也是主要考虑到了这一因素。

也许有人会问，在当今自媒体时代，这种情形是不是还存在呢？确实，博客、微博、微信、QQ、贴吧、社区等自媒体的普及能够分流掉一部分“过桥费”；但从根本上说，我们依然看不到撼动“过桥费”强大地位的那一天。你根本不敢想象，会有哪一天全国、全球的报纸和电视台会通通关门。

最后，能够提供一般消费者和企业持续需求的重复消费服务。

服务和商品一样，当然也能提供收取“过桥费”的机会。巴菲特尤其注重这样的公司。在他所投资的上市公司，如信用卡服务公司、杀虫服务公司、专业清洁公司、除草服务公司等，都是如此。

这方面最典型的是美国运通公司。消费者在使用其信用卡时，该公司会向使用信用卡的商家收取一定的刷卡费用。如果这些商家没有在规定期限内缴纳刷卡费用，该公司还要收取一定的罚金。

容易看出，上述两者都是“过桥费”的具体形式。刷卡人数越多，“过桥费”就收得越多，美国运通公司的获利水平就越高。

能够提供这种持续、重复消费服务的“桥梁”，一般都是消费者不得不“经过”的。与此同时，这些企业又会根据需要配备人员，一般不会有闲置人员和闲置设备，也不需要在研究、开发新品方面投入太多的费用，所以企业的内在价值一般都很高。

【课后点评】

每当人们从影视剧中听到“要想过此路，留下买路钱”时，总会感觉汗毛凛凛的。可是当这种“强盗行径”一旦合法化，即上市公司可以合法收取“过桥费”时，你的投资收益不但有保证，而且还会很丰厚。

当你懂得什么时候见好就收时

恐惧和贪婪这两种传染性极强的流行病的爆发，在投资世界永远会一再出现。这些流行病的发生时间却难以预料，由它们引起的市场价格与价值的严重偏离，无论是持续时间还是偏离程度也同样难以预测。因此，我们永远不会试图去预测恐惧和贪婪任何一种情形的降临和离去。我们的目标是相当适度的——我们只是想在别人贪婪时恐惧，而在别人恐惧时贪婪。

——沃伦 · 巴菲特

【巴菲特投资策略】

巴菲特认为，抛售股票的理由之一在于投资者要见好就收。

在他看来，股票价格不可能永远高于其内在价值。当股价远远超出其内在价值时，投资者要克服贪婪情绪，懂得什么时候完美收场。

1966年巴菲特有限公司取得了令人震惊的成功。无论是相对于道琼斯工业指数还是其本身的发展业绩，都创下了空前的业绩回报纪录。当年道琼斯工业指数下跌15.6%，而该公司的投资收益率却高达20.3%，超出市场平均业绩35.9个百分点。

巴菲特对这一业绩感到既兴奋又担忧，他不得不考虑对部分投资见好就收。

他在巴菲特有限公司1966年年报致股东的一封信中透露，1966年暮春他开始买入一只股票，遗憾的是，他大概才买到160万美元时，股价突然开始快速上扬。这让他有点措手不及，无奈之下，他只好改变策略，将计就计，把原本准备的长期投资改为短期炒作，结果从该股票上获利73万美元。虽然投资回报率高达45.6%，已经很不错了，但他依然遗憾失去了一次如果长期投资就能够获得更大收益的机会。

巴菲特在巴菲特有限公司1967年年报致股东的一封信中说，按照大多数人的标准，巴菲特有限公司获得如此优异的经营业绩的1967年，又是非常红火的一年。当年道琼斯工业指数上涨了19%，而巴菲特有限公司的经营业绩则上升了35.9%，超出了原先巴菲特设想的只高于市场平均水平10个百分点的目标。

他说，当年巴菲特有限公司的总收入为1938万美元，即使发生严重的通货膨胀，巴菲特有限公司也有足够财力大量买入百事可乐公司。由于当年巴菲特有限公司卖出了一些长期持有的可流通股，从而使得当年的税前利润达到2738万美元。

在这一年，巴菲特有限公司通过下属两家控股公司（即戴弗斯・菲尔德零售公司和伯克希尔公司），又收购了另外两家企业（分别是戴弗斯・菲尔德零售公司收购的联合棉花商店，以及伯克希尔公司收购的国民保险公司及其附属公司国民火灾与海运保险公司）。

按理说，公司形势一片大好，巴菲特应该高兴还来不及。可是作为一名理性投资者，他在这种大好形势下感受到的却是忧虑，他非常担忧股市会因为投机因素过浓而崩盘。

巴菲特在巴菲特有限公司1968年上半年半年报致股东的一封信中说，当时的股票市场，无论是发起人，还是高级雇员、职业顾问、投资银行家、股票投机者，几乎所有人都能从中狠狠地赚到一大笔钱，可是他很担忧这些行为会引发长期后果。

从1957年至1968年，道琼斯工业指数的年复合增长率高达9.1%，而巴菲特有限公司的年复合收益率却高达31.6%，人人都处于一种狂热的亢奋之中。一位资产超过10亿美元的共同基金经理，在1968年年初开办一种新型咨询服务项目时说，"对于证券的研究必须按分钟来进行"。巴菲特听了这句话，感到特别忧虑，他更觉得股市中到处弥漫着投机气氛。对此，他幽默地说："哇！这种废话让我在外出喝百事可乐时感到内疚。"

1967年年末，巴菲特眼里的巴菲特有限公司的内在价值为每股25美元，而这时候它的股价是20美元；而到了1968年年末，这两个数据分别为31美元和37美元。这让他感到，无论是市场环境还是个人因素，都已经发生了很大变化，已经到需要修改未来经营目标的时候了。因为事实上，巴菲特有限公司的经营手法还是像过去那样，一直没变，这些经营方式已经不再适应当时的形势了。

巴菲特接下来的动作令人震惊，1969年，他决定解散巴菲特有限公司。因为他认为，当时的股票市场已经疯狂，他已经不知道该做什么好了。

巴菲特对巴菲特有限公司的资产进行了彻底清算，按照每位股东应该得到的收益，以及按比例规定应该得到的利息，将这些资产全部分给了每一个人。

每一位股东可以有两种选择：既可以按照比例获取应该得到的收益，卖掉手中的股票，换取现金；也可以继续持有戴弗斯·菲尔德零售公司的股票，或者持有伯克希尔公司的股票。如果有弄不清、需要咨询的地方，巴菲特负责提供建议。

当然，巴菲特有限公司的解散还有另外一个原因，那就是：一方面，当时要求加入巴菲特有限公司的人越来越多，他实在招架不住；另一方面，巴菲特有限公司也已经不再需要用别人的钱来进行投资了。

按照法律规定，巴菲特有限公司作为合伙企业，原来最多只能拥有99个合伙人，而现在解散后重新注册为一家投资公司，就可以不受这项限制了。这时候新成立的投资公司就是现在的伯克希尔·哈撒韦公司——在一家纺织公司基础上改制而成的投资公司（本书简称“伯克希尔公司”）。

1973—1974年，巴菲特有限公司刚刚解散完毕，股票市场就如同巴菲特原来担心的那样崩盘了。由此可见，巴菲特对投资环境的警觉，以及将如何完美收场拿捏得恰到好处，这也是他擅长见好就收的最好注脚。

那时候，巴菲特个人拥有的股票市值约为2500万美元，其中大部分被他悄悄投入了伯克希尔公司。如果他不是这般完美收场，而是在接下来的股市崩盘中遭受毁灭性损失，那么他未来的一切就都会被改写了。

【课后点评】

当股市中每个人都能轻而易举地赚钱，尤其是当人人都觉得牛市如火如荼时，就到该退场的时候了。巴菲特及时解散巴菲特有限公司，躲过随之而来的股市崩盘可能造成的毁灭性损失，才成了今天的巴菲特。

当发现更好的投资机会出现时

任何时候，任何东西，有巨幅上涨的时候，人们就会被表象所迷惑，认为他们只需干两年就能赚那么多的钱。我不知道中国股市的明后年是不是还会涨，但我知道价格越高越要加倍小心，不能掉以轻心，要更谨慎。

——沃伦·巴菲特

【巴菲特投资策略】

巴菲特认为，抛售股票的理由之一在于出现了更好的投资机会。

在他看来，投资者固然要坚持长期投资理念，可是如果有更好的投资机会出现，这时候卖出股票就是必需的。说得更透彻一点，这就是中国投资者更熟悉的“换股”——卖掉一些内在价值降低的股票，买入另一些内在价值在不断升高的股票。

众所周知，巴菲特一贯主张长期投资。截至2006年年末，他持有可口可乐公司股票已经长达20年，持有美国运通公司股票已经长达14年。他曾经说过，像可口可乐公司股票、美国运通公司股票等4只股票，他希望能永远持有。

所以，许多人不理解为什么中石油在他手里只不过4年半时间就被他抛售一空。中石油为什么不能成为他永远持有的一只股票呢？

巴菲特解释说，像中石油这样的明星企业，他当然希望持股数量多多益善，持股时间越长越好。可是他理性地发现，石油企业的利润主要依赖于油价高低。当国际原油价格在每桶30美元时，他对这只股票感到很乐观；可是后来原油价格涨到了每桶75美元，虽然不能说中石油股价一定会下跌，但这时候他对中石油公司的赢利前景没有以前那么自信了。

这就是巴菲特，一个理性的巴菲特。了解巴菲特个性的人都知道，实际上，这是他的一贯作风——在别人恐惧时买入，在别人贪婪时卖出——这才是对长期投资策略的正确运用。因为在他持有中石油股票的4年多时间内，虽然国际股市风云变幻，但他都没有减持中石油股票。

从市盈率看，当2007年7月巴菲特开始抛售中石油股票时，中石油的市盈率只有15倍，而可口可乐公司是22.5倍，美国运通公司是19.25倍。但中石油是全球市值第二的上市公司（仅次于美国美孚石油公司），是亚洲最赚钱的上市公司。

巴菲特曾经宣称，对于那些伟大公司的股票，投资者永远不该卖出。从这一点看，巴菲特卖光中石油股票，可以反推中石油在他眼里并不是一家“伟大的公司”。那么，什么样的公司才是“伟大的公司”呢？

巴菲特就这个问题接受记者采访时说：“是的，在中国有很多好企业。”请注意，巴菲特在这里说的是“好企业”，以此巧妙地绕开了记者提问，而没有称“伟大的公司”。

巴菲特抛空中石油后，得到了大笔现金，这时候他用这些现金干什么了呢？

仔细观察容易发现，此时此刻美国次级抵押贷款泡沫正在破灭。而美国华尔街的那些投资银行，持有大量的次级抵押贷款债券。如果这些债券在证券市场上交易，这些投资银行至少要损失30%。而这些债券的价值有多少呢？总体来看，其总额不会低于2000亿美元。2007年七八月间，这些投资银行股价纷纷大跌，预期市盈率只有8~9倍。

巴菲特一直是看好这些投资银行的，只是因为过去它们的市盈率偏高而没有动手。这次次级抵押贷款债券风波导致投资银行股价大跌，在投资银行股价处于最低位时，正好给巴菲特创造了一个成功抄底的好机会。

巴菲特非常清楚，投资银行的巨大损失并不足以产生致命威胁。一方面，美国联邦储备委员会和各国中央银行都在采取一系列注资、减息措施，美国经济指标也在走好，这些都意味着危机正在慢慢解除；另一方面，由巴菲特出面来收购投资银行，更能树立一个救市英雄的形象。

无论怎么说，此时此刻的巴菲特大举收购投资银行股票，可谓一举多得。至少，在一家股票的高点卖出，同时在另一家股票的低点买入，这绝对是一桩赚钱的买卖。

更何况，把抛空中石油股票所得到的资金投资在美国投资银行，将来所得到的利润回报很可能会高于投资中石油股票呢！

【课后点评】

长期投资并不是说单纯追求持股时间长，更不能片面理解为永远持股。当投资者遇到更好的投资机会时，换股就是必要的。巴菲特在中石油股票上的漂亮转身，反映了他对长期投资策略巧妙而灵活的运用。

要尽可能减少股票交易次数

考虑到我们庞大的资金规模，我和芒格还没有聪明到能够通过频繁买进卖出来取得非凡投资业绩的程度。我们也并不认为其他人能够这样像蜜蜂一样从一朵花飞到另一朵花，取得长期的投资成功。

——沃伦·巴菲特

【巴菲特投资策略】

巴菲特认为，不抛售股票的理由之一在于投资者坚持长期持股。

在他看来，虽然卖出股票是必然的，但如果从降低交易成本、提高投资获利水平出发，尽可能减少股票买卖次数就是必需的。他说，这不但符合股票长期投资理念，更能避免把已经赚到的一点蝇头小利用来支付交易佣金。

他说，持有股票的稳定性，就像人们喜欢白头偕老的稳固婚姻一样。究其原因，除了感情因素，很重要的一点是离婚成本过于高昂。根据婚姻法规定，离婚时要对夫妻共同财产加以分割。所以，你每离一次婚，都要至少损失一半财产。

虽然有人认为，股票交易佣金在总成本中所占比重不大，在我国目前是1‰多一点。可是如果频繁交易，这一笔笔不大的交易佣金累积起来就很可观。无论可观不可观，它都会直接扣减你的收益，增加你的亏损。甚至由于这种频繁交易，你本来可以赢利的，最后却不得不转盈为亏。

举例说，假设你在股票投资中想要获得10%的投资回报率，那么在每次股票交易佣金为1.5‰的背景下，如果你一年只交易1次，只要股价上涨到10.165%时，你就能实现目标收益率；可是如果你每个月交易2次，全年共计24次，你则需要在股价上涨到14.108%后才能实现目标收益率。

显而易见，股价上涨10.165%，相对来说要比上涨14.108%容易得多。不要小看这其中虽然只相差3.943个百分点，其实两者之间相差14.108%/10.165%–1 ≈ 0.3879倍。

美国分析师兼作家查尔斯·埃里斯的研究证明，股票交易频率与投资收益率之间有如下关系：

$$股票投资目标收益率=\frac{(交易频率\times 2X)+Y+(Z\times 市场平均收益率)}{市场平均收益率}$$

其中：X为包括买卖差价在内的佣金成本平均值；Y为基金管理费与保管费；Z为基金经理人希望达到的收益率。

根据这个计算公式，当股票交易频率超过200%时，每一次交易都必须高出市场平均收益率几个百分点，才能保证达到股市平均收益率。

1998年，美国加州大学戴维斯分校两位教授的研究，同样证明了这一结论。他们通过对从1990年至1996年年末美国78000个家庭连续7年的股票交易记录研究发现，这些家庭的股票投资平均收益率为17.7%，略微高于17.1%的市场平均收益率。可是在扣除股票交易佣金后，这些家庭的净投资收益率就只剩下了15.6%，比市场平均收益率低1.5个百分点。

进一步研究发现，股票交易次数越多的家庭，投资回报收益率越低——其中，交易次数最频繁的20%的家庭，年净投资收益率只有10.0%；交易次数最少的家庭，年净投资收益率却高达18.5%。

不要小看这几个百分点的细小差别，根据复利作用原理来推算，10年、20年之后两者的最终投资回报将会相差千万倍。

另外还有一点需要注意的是，在国外，股票交易是要征收所得税（又称为“资本利得税”，美国的资本利得税率为股票盈利部分的34%）的。

在我国，目前还没有开征这个税种，但一旦开征，就表明我国投资者每一次卖出股票后，如果卖出价格超过买入价格，就要把其中的相当一部分以资本利得税的形式缴给税务部门。只有在股票交易亏损时，因为本来就没有资本利得，所以才不用缴纳这笔资本利得税。

无论是否需要纳税，对于投资者来说，只拥有一项主动权，那就是是否需要卖出股票、什么时候卖出股票、卖出多少股票。减少股票交易次数，不但能推迟缴纳资本利得税的时间，还能避免无谓的损失（因为有时候股票卖出后，股价可能会涨上去）。

巴菲特在伯克希尔公司1989年年报致股东的一封信中，就详细说明了这一点。他说，如果他们当年年末将所有股票按市场价格全部出售的话，将要缴纳11亿美元的资本利得税。可事实上，这些股票并没有被卖出，所以政府也就没办法向他们收取这笔资本利得税了。

由于伯克希尔公司并没有卖出这些股票的打算，所以从某种意义上说，这笔本该缴纳给政府的11亿美元的资本利得税，现在就可以作为一笔自有资金，留给伯克希尔公司自由支配了。

从另一个角度看，这笔巨额资金也可以看作是政府借给伯克希尔公司的无息贷款。这笔贷款不但不用支付利息，而且还款日期还可以由自己决定（什么时候卖出股票，什么时候才需要纳税、还款）。

2015年下半年，伯克希尔公司在并购金霸王电池公司时采用的也是这一思路。并且，针对宝洁公司希望减少非核心资产的心愿，伯克希尔公司要求宝洁公司用原本拥有的股票来换股，同时还需对金霸王电池公司注入19亿美元的现金。而这样做，由于宝洁公司是用自己的股票和现金来换取资产，按照税法规定完全可以免税（这种做法称为“现金充裕剥离”交易）。所以此次交易虽然是实质性并购，可是因为不用纳税，就像什么事都没有发生一样。不但如此，还因为金霸王电池公司的售价低于当初买入的70亿美元成本，所以宝洁公司账面上还可以记下这样一笔交易损失，用于税前扣除。

巴菲特承认，金霸王电池公司并购案中的一大因素就是税收，无论是对宝洁公司还是对伯克希尔公司来说，这笔交易双方都能获得税务优势。

类似的例子还有很多，其中最典型的是巴菲特在1989年以6亿美元的价格买入吉列公司可转换优先股。仅此一项，不包括股息分红在内，当初一下子就为巴菲特节税44亿美元以上。截至2014年年末，这部分股份市值已经高达470亿美元。如果全部卖出，按34%的税率纳税，这笔25年来累计获得的资本盈利40亿美元需要缴纳10多亿美元的税额。

2014年上半年，巴菲特用价值16亿美元的菲利普斯66公司股票换取下属管道润滑油公司及其账面上的4.5亿美元；2014年7月，他用市值10.9亿美元的《华盛顿邮报》公司股权，向其母公司Graham换取迈阿密电视台及其3.3亿美元的现金，还有Graham拥有的价值4亿美元的伯克希尔公司的保险业务股票等，这些交易所采取的思路都如出一辙。[1]

由此看来，巴菲特实在是对税法烂熟于心。所以，即使在伯克希尔公司实施为数不多的并购案时，他也总是会想方设法进行避税，以达到变相“减少交易（纳税）次数”的目的。并且，他这样的动作似乎正越来越频繁。

【课后点评】

不同投资者的回报率相差千万倍，很重要的一个原因是股票交易成本不同，股票交易次数不同，而不是因为投资组合不同。在需要缴纳资本利得税的背景下，股票交易次数越多，税务成本越高，实际收益率就越低。

要学会拒绝市场先生的挑逗

我和芒格都希望长期持有我们的股票。事实上，我们希望与我们持有的股票白头偕老。

——沃伦·巴菲特

【巴菲特投资策略】

巴菲特认为，不抛售股票，就要学会拒绝市场先生的挑逗。

在他看来，买股票就像建立一桩婚姻——长期持有，相当于终身厮守、白头偕老；随时随地想抛出手里的股票，实际上就像面对“一夜情”情人，随时

1 周佳．“50年主持人”巴菲特．第一财经网[2015-5-3].

随地都想拍拍屁股走人。

巴菲特的投资哲学是，用打造永久婚姻的态度来持有股票，而不是以包养情人的态度，更不是以“一夜情”的态度，来持有股票。

他说，在他眼里，那些频繁交易的投资者都是投机者。他认为，如果把这些人也称为“投资者”，就好像把经常体验“一夜情”的人称为“爱情浪漫主义者”一样的荒谬。从这个角度看，好股票就应当具有如下特点：能够拒绝市场先生的诱惑，这就像好女人能够拒绝“一夜情”一样。

巴菲特说，股票投资的秘诀其实很简单。归根到底，只要在适当的时候，挑选优质股票买入，只要它们的质地没有发生根本性改变，就一直持有下去。他经常说：“我们喜欢购买企业。我们不喜欢出售，我们希望与企业终身相伴。”

巴菲特曾经公开表示，有3只主要股票，他希望能够永久持有，这就是资本城 / 美国广播公司股票、政府雇员保险公司股票、《华盛顿邮报》公司股票。

什么叫“永久持有”呢？他进一步解释说，就是即使这些股票的价格高得离谱，伯克希尔公司也不会出售它们。

巴菲特表明的这个观点，在过去已经被实践一再证明，比如伯克希尔公司直接控股的两家私人公司喜斯糖果公司、《布法罗晚报》公司。过去有人给出远远高于他们对其的估价的价格，他们都没有答应卖出——道理很简单，这些股票既然已经成为他们愿意与之白头偕老的终身伴侣，他们又怎么可能因为“情敌”的出价很高而“离婚”，将它们拱手让人呢？

巴菲特承认，他这种非常保守的投资态度在有些人看来已经落伍了，就好像“一夜情”已经成为一种流行时尚，不搞“一夜情”反而被别人称为“思想保守”一样。不过他觉得，保守有保守的好处，不搞“一夜情”，至少不容易得艾滋病。而长期乃至永久持有股票，就能得到由于复利作用而带来的丰厚回报。

伯克希尔公司上述3只永远拒绝市场先生诱惑、不会出售的股票，在巴菲特眼里已经成为伯克希尔公司永恒的一部分。

他承认，这其中当然有他的个人情感因素在内，但更重要的是出于投资价值回报方面的考虑。虽然这些股票的价格已经处于高位，看起来将来似乎无法继续给伯克希尔公司提供更多的回报。可是要知道，即使这样，伯克希尔公司的价值也会从以下两个方面得到继续提高：

一是投资组合中的每只股票，其内在价值都会在原来预料的增长中，不断增长。这就是说，只要你原来买入这些股票时主要考虑的是其内在价值能否持续不断地增加，那么股价就不该是你过多考虑的方面。正如巴菲特一贯所说的那样："你付出的是价格，得到的是价值。"

二是市场先生会在适当的时候修正每一只股票的价格。这本来就是一件很正常的事，一点也不奇怪。当你拥有的股票价格上涨幅度很大时，实际上就表明，市场先生已经提前给了你很大的回报空间，你应该为提前得到这种"额外的奖赏"高兴，并充满信心才是。

回顾历史，伯克希尔公司年投资回报率排名第三的是巴菲特投资的一家房地产公司。1988年，伯克希尔公司以分拆调整后每股4美元的价格投资有政府支持的抵押贷款保险巨头房地美公司（Freddie Mac）1.08亿美元，10年后其股价升至70美元，伯克希尔公司持有期13年，年复合回报率24%，总回报率高达1525%。

值得一提的是，与其回报率之高相比，更有意思的是，巴菲特卖出该股票的时机选择。1988年巴菲特投资该股票时，对该公司充满信心，并且在接受《财富》杂志记者采访时还公开表示了对它的好感。2000年，巴菲特与当时担任房地美公司首席执行官的勒兰德·布兰德塞尔有过多次会面，交谈中他总是听到对方说要争取每年都保持两位数的投资回报率。他心有不安，觉得这样的步子迈得太快了，所以他在一年之内就悄悄地抛售掉所有该股票。果不其然，2003年就传出该公司报表作假（谎报盈利）的消息，最后导致其总裁被迫辞职。

接下来的事情就谁都知道了，2008年，正是因为房地美公司和房贷美公司发生次贷危机，直接引爆了全球金融危机，股价自然一落千丈，2016年每股价格也只略高于2美元。巴菲特因为早有防范，早就清仓，躲过了这一劫。不但如此，他还创造出了伯克希尔公司历史上的一大投资奇迹。[1]

1 Peter译，Lina校．巴菲特最成功的投资：中石油．财富杂志中文网[2014-11-12].

【课后点评】

巴菲特认为好股票就像好妻子，会与你白头偕老。不管市场先生多么潇洒、有钱，你都要学会拒绝诱惑，这实际上强调的依然是内在价值。有道是，人美在心灵。只有当一只股票（如房地美股票）不自尊自爱，你才需要把它扫地出门。

要尽量不去看当前股价涨跌

投资的精髓是，你不管是看公司还是看股票，都要看企业的本身，看这个公司将来 5 年、10 年的发展，看你对其业务了解多少，看其管理层你是否喜欢并且信任。如果股票价格合适，你就持有。

——沃伦 · 巴菲特

【巴菲特投资策略】

巴菲特认为，不抛售股票，就不要关心当前股价的涨跌。

在他看来，卖出股票的收益当然是以成交价格来计算的。可是持有股票时，就不必过分关心当时的股价涨跌。了解到这一点，你就会懂得为什么在巴菲特的办公室里居然没有电脑，他更不会用电脑来查看股票实时行情，直到现在他依然拒绝使用智能手机。

他认为，如果你相信自己比股市更了解你所拥有的股票，那么你就应当拒绝受每天股价涨跌的诱惑；如果你没这种自信，也就是说你认为自己还不如股票市场更了解你拥有的股票，你就不应该买入该股票——既然你不相信它，又何必投资它呢？

巴菲特说，如果你想长期投资某只股票，却又每天去关注它的涨跌变化，这本身就是自相矛盾的，至少是不合逻辑的。相反，如果你不去每天关心股市行情，你的股票投资组合就会更有价值。道理很简单，因为这会使你避免受许多无谓信息的干扰，这时候你的投资组合会更理性。

他奉劝投资者自己做个试验：首先是连续48小时不去关心股市，包括不去看电视、看报纸，不去打听各种股市消息；然后看看这样一来，你拥有的某只股票质地是否发生了什么变化，当然是什么都没有；接下来，你可以试着3天、1个星期、10天不去关心股市涨跌，到时再去看一看这只股票的质地是否发生了什么变化。至此你会觉得，不去关心每天的股市涨跌，原来没什么糟糕的，而且会更省心、更轻松，每天该做什么就做什么。

巴菲特介绍说，在他买下股票之后，即使股市休市两年，对他的投资决策也不会产生任何影响。股市当然不会休市两年，他的意思只不过是说，他两年不去关心股市的每日涨跌，也一样耐得住寂寞。

巴菲特在伯克希尔公司2011年年报致股东的一封信中，特别提到了投资者对股价变动会有的非理性反应。他说，当伯克希尔公司买下一家正在回购股票的公司的股票时，最希望发生的是两件事：一是当然希望这家公司未来能够保持盈利持续增长；二是希望这家公司的股票价格未来能够继续弱于市场。

后者是为什么呢？他以伯克希尔公司拥有5.5%股权的IBM公司为例说明了这个问题。IBM公司未来5年内的盈利对大股东伯克希尔公司来说当然非常重要，可是如果未来5年内IBM公司的平均股价为每股200美元的话，那么IBM公司用500亿美元就能回购到2.5亿流通股。这样，它流通在外的股票就只剩下9.1亿股了，伯克希尔公司原本持有的6390万股的持股比例，将会从5.5%上升到7%。相反，如果未来5年内其平均股价为300美元的话，那么IBM公司用500亿美元只能回购1.67亿股，这时候流通在外的股票还有9.9亿股，伯克希尔公司所占股份会从5.5%上升到6.5%。如果未来第5年IBM公司的盈利是200亿美元，那么这时候奇迹发生了——在股价200美元的时候，伯克希尔公司从分红中所得到的收益反而会比股价在300美元时得到的多出整整1亿美元来。

巴菲特说，这样一算就知道了，这时候只有股价下跌才会增加你的利益，股价上涨反而会损害你的利益。遗憾的是，“感情因素往往会让事情复杂化，大多数人，包括那些将来会是股票净买入者的投资者，看到股价上涨内心才会感到舒服。这样持有股票的投资者，类似于一个经常开车上下班的人，只是因为他的油箱今天加满了油，就为油价上涨而欢呼”。

回顾2003年，巴菲特当时先后投资了约5亿美元资金购买中石油 H 股。从2007年7月12日开始，他一共分7次抛售该股票，直到当年10月19日全部清仓完毕。

毫无疑问，巴菲特买卖什么样的股票总会引发全球投资者的关注和效仿，他这次分批卖出全部中石油股票，同样也在全球引起了强烈反响。尤其令人关注的是，从巴菲特开始抛出中石油股票直到全部抛完为止，中石油股价在短短3个月内上涨了35%。这下不得了了，有人不无幸灾乐祸地说，原来“股神”并不“神”，否则他怎么没有在最高价位时抛售中石油股票呢？要知道，如果他在高点卖出，至少还可以多赚128亿港元。

其实，说这种话的人完全不了解巴菲特的投资策略，可以说完全是在放马后炮。根据巴菲特的投资策略，他从来不去关心股市每天的涨跌行情。他只要觉得一只股票“应该”卖出了，就会选择落袋为安。由此可以推断，巴菲特每次抛出中石油股票时，并没有过分去关心当天股价的实时行情。

谁都知道，落袋为安是股票交易的一条硬道理。只有兑现了股票盈利，才能算是一笔成功的投资；如果盈利只是停留在账面上，那么再多也只能称之为“纸上富贵”而已。

据巴菲特自己说，当年他入股中石油的价格为20美元（这是美国预托证券价格，每份 ADR 相当于100股中石油 H 股），而出售价在160~200美元。他一共在投资中石油股票上获利35.5亿美元（约合277亿港元），投资回报率超过7倍！

不难看出，无论巴菲特投资中石油股票赚了多少钱，也无论这只股票将来的价格能上涨或下跌到多少，对于巴菲特来说，这都是一笔大获全胜的投资——该股票买入后仅仅4年间，其股价就上涨了8倍多，而且巴菲特已经全部落袋为安。这难道还不能说是一次极为成功的投资吗！

【课后点评】

如果你买下某只股票后，平时根本不去关心它的价格变动，只是到准备卖出它的那几天才去适当看下行情，你才真正学到一些巴菲特的投资精髓了。巴菲特买入股票时关注的重点在于其内在价值，而不是价格。

要守住好股票：死了都要爱

> 1988 年，我们大笔买进联邦家庭贷款抵押公司股票与可口可乐公司股票，我们准备长期持有。事实上，当我们持有杰出经理人管理的优秀企业的股票时，我们最喜欢的持有期限是永远。许多投资人在所投资公司表现良好时急着想要卖出股票以兑现盈利，却紧紧抱着那些业绩令人失望的公司的股票不放手。我们的做法与他们恰恰相反。
>
> ——沃伦·巴菲特

【巴菲特投资策略】

巴菲特认为，不抛售股票的理由之一在于手里是一只好股票。

在他看来，投资者对所持有的股票当然可以决定在什么时候卖出，但是有一条原则必须坚持：好股票要终身厮守，永远持有，用一句流行歌词来形容就叫“死了都要爱”。

在他眼里，这种最好的股票有可口可乐公司股票、吉列公司股票、《华盛顿邮报》公司股票、美国精密铸件公司股票等。他曾经这样说过，可口可乐公司股票的表现比他想象的还要好。在他眼里，这些企业的最大特点是，拥有一条宽而深的经济护城河，能够确保他的投资安全。

事实上，巴菲特在可口可乐公司股票上的回报非常大。这只股票在相当长的一段时期内，是巴菲特规模最大、获利最多、最成功的投资典范，并且为他登上全球首富宝座做出了极大的贡献。

而2015年巴菲特把他60多年来最大的一笔数额高达300亿美元的并购金给了美国精密铸件公司，也是因为在他看来该公司拥有一条宽而深的经济护城河。该公司创立于1953年，最大的业务是制造飞机发动机叶片，尤其是在全球基本独家垄断了航空发动机制造业，并且在可预见的将来没有竞争对手。在巴菲特并购该企业时，它手中拥有波音飞机公司和空中客车公司1万架大型客机的订单，并且当年股价已经下跌了20%，市盈率还不到20倍。而当巴菲特并购该公司的消息传出后，该公司股价立刻上升20%。[1]可以预见的是，该股票必定会成为巴菲特将来长期持有的对象。

回想巴菲特在1988年、1989年投资10.23亿美元买入可口可乐公司股票2335万股，买入总成本为12.99亿美元。两年后，他在伯克希尔公司1991年年报致股东的一封信中兴高采烈地说，当时大批买入可口可乐公司股票的时候，伯克希尔公司的净值大约只有34亿美元，可是现在（1991年）伯克希尔公司仅仅持有的可口可乐公司股票的市值就已经超过这个数字了。

截至2003年年末，伯克希尔公司持有的可口可乐公司股票市值已经达到101.50亿美元，15年间增长681%。如果巴菲特这时候全部抛售该股票，将可获利88.51亿美元。

巴菲特深知，在全球最著名的5种碳酸饮料中，有4个品牌是可口可乐公司的，它们分别是可口可乐、雪碧、芬达、健怡可口可乐。巴菲特特别推崇品牌价值。当可口可乐已经成为美国文化的象征时，他相信无论什么力量都已经无法摧毁可口可乐品牌价值的内在增长了。也因此，像这样的股票他永远都舍不得卖。

他说，从长期来看，可口可乐公司和吉列公司所面临的产业风险，比任何一家电脑公司和通信公司都要小得多。像这种长期拥有的傲视全球的竞争力，除了箭牌口香糖，他不知道还有哪家公司具备。

更重要的是，即使是可口可乐公司和吉列公司，它们依然在不断增强全球

1　陈凯丰．巴菲特最大手笔投资为啥给了这家公司．新浪网[2015-8-11].

市场占有率，这就好像它们在原有的经济城堡周围，继续拓宽护城河。相比之下，其他公司每天都在没有任何这种保障的情况下浴血奋战，差别之大可想而知。

在巴菲特看来，可口可乐公司每天在全球的销售量高达10多亿罐，超过全球软饮料行业总销量的一半。而伯克希尔公司拥有可口可乐公司8% 的股份，这就相当于伯克希尔公司每天都有1亿多罐可口可乐的销售利润入账，这是一笔多么诱人的巨大收入呀！

巴菲特说："如果你想出1000亿美元让我来买下可口可乐这种饮料在全球市场上的领导权，我会把钱还给你，并对你说，这不可能。"

巴菲特不但想把可口可乐公司的股票永远持有下去，而且还多次后悔说他买这只股票的时机太晚了。

他说，他记得他是在1935年、1936年第一次喝可口可乐的。他当时就非常喜欢喝这种饮料，并且看到周围邻居也都非常爱喝这种饮料。他在伯克希尔公司1989年年报致股东的一封信中感慨地说，其实他应该早在52年前（即1937年，当年他7周岁）就购买该股票。如果当时他就劝说爷爷卖掉杂货店，然后把钱全部用来买可口可乐公司股票，那该多好啊！

他幽默地说，不过坏事也可以变成好事，这至少可以让他得到这样一条教训：如果他今后又发现了像可口可乐公司股票这样非常明显的、具有很大吸引力的投资机会，他的反应时间至少可以缩减到50年以内。

对好股票要坚持长期持有，与之白头偕老，巴菲特的这一理念一直没有变。

2016年3月，他针对投资者看到股市疯狂波动，为未来养老储蓄感到担忧的现状，在接受全球财经有线电视卫星新闻台 CNBC 采访时表示："我想告诉他们，不要盯着市场不放。"他说："从投资中赚钱的方法，是买进一家优秀公司（的股票）并长期持有。如果他们买入优秀公司股票，那就长期持有，它们将在此后10年、20年、30年内表现良好。"

那么，究竟如何才能买到这样一家优秀的公司呢？他举例说："如果你有机会买入一家位于家乡的优秀公司（的股票）……并且你知道那是一家不错的公司，你也知道它拥有优秀的管理者；然后，你以一个合适的价格买进，你就不会每天想着要去看报价了。”

他说：“如果他们试图买卖股票，并且当股价略有下跌时就感到担忧，又在股价上涨时想着卖出，那么他们不会得到很好的结果。”“在判断你的投资是否正确时，你应该关注其几年间的收益和股息，而不是频繁地查看股价。这才是人们对待股票应有的态度。”[1]

用巴菲特的这一观点来对照美国股市最近7年来的表现，完全可以得到印证。

美国股市自从2009年3月9日触底后，7年来一直在上涨。当时其市值是10.7万亿美元，而到了2015年年末已经高达25万亿美元（占全球股市总市值的比重超过50%）；而这增加的15.7万亿美元，就全都进入了投资者的腰包。

在此期间，美国标准普尔500指数累计上涨超过200%，亚马逊公司的市值增长了825%，苹果公司752%，富国银行389%，微软公司249%，伯克希尔公司186%。以巴菲特个人为例，2009年，他的净资产为370亿美元，2015年已经升值至608亿美元，增幅高达64%。

所以巴菲特说，他每天睡觉的时候，股票依然在为他创造财富，他要做的就是守住好股票，耐得住性子。[2]

【课后点评】

巴菲特认为，只要你买入的这只股票业绩表现十分优秀，那它就值得你永远持有。千万不要把好股票卖掉，却把亏损股留着。否则，这就是另一位国际投资大师彼得 · 林奇所讽刺的那种“铲除鲜花，却浇灌野草”了。

1　股市大起大落该如何是好？巴菲特说“别总看股价”. 搜狐网 [2016-3-7].

2　龚蕾 . 七年牛市美国股市造就多少富豪 . 凤凰网 [2016-3-10].